亿万负翁

WeWork及其创始人的极速崛起与陨落

The Epic Rise and Spectacular Fall of Adam Neumann and WeWork

[美] 里夫斯·维德曼（Reeves Wiedeman）◎著

周昕 鲁先进 ◎译

北京联合出版公司
Beijing United Publishing Co.,Ltd.

献给我的父母

推荐序

一本好的商业传记通常包含某些特定要素：翔实的报道、流畅的叙事情节、娴熟的语意解释和闪耀的角色。而一本优秀的商业传记除了生动描述一家公司，更应该真实地还原一个时代。

这本《亿万负翁》被《华尔街日报》评价为"栩栩如生、精心报道的戏剧，读者在阅读过程中会狼吞虎咽，仿佛它是一本快节奏的小说"。

作者维德曼基于200多段采访，记录了美国商业史上最大胆、最不可思议的公司之一——WeWork的兴衰史。它揭示了过去十年创业热潮被过度追捧的幕后成因，也反思了美国商业高度杠杆化后的摇摇欲坠。

如果你关注过WeWork的传奇故事，或许已经

I

听说过创始人亚当·诺伊曼的许多诡计和恶名。他傲慢狂妄、享乐无度、管理糟糕。他积极收购（或威胁收购）几乎所有竞争对手。他不计后果地做出疯狂决策，然后将执行失败的一线员工当作替罪羊。他与另一位臭名昭著的首席执行官——优步的特拉维斯·卡兰尼克就谁雇用了更多员工争得面红耳赤。他以越来越低的薪水招揽了一大群应届毕业生，并承诺一旦公司上市他们可以享受免费啤酒、宽松氛围和利润丰厚的股票期权（尽管实际少得可怜）。

诺伊曼将史蒂夫·乔布斯视为榜样，他认识到个人神话的力量。但正如希拉洛斯（另一家弄虚作假的明星公司）的伊丽莎白·霍姆斯认为黑色高领毛衣会让她成为自己的偶像一样，诺伊曼只模仿到了乔布斯的好斗和能言善辩。很显然，不是每一个有"现实扭曲力场"的疯子都会成为下一个乔布斯或者埃隆·马斯克。

不可否认，诺伊曼的野心和动力值得钦佩。他在以色列的一个小镇长大，从不会说英语到仅凭一个想法就征服了整个国家乃至世界，达成了现代历史上非上市公司的最高估值之一，这些都令人印象深刻。但正是这种超高速增长激发的盲目自信最终导致了泡沫破裂。

诺伊曼强调WeWork是一家科技公司，始终咄咄逼人地为这种立场辩护，并除掉任何质疑这种说法的人。实际上，WeWork的业务乏善可陈到令人震惊：它就是一家通过租赁办公空间赚钱的房地产租赁公司而已。

《亿万负翁》揭示了资本市场是多么迷恋宏大叙事和巨额数字。只要公司还在快速扩张，就没有人关心公司的实际经济情况，任何问题都不构成问题。只有船要沉的时候，人们才开口说真话。

究其原因，一群看似精明的风险投资者同样被推上了合谋者的位子。他们因惧怕错过（FOMO[1]）而陷入羊群思维，心甘情愿地为WeWork提供无节制的扩张资金和名誉背书，其中不乏孙正义这样的重量级角色。WeWork的陨落一度将孙正义和他的投资理念拉下神坛，也为这个"先不计成本地跑马圈地，再秋后算账地谋求盈利"的疯狂时代暂时拉下了帷幕。

从这个角度讲，这本《亿万负翁》应常备书柜和案头，因为它带给我们的既是暗示更是警醒。它与十年前出版的《乔布斯传》头尾呼应，相映成趣，成为谱写一段商业历史的起始音和休止符。

时过境迁，如今我看到一群曾在激荡十年里翻涌腾挪的创业老兵正在重新审视、复盘：从资本游戏回归商业本质，从冲击上限到严守下限，从探索怎么一骑绝尘地疯狂增长到分析如何千锤百炼而屹立不倒。那座空中楼阁终于开始夯实地基。

历史不会重复，但总在押韵。

愿我们相会在下一个高歌猛进的红火年代，并保有这份警醒。

范　冰

《增长黑客》作者，增长黑客营销专家

---

[1] 错失恐惧症（"Fear of Missing Out"，简称"FOMO"）。

序言

2019年4月12日上午，亚当·诺伊曼将我迎入办公室，这是他最后作为WeWork联合创始人和首席执行官所接受的采访。这些年来，WeWork总部所在地时有更换，到访诺伊曼办公室的人们往往讶异于这么一个事实：员工的办公空间越来越小，老板的私人办公室倒是越来越大。诚然，过去那些沙袋、锣鼓和吧台等花哨玩意已不复存在，但他现在的办公室带有私人浴室，里面桑拿间和冷水浴缸一应俱全。办公室内的一张圆桌甚至能容纳多个WeWork赖以闻名的玻璃小隔间[1]。我们在圆桌边落座后，诺伊曼首先对时间有限表示歉意。"要在

---

[1] 指WeWork对外出租的办公空间。——译注

短时间内了解一个人并不容易,"他说,"而要如实描述真相也同样很难。"

和往常一样,诺伊曼这次也迟到了。在等待时,我抽空打量WeWork总部——这里与其说是WeWork总部,更像是位于纽约某6层写字楼楼顶的一个"游乐场"。当时已接近中午,一位咖啡师正给员工和访客——来自纽约其他陈旧办公空间的"难民们"——续上第二杯咖啡。偌大的门厅处摆满了亮眼的沙发、低矮的躺椅、桌上足球和碰碰球桌。3台街机旁,员工正两两开着会。

在挂满植物的厨房雨棚下面,放置着装满各种水果汁的冷水瓶——西瓜、菠萝、哈密瓜……还有十多个饮料机,分别供应啤酒、苹果酒、冷萃咖啡、气泡水、梅洛干红、灰皮诺干白和康普茶等饮品。在这旁边立了一块标语牌,上面"很热心"地向新员工们建议道,要是你刚年过30岁,就感觉自己已青春不再,不妨在接啤酒时倾斜玻璃杯。厨房的一侧是几个餐厅风格的隔间,用于临时会议;另一侧是几张长桌,长桌的每个座位都装有传感器,员工可以通过数字化操作选订区域,以占用全天。

这只是WeWork全球400多家运营分店"游乐场"之一。大家似乎都在努力完成工作,但又总让人觉得好像哪里不对劲。音箱里播放着兰尼·克拉维茨的歌曲《飞走》(*Fly Away*),装饰台上展示着员工们热烈庆祝美剧《权力的游戏》最后一季播出的照片,整层楼显得拥挤而嘈杂。

对于那些与诺伊曼有过密切合作的高管和警惕其野心的人们来说,诺伊曼是个可怕的人。但对那些受其励志演讲启发的员工、贪得无厌的业主和急于大捞一笔的投资者来说,诺伊曼已经成为新工作、生活方式的千禧年预言家。他飘逸的黑发向后梳着，与人交谈时循循善诱，却又夸夸其谈，但他的有些话在某种程度上还真的实现了。

　　WeWork的核心业务很简单：租赁场地，分割空间，然后出租。公司主要通过提供时尚设计、灵活分割和定期举办主题活动等服务来盈利。提供类似服务的其他公司也有做得不错的，但大部分都不怎么样，因为这就相当于一个直接套利模式：长期租进来，短期租出去，然后赚个差价。诺伊曼的公司之所以与众不同，不仅是因为其在30个国家所占据的空间总面积多得惊人，还在于诺伊曼对于公司未来的构想宏伟得吓人。诺伊曼长期抵制着一个显而易见的事实——WeWork是家房地产租赁公司，他坚持认为WeWork属于科技初创企业，是一家社交网络公司和"社区公司"，而且还是个致力于重塑社会的组织。"我们聚集在这里，就是为了改变世界，"诺伊曼曾说，"没有什么比这更让我感兴趣的了。"

*　　*　　*

　　WeWork成立9年以来[1]，几乎每位和诺伊曼会谈过的纽约业主、投资者和行业巨头都遭遇过其仅仅为了喝杯龙舌兰酒而突然中断商业会谈的情况。我俩会面时，他穿着运动鞋、黑色牛仔裤和灰色T恤，摆着一副无动于衷的表情，向一名助理要了杯加柠檬生姜的热水。当时，他还不知道，5个月后的突发事件会让自己光脚走在纽约街头，他将用美国商业史上最为耻辱的方式，试图在首次公开募股的

---

[1] WeWork成立于2010年，作者采访时间为2019年。——译注

过程中保持对公司的控制权，但随后仍被扫地出门。一旦没有人愿意再在高密度的办公空间里工作，亚当那价值十亿美元的退出方案也就泡了汤。

或许那时的诺伊曼能感到灭亡的祸根已经埋下并开始发芽，但他没有表现出恐惧。"我们的发展轨迹有点像亚马逊，"他告诉我，身后的桌上摆着个魔力8号球[1]，"只不过我们的市场更大，增长也更快。"

这个"牛"已经吹了成千上万遍，但诺伊曼的热情有独特的洗脑功效，能够让每个人都觉得这番话是为自己量身定制的。到2019年，任何一位雄心勃勃的初创企业创始人——好像现在也没有其他类型的创始人了——都会将自家企业描述成即将改变世界的全球巨头。但要是有人敢说自己终有一天会在后视镜里看到杰夫·贝佐斯，那就不是一般的"牛"了。"我们现在正处于亚马逊卖图书的阶段，"他说，"他们从卖书逐渐过渡到什么都卖。我们也是一样，从联合办公进入更广阔的领域。"那是什么领域？"更广阔的生命领域。"WeWork刚刚宣布在约翰内斯堡设立新公司，由此将业务拓展到第六大洲。"正因为知道非洲有着巨大的发展机会，我们才迟迟没有进入。"诺伊曼告诉我。考虑到目前所知的"公司将对国家的国内生产总值（GDP）和就业产生重大影响"，他认为在南非开业其实更多是代表了一种责任。

一个刚刚过完40岁生日的企业家，宣称有能力让某个完整经济体屈从于自己的意志，这实在算得上大胆的宣言。不过诺伊曼有理

---

[1] 一个占卜类的小玩具。——译注

由自信，WeWork已经成为纽约最大的写字楼租户，在伦敦则是仅次于女王政府的第二大租户。这家公司激发了一种渴望，一种在年轻员工中尤其强烈的渴望，即自己的办公室体验应该比父辈待过的小隔间更丰富。10年来，公司营收几乎每年翻一番，诺伊曼筹集了超过110亿美元的投资。其中绝大部分来自日本软件银行集团（后简称软银）创始人兼董事长孙正义，他是世界上比诺伊曼更有野心的少数企业家之一。早在2017年，孙正义就通过由沙特阿拉伯政府领衔出资、融资总额达1000亿美元的航母级风险投资基金——愿景基金（Vision Fund），首次投资WeWork。在21世纪第二个十年的后期，孙正义投入了在过去难以想象的巨额风险资本，试图在全球重塑一系列行业：77亿美元投资优步，3亿美元投资遛狗App，3.75亿美元投资比萨制作机器人。孙正义认为，WeWork，或者准确地说，诺伊曼，能够凭借其独特的能力去颠覆价值约200万亿美元的全球房地产市场。2019年1月，就在我与诺伊曼会面的几个月前，软银再度追加投资，将WeWork的账面估值提升至470亿美元，使其成为美国第二大最有价值的非上市初创企业。WeWork还买下了罗德与泰勒奢侈品百货连锁店的曼哈顿旗舰店，计划将其打造为下一个公司总部——此举有着强烈的象征意义：一个旧世界的机构被一张新面孔吞噬，这位新来者拥有中东石油资金[1]的支持、技术颠覆的光环和建立帝国的野望。

在办公室里，诺伊曼取出自己和联合创始人米格尔·麦凯维于

---

[1] 沙特阿拉伯公共投资基金和阿布扎比穆巴达拉投资公司是愿景基金的重要投资者。——编注

2009年制作的企业推介材料，当时WeWork甚至还没开设首家分店。材料中设想了We品牌的各项业务：WeBank、WeSail等。"那时我们的思路就很清晰。"诺伊曼谈到早期愿景时说。几个月前，WeWork更名为We公司（We Company），下设3条独立业务线——WeWork、WeLive和WeGrow，并亮出新的使命宣言："提升世界意识。"我告诉诺伊曼，在跟别人提起这个口号时，对方的第一反应往往是问这是什么意思。"那不是坏事，"他说，"如果他们问，这是什么意思？那么聊天的话题就出来了。因为我们已经在这样做了！"他解释说，公司每个分支机构在赚钱的同时，都致力于让世界变得更美好。WeWork的使命是帮助人们"更好地生活，而不仅仅是生存"。WeLive专注于出租带有大型公共空间的微型公寓，在他看来这有助于缓解人们的孤独感，并降低自杀率，这样就没人会感到孤独了。最新设立的WeGrow，也就是其妻子丽贝卡经营的一所小学，该小学每年的学费高达4.2万美元，学校的目标是"释放每个人的超能力"。

我问诺伊曼，所谓超能力是指什么。"改变，"他说，"这是人类能够拥有的最强超能力。"他说改变能让自己"获得所有其他超能力"，还问我是否看过《英雄》（Heroes）。2010年WeWork开业之际，这部电视剧在全国广播公司电视网（NBC）播出了最后一季。该剧讲述一群普通人突然发现自己具备了各种能力：心灵感应、预知能力和飞行能力，等等。诺伊曼对其中某个角色的自我认同感特别强烈。"有个人物非常强大，"他说，"能够拥有所有超能力。"事实上，剧中有两个角色都具备这种天赋。其一是连环杀手塞拉，他吸收了所谋杀对象的全部力量；另一个是主角彼得·佩特利，他因为吸收了周围人的力量，一度变得极其强大，以至体内积聚的能量险些炸毁整个纽约。

*　　*　　*

"你今天过来是什么打算？"采访快结束时诺伊曼问道，"打算捧我还是黑我？"2015年后，我在《纽约》杂志担任特约撰稿人，探索日益扭曲的初创企业经济。我采访过旨在"注释因特网"的说唱歌词网站、志在成为"下一个美国有线新闻网"（CNN）的朋克杂志，还有坚称目标远不止拼车的拼车公司优步。2017年春我到优步总部时，当时的首席执行官特拉维斯·卡兰尼克正因疯狂追求全球统治地位的鲁莽行为而受到责难。在我看来，除了成为全球霸主，似乎多数初创企业也想不出其他更有价值的目标。而现在，纽约这家联合办公空间管理公司所表现出来的虚张声势，与那些硅谷孵化出来的想要改变世界的新一代科技公司相比，别无二致。

WeWork似乎既捕捉到了21世纪第二个十年的早期希望，也捕捉到了这10年即将结束时形成的裂痕，他们对经济衰退后带着奥巴马时代理想（是的，我们可以[1]）进入职场的千禧一代强调社区意识。诺伊曼本人就曾经是一个辍学生、一个差点被迫离境的移民和一个失败的企业家。然而，凭借着勇气、幸运、魅力、冷酷、厚颜无耻和对完美时机的把握，他已经成了全世界最富有的人之一 —— 一个跨越党派界线的"美国英雄"。2011年，史蒂夫·乔布斯去世后，世界

---

[1] 原文为：Yes, we can. ——译注

正翘首以盼新一代救世主般的初创公司创始人,而诺伊曼比任何其他企业家都更紧密地将精神和商业结合在一起,特别是在二者之间的界限变得越来越模糊之际。"过去10年是'I'(我)的10年,"诺伊曼将责任揽到自己身上,"未来10年将是'We'(我们)的10年。"

随着奥巴马时代渐渐拉上帷幕,诺伊曼的朋友贾里德·库什纳跟随岳父入驻白宫。两人相识之时,后者还只是个初出茅庐的纽约房地产商。夸张而专制的领导力以及与现实的脱节在不经意间居然成了诺伊曼通往权力之路的资本,他将公司绑定在廉价资本的水龙头上,甘冒巨大风险,使新的赚钱模式只需依靠雄心壮志和技术力量——无需说清哪种技术——就能横扫一个新的行业。另一位曾经备受赞誉的初创公司创始人伊丽莎白·霍姆斯就被曝是个骗子,她的希拉洛斯(Theranos)血检公司根本无法兑现承诺。一言以蔽之:弥天大谎撒出去,狂妄自大收进来。

尽管取得过不少成功,但随着WeWork一贯乐观的表述方式开始出现转向,一直关注希拉洛斯事件进展的员工愈加感到不安。不论以怎样的标准来衡量,软银的投资都是巨大的,但在2018年年底,由于前10年的强劲经济出现松动现象,作为诺伊曼的头号鼓吹者和商业导师的孙正义撤回了规模更大的投资交易。2018年,诺伊曼的公司在全球扩张的过程中投入大量资金,损失近20亿美元,就连员工也不知道公司所谓的"努力提高世界意识"到底意味着什么。过去10年间,诺伊曼一直在跟时间赛跑。这段时间可以说是美国历史上最长的经济扩张期,有不少人质疑诺伊曼所采用的高风险增长策略并不符合传统商业规则,而他则反驳说自己是在大萧条之后推出WeWork

的，目标就是让公司在下一次大萧条来临之前成长为"大而不倒"的机构。

现在，10年的最后一个弯道近在眼前，他正冲向终点线。WeWork的资金即将枯竭，诺伊曼耗尽了全世界的私有资本，欠下数亿美元的债务。他准备让WeWork上市，这是公司继续发展的唯一可行途径，也是变现获利的绝佳机会。在经济衰退后，诺伊曼完美把握了每一次公司发展的关键机会。随着公司在股市的首秀开始，他面临的挑战变成能否及时全身而退。

正当我准备抛出最后一个问题时，诺伊曼说："先来设定一个意图吧，不如问个能让读者得到成长机会的问题。也许你得花点时间想想。"我停了下来，想了想自己一直感到迷惑的事情：随着WeWork抢占房产并将业务拓展到其他生活类别，诺伊曼所建立的社区似乎是孤立的，甚至可以说是在排斥世界的其他区域，而不是拥抱整个世界。他喜欢将WeWork称为"实体社交网络"，以此向他希望效仿的科技公司致敬，但这些公司在这10年间的初期虽可谓新时代典范，在10年之末却暴露出多重危害。我问诺伊曼，他是否担心自己正在构建一个隔绝周围一切的反乌托邦世界，会让像他这样的少数人受益，而损害其他人的利益。诺伊曼回应道："给点压力，你就提出了一个很好的问题。"他相信自家公司已经准备好带来积极的变化。"不要把它想象成一个We控制的世界，让我们想象一个We驱动的世界，"他说，"我们可以把We公司看作世界内在的操作系统，一个让工作和生活更加美好的操作系统。"他希望与我分享能够定义未来岁月的公司新精神："我们被We公司的无限潜能所吸引。"

临别，诺伊曼起身将我送到门口。"我发现你在交谈时有所改变，你应该知道，"他站到我身边说，"你接受了我所说的预设意图，这并不意味着就发现不了问题。"他说随着对We公司的进一步了解，如果我产生任何新的问题，他都会很高兴再和我聊聊。"我们正在逐渐了解彼此，希望可以长久来往，"诺伊曼说，"短时间内，我不打算搬离这个总部。"

目录

Billion Dollar Loser
The Epic Rise and Spectacular Fall of
Adam Neumann and WeWork

第 1 章	资本主义集体农场	001
第 2 章	绿色办公桌	015
第 3 章	格兰街 154 号	029
第 4 章	"我就是 WeWork"	039
第 5 章	性爱、联合办公和摇滚	053
第 6 章	实体社交网络	075
第 7 章	现实扭曲力场	089
第 8 章	博傻游戏	107
第 9 章	WeLive	129
第 10 章	精打细算	141
第 11 章	十倍先生	155
第 12 章	个人凌驾集体	177
第 13 章	突击式扩张	187

第 14 章	圣　杯	201
第 15 章	WeGrow	213
第 16 章	权力的游戏	225
第 17 章	运营友爱	235
第 18 章	WeWork 婚礼	247
第 19 章	坚忍计划	261
第 20 章	我们中的我	279
第 21 章	"离群之鸟"	291
第 22 章	总是半满	311
第 23 章	We 的太阳永不落	329
第 24 章	美丽新世界	343

作者手记　355

致　谢　357

"亚当这人，以后要么身陷囹圄，要么腰缠万贯。"
——亚当·诺伊曼高中时期的驾驶教练

第 1 章
资本主义集体农场

BILLION DOLLAR LOSER

集体农场是几十年前在以色列兴起的乌托邦社区之一，致力于建立自给自足的社区。当诺伊曼开始建立WeWork时，他说自己从基布兹学到了一些基础性的经验。他认为WeWork将是一个资本主义集体农场：一方面这里是社区；另一方面，你需要自食其力。

青少年时期，亚当·诺伊曼与母亲、妹妹在以色列度过，从那时起他就跟着一位驾驶教练学习。在其童年的大部分时间里，一家人辗转各地，在22岁来到纽约之前亚当有过13个居所，与每个渴望掌控自己命运的青少年一样，一辆汽车给了他想要的最大自主权。母亲阿维维特花了些时间让亚当在安静的沙漠道路学会基础驾驶。到高中快结束时，亚当加入了阿里·艾根费尔德的课程。后者在特拉维夫北侧的卡法萨巴教授驾驶课程，诺伊曼一家当时就住在那里。

没多久，艾根费尔德就意识到亚当在同龄人中出类拔萃。亚当在十一年级时转学来到当地的学校，有同学记得他只有来时的第一天很害羞。他留着长发，能与老师随意交谈，还跟高年级学生约会。20多年后，一个同学仍然记得有次亚当在走廊上经过一群女孩时，她们齐刷刷地扭头看他的背影。阿里·艾根费尔德也喜欢亚当，但他觉得亚当太受欢迎可能反而不是好事。仔细观察了手握方向盘快速驾驶的亚当之后，艾根费尔德当即宣称，自己认为亚当只有两条路可走。"亚当这人，以后要么身陷囹圄，"他说，"要么腰缠万贯。"

亚当并非天生就有高中时的那种自信。他的父母多伦·诺伊曼和阿维维特·诺伊曼都是医生，两人在本·古里安大学医学院相识。阿维维特成了一名肿瘤学家，而多伦则从事眼科。夫妻二人于1978年结婚，1年后，22岁的阿维维特在沙漠城市贝尔谢巴生下了亚当。亚当一直嫌弃自己的家乡过于平庸，以至于多年后WeWork员工建议在此开设办事处时，他还表示了反对。亚当说，贝尔谢巴就是个"垃圾场"。

亚当经历了一段艰难的成长时期，他也时常提起这段经历。他的曾祖父于1934年从波兰移民到以色列,但未能及时说服10个兄弟姐妹一同前往。诺伊曼一家从这个沙漠小镇搬到另一个,后来又搬到特拉维夫郊区,这种游牧般的生活迫使亚当一次又一次地以新人的身份闯入陌生的社区。毫无疑问,这是个冷漠的孩子。直到二年级被祖母带去吃午饭时看不懂菜单,其阅读障碍问题才暴露出来。当时,他已经很擅长向老师隐瞒,也很擅长哄骗别人帮自己做事。与此同时,他的父母时常因为婚姻中的争执感到心烦意乱,搞得亚当与父母的关系都很紧张。阿维维特经常带着亚当和妹妹艾迪去她工作的癌症病房。"亚当总是看到人们受苦受难,"阿维维特后来告诉一家以色列刊物,"我也没有刻意隐藏病人的痛苦。"长时间在医院工作会让人疲惫不堪,有天晚上下班后,阿维维特在给女儿读睡前故事时脱口而出:"白雪公主长了肝脏肿瘤,所以去了临终关怀医院。"

十周年结婚纪念日的两周前,阿维维特和多伦离婚了。亚当后来形容这是一生中最为艰难的时刻。离婚后不久,一家三口搬到印第安纳波利斯,阿维维特要在那里完成医疗实习。亚当不得不再次努力适应,这回他来到了一个新的国家,甚至不会说当地语言——美国政府在他已经感到很困难的关头,还砍掉了其家族姓氏的最后一个字母"n"(Neumann的最后一个n)。"他崩溃了。"阿维维特这样形容当时的儿子。

在印第安纳波利斯,阿维维特带亚当去看儿童心理医生时,医生给了他一根闪闪发光的魔杖。鉴于亚当一直在问母亲何时会与多伦和好,医生说:"拿着魔杖在爸爸妈妈身边晃三圈,他们就会和好。"亚当称自己不相信魔法。心理医生问,既然不相信,为什么还要执着于幻想父母和好呢?阿维维特后来说:"我们坚持了8个疗程,然后我得到了一个全新的孩子——至少不需要药物维持了。"然而，诺伊曼一家在印第安纳波利斯过得并不开心，全家仅靠阿维维特微薄的薪水生活。亚当开始当报童，并坚持把一半收入交给母亲，以支付自己那份房租。

在印第安纳州待了两年后，诺伊曼一家于1990年回到以色列，定居在离加沙地带一英里远的尼尔阿姆（Nir Am）小镇上，那里有一片种着枣树和石榴树的岩石沙漠。尼尔阿姆是个集体农场，属于几十年前在以色列兴起的乌托邦社区之一，最初还曾自我标榜为社会主义和犹太复国主义的混合体。作为自给自足社区的一个全国性样本，农场中的人们既要承担抚养孩子的责任，又要分担专门职责，他们做着不同的工作，却拿着相同的薪水。

即使在这么一个相对平等的环境中，亚当仍然很难交到朋友。农场的多数孩子从出生起就住在那里，所以亚当刚来就受其他孩子的欺负。有次他邀请几个孩子到家里，打算用录像机看电影，结果却发现母亲把录像机带到医院给癌症病人看了，因此他早期融入尼尔阿姆的尝试没能成功。

后来，亚当深情回顾了在集体农场度过的时光。他最终结交了不少朋友，成长为当地居民记忆中那种扎着马尾辫、闯进农场游泳池裸泳的本地青少年。但他也声称自己发现了尼尔阿姆乌托邦理想主义核心中的腐朽成分。农场中有庄稼要耕种，有柑橘林要采摘，还有奶牛要挤奶，但主要产业却是银器工厂。亚当注意到，有些人每天要工作16个小时以维持农场的运转，而另外一些人只需花一半时间照料农场花园就可以了。"我知道他们赚钱一样多，"亚当后来说，"但这实在不合理。"由于父母离异，长期颠沛流离和难以融入新环境，他一直过着支离破碎的生活,虽然集体农场这样的社区可以填补他生命中的一些空白,却还是远远不够。诺伊曼一家在尼尔阿姆只待了几年,但当亚当开始创建WeWork时,却说自己在尼尔阿姆学到了一些基础知识。"WeWork也将成为一个资本主义集体农场。"他说,"一方面我们会构建共享社区;另一方面,每个人都要自食其力。"

*   *   *

高中毕业后,亚当报考了以色列海军学院,这让他的高中同学都大吃一惊。那是一个军官培训项目,通常需要服役至少6年,而不是常规的3年。而在军校同学印象中,亚当是个颇有天赋的水手,只是行事风格似乎过于随意,经常违反规定,总是为所欲为。其中,有人回忆说,亚当曾在未经授权的情况下和他妹妹接受了一次电视采访,结果遭到了上级的训斥。他的妹妹因为获得了全国模特大赛冠军,从而一举成名,亚当也间接地成了个小有名气的家伙。"最好每班都能有亚当这么一个人,"亚当的一位同僚说,"这家伙挺逗的。"

军官学校毕业后,亚当在常驻海法的一艘导弹艇上服役,但并未待到期满。关于这段经历,他对不同人提起时的描述也不尽相同。对WeWork早期员工,他说自己尽管身高不符合条件,还是靠溜须拍马上了潜水艇。而在曼哈顿西村一个别致酒吧小酌时,他向朋友吹嘘自己曾在波斯湾指挥过一艘军舰。

移居纽约的一个好处就是可以随心所欲地讲故事。艾迪先来纽约当模特,然后时不时打电话恳求亚当也过来。"9·11"事件后不久，亚当漫无目的地来到曼哈顿。当时的艾迪已是一名成功的模特，甚至登上了俄罗斯版 *Vogue* 和西班牙版 *Elle* 的封面。她在世贸大厦遗址以北10个街区的翠贝卡区租了一套15层的楼顶公寓，接纳哥哥免费入住。接着祖母资助了亚当读曼哈顿巴鲁克学院的学费，然后这个22岁的新生就入学了。

来到纽约后，亚当在又一次适应不同文化的同时，也渴望着建立新的生活。他会赤脚走在曼哈顿东村波希米亚风情的圣马克广场上，去一家水烟店买大麻烟斗，这些行为让他一个纽约的朋友感到十分惊讶。而亚当也对在公寓大楼电梯里没有交谈对象深恶痛绝，如果一个以色列人需要什么东西，那么他们会毫不犹豫地敲开邻居的门，但问题是亚当一个新邻居也不认识。"这是美国人的习惯吗？还是说人们真的不想交谈？"他问妹妹。艾迪试图解释说，有时人们只是希望在忙碌一天后得到些许平静。亚当对这个回答并不认可，他说服妹妹跟自己比赛。在一个月的时间里，两人尽可能多地与邻居成为朋友，衡量标准是能敲开邻居的门，要上一杯咖啡之类的。艾迪赢了——"她是超级名模。"亚当解释妹妹的优势。但亚当也是胜利者，因为公寓住户之间变得友好起来。他们开始为新邻居举行欢迎派对，还在老邻居搬离时送上纪念的礼物。

这次比赛让亚当产生了一些想法。当时，巴鲁克学院恰好在全新的热门领域开设了一门本科生课程：创业。而亚当正是这门课程的首批学生之一。他决定参加学校的一项创业竞赛，他提出要成立一家房地产公司，经营公共性质的公寓大楼，旨在让人们从封闭的公寓中走出来，进入共享的公共空间。结果他在第一轮比赛中就被淘汰了，因为有位教授认为这个想法不切实际。这位教授说，即便亚当想出办法哄骗人们离开私人空间，他也永远无法筹到足够的资金在纽约的住宅房地产市场中掀起一丝波澜。

亚当在功课方面仍然没花多少心思，而是将纽约当成了活生生的课堂。用他后来的话说，在这里他可以与各种门卫练习谈判艺术，"勾搭城市的每个女孩"。（亚当称其将大部分课程研究集中在"女性研究"方面。）在纽约的酒吧和俱乐部，诺伊曼兄妹是一对很有吸引力的组合，艾迪模特事业的成功让他们可以出席各种时装秀，并出现在社交网站的新闻里。在以色列期间，诺伊曼一家从不热衷于宗教，但在纽约两人加入了苏豪区的犹太教堂，这是一个具有宗教倾向的社交俱乐部，旨在迎合年轻时尚人群，成为"世界上第一个以酒吧为主题的圣殿"。（该俱乐部通讯录中显示联系人的年龄范围从21岁到38岁不等。）诺伊曼兄妹在翠贝卡的公寓也吸引了一群追名逐利的年轻以色列人。魅力四射的男女在那里夜夜笙歌，川流不息。

然而，公寓是艾迪的，名声也是艾迪的，亚当还在琢磨如何不依靠妹妹找到自我存在感。他跟几个熟人提过自己可能会去尝试当男模，但他给人留下的最深印象却是每晚派对将近尾声时，他坐在那儿，要不吹嘘着打算如何实现驾驶教练的预言成为巨富，要不干脆对曾经或未来的潦倒深感绝望。

随着时间推移，饮酒作乐愈发了无新意。每次狂欢一夜后醒来，亚当的胃里总有一种不同于宿醉的恶心感。这样在纽约虚度了两年时光之后，一位以色列的朋友关心了一下亚当的生活，问他在纽约得到的快乐是否足以弥补背井离乡的失落。这似乎触碰了亚当的内心，于是第二天早上醒来后，亚当决心做些改变。他决定开始做生意。

* * *

"9·11"事件和互联网泡沫的破灭都给21世纪初期的全球经济留下了创伤。直到21世纪第二个十年,新经济才得以从二者的废墟中崛起。YouTube开始提供流媒体视频,巴鲁克学院的学生也开始呼朋唤友注册脸书。在这种氛围中,亚当觉得最有前途的生意就是制造可以折叠成平跟的高跟女鞋。如果能够实现,那么像妹妹和其他女性研究对象就可以在参加试镜时自由走动,而不会在翠贝卡的鹅卵石街道上磕磕绊绊,步履维艰。后来他把这个概念描述为"《饥饿游戏》和《欲望都市》的结合体"。但实际生产出来的鞋子似乎与《饥饿游戏》更相似,样品首次送来时,鞋跟的可折叠装置突然启动,差点把一个员工的手指割下来。

亚当花了一个月时间思考这些"极度危险的鞋子"到底出了什么问题。后来有次和朋友外出过夜时,其中一人开玩笑地问为什么婴儿连体衣不带护膝,毕竟在硬木地板上爬行还挺疼的。第二天早上,亚当就注册了一家名为"爬行者"(Krawlers)的新公司,也就是把英文单词"crawler"(爬行者)中的"c"成改成了"k"。"这样看起来酷一些。"他后来说。他连带着还想出一句广告语:"不告诉你,不代表不伤害你。"

亚当开始投身于"爬行者"公司,他在艾迪的翠贝卡公寓里工作,并从祖母那儿得到10万美元初始投资。艾迪也投资了几千美元。尽管巴鲁克学院的同学对其前景普遍表示怀疑,他还是成功说服一位教授飞赴中国帮忙建立供应链。他们找到了愿意参与的制造商,可是样品运到时又发现有很多问题:纽扣过于锋利,容易割伤皮肤;裤脚又松又长，膝盖垫足有烤箱手套那么大。更要命的是在推销期间，哪怕稍微有点经验的零售商都认为婴儿在几个月爬行期内无需护膝，更不用说那些有过育儿经历的人们。好在亚当已经在巴鲁克学院锻炼成一名金牌主持，而且在他所选的这个行业中，一个未曾生育的男性又像独角兽一样极为罕见。所以在婴儿服装贸易展上，依然有成群结队的人听亚当的推销："我们这一代人绝不能再对宝宝在地板上爬行熟视无睹，膝盖会受伤的！"

亚当后来把这段经历编成了一个有趣的故事——一位年轻企业家产生轻率想法的迷人故事。其实，当时他对业务很上心，还把公司业务从婴儿护膝拓展到了婴儿服装领域。在亚当结束巴鲁克学院学习的最后一个学期，"爬行者"公司已经发展到可以雇用几名员工的规模了。可惜的是，尽管个人魅力非凡，亚当还是很难促成交易，更谈不上发薪酬。"当时的销售额在200万美元左右，"他后来说，"不过支出额度在300万美元左右。"他每天抽两包香烟来缓解这种压力。由于竞争激烈，又害怕再度失败，他决定全身心投入公司经营。是时候加倍付出了，所以在只差几个学分就能毕业的情况下，他从巴鲁克学院退学了。祖母知道后很不高兴，员工也都觉得他是个傻瓜。

* * *

2007年的某天，斯特拉·坦普洛正坐在曼哈顿一家专门从事移民工作的律师事务所里，有位同事冲了进来。坦普洛和她的同事们早已习惯在人们最绝望时与他们打交道，但那天早上来的这位潜在客户的言辞过于疯狂，坦普洛的同事几乎搞不懂他在说些什么。于是这位同事前来求助，说要是坦普洛能接手这位客户，就请她吃午饭。

"这儿不能抽烟，是吗？"亚当落座后问道，接着开始解释自己的处境，坦普洛努力跟上他的思路。他是持学生签证来纽约的，希望在美国发个大财，然后回到以色列。但他还没做到前者，也没准备好后者。他为了经营婴儿服装生意而辍学，签证也即将到期。他咨询过纽约其他几位移民律师，但谁也没给多少希望。如果不能尽快想出解决办法，他就不得不离开美国了。

坦普洛觉得谈话很辛苦，很难跟上对方思路，但亚当的狂热和活力又莫名吸引着她。和他聊天很有趣，即使她不确定他说的话哪些可以当真。坦普洛问亚当想做什么，他当即回答说，自己希望给世界留下积极的影响。

坦普洛笑了，这家伙刚刚不是说自己经营一家婴儿服装公司吗？

这家伙承认自己当前的职业不太可能实现上述想法，但他认为这是个有所作为的开始。"可能以后我会想成为以色列总理？"亚当说，"也说不定。"

坦普洛把亚当可申请的签证类型给他列举并排除了一遍。他不是外交使节，也回不了学校。尽管这家伙近期开始跟一个美国女孩约会，但终究还远远没到可以申请绿卡的地步。最终，坦普洛点到了O-1A签证，这是专为在科学、教育、商业或体育等领域表现非凡的人而准备的签证，适用于特定领域中1%的最优秀者。比如坦普洛最近帮到的那个截瘫赛车手就可以自称世界最佳，因为全世界也就他一个截瘫赛车手。正如坦普洛所说："要是得过诺贝尔奖，那肯定没问题。"然而眼下，亚当只是个销售婴儿连体衣的辍学生。

亚当开始表现得坐立不安，烟瘾犯了，急着想出去抽一根。看着他这副样子,坦普洛说:"我甚至不知道你是否相信自己是个非凡的人。"

"要说现在,"亚当说,"我也不太确定了。"

坦普洛尝试着去申请签证。(她给刚生完孩子的妹妹送了几件"爬行者"连体衣,得到的反馈不怎么样:"宝宝怎么穿都觉得不太合适。")她让亚当去找人写担保信,他送来两封:一封来自他的巴鲁克学院教授,也是婴儿服装贸易展的举办者;另一封来自他的新业务合作伙伴苏珊·拉扎尔。拉扎尔是位时装设计师,于2000年关闭了自己业已成功的服装品牌。(节奏蓝调歌手劳伦·希尔非常喜欢这个牌子,在拉扎尔的仓库关门后把库存牛仔布料都买了下来。)一年后,拉扎尔推出了高端婴儿服装品牌"艾格"(Egg),以195美元的价格出售羊绒连体衣和配套帽子。诺伊曼在苏豪区的犹太教堂通过一位犹太教拉比认识了拉扎尔。虽然"爬行者"和"艾格"这两个品牌市场定位不同,但两人开始商讨合作的可能性。很多名流会去曼哈顿精品店购买拉扎尔的衣服,但拉扎尔不知如何才能把品牌做大;亚当的产品有很多不足之处,但他知道怎么推销。他们决定成立一家名为"大帐篷"(Big Tent)的公司,把两个品牌合并。

为了省钱,亚当把公司搬到了丹波,一个与曼哈顿隔桥相望的贵族化社区。这里租金便宜,亚当得以拥有一间私人办公室,员工则在另一个房间处理商品。那段时间,他很少和员工谈论影响世界之类的话题,他似乎更专注于确立自己在世界的地位,更关心如何增加公司盈利。亚当喜欢走进员工打包的房间,计算每批货物的价值。有员工问道,谁家父母会花400美元买件婴儿尺寸的皮夹克?亚当回答说,父母不是目标消费者。"这些可都是'奶奶的心头好',"他说,

第 1 章　资本主义集体农场

"谁家父母都不会花这冤枉钱,但祖辈一般都溺爱孙辈。"

为了保持业务增长,亚当需要筹集资金。那时艾迪的约会对象是内森尼尔·罗斯柴尔德——他既是家族财产继承人,又是一家对冲基金的合伙人。亚当最终得以与罗斯柴尔德会面,通常不会投资婴儿服装公司的罗斯柴尔德同意慷慨解囊,投资数十万美元。

2008年年初,坦普洛的签证申请成功,亚当得以继续留在美国。公司的衣服已经铺货到全国各地的数百家商店,其中多数是家庭小铺。但由于经济衰退的打击,就连祖辈也开始注意控制开支。2008年年初亚当在接受《女装日报》采访时说:"我们已然注意到经济不景气。"当年晚些时候,曾任阿拉斯加州州长的萨拉·佩林带着其最小的儿子特里格出现在共和党全国代表大会上,后者身穿一件价值60美元的蓝色条纹"艾格"连体裤,这让公司火爆了一把。亚当已经烧光了祖母提供的初始资金,开始用罗斯柴尔德的资金维持运营。他那夹着香烟的手指开始经常性颤抖。由于急需现金,亚当决定把布鲁克林的部分办公空间租给另一家公司,这也是他首次成为房东。

*　　*　　*

一个炎热的夜晚,还在为婴儿服装生意发愁的亚当骑车横穿曼哈顿,满头大汗地来到丽贝卡·帕特洛位于东村的公寓,来接后者进行第一次约会。丽贝卡大学时期的朋友安德鲁·芬克尔斯坦在一次聚会时结识了亚当,进而撮合二人。28岁的亚当已是出了名的花花公子,丽贝卡大他一岁,但是已经6年没有认真和男人约会过。之前,她先是试图效仿堂姐、女演员格温妮丝·帕特洛,想要在好莱坞取得成功，但最终失败。后来，她回到东海岸，在纽约郊区的欧米茄疗养中心花一个月时间考取了吉瓦穆克提瑜伽教练认证。"我遇见他的时候，唯一的念头，"她后来谈到亚当时说，"就是想：'如何才能把这种美好的感情共鸣传递到整个星球？'"事实上，这对夫妇刚开始时的关系挺紧张。"你和我的朋友都是一坨屎，"丽贝卡在初次约会时这么对亚当说，"你嘴里说出来的每句话都是假的。"亚当表现得信心满满，却连打车来接女朋友的钱都没有，也没主动付餐费。他在约会过程中不停地谈钱，其实就是没钱的确切迹象。

"你显然破产了。"丽贝卡说。

"我没有破产，"亚当说，"我是个企业家。"

丽贝卡说自己老爹也曾是个企业家，但都没法让她吃饱饭。显然，亚当对婴儿服装既不感兴趣，也不擅长销售。也许他只是入错行了。

亚当后来把结识丽贝卡视为转折性事件。"丽贝卡和我是生活中的联合创始人。"他告诉我。从来没人像丽贝卡那样要求亚当承担起责任，所以他开始考虑她也许是正确的，自己是个夸夸其谈却没多少实际行动的人。与此同时，丽贝卡在亚当身上看到了一种难以描述的潜力。"我们之间似乎有种能量，感觉合在一起比彼此分开更为强大。"她后来说。亚当也许一无是处，但首次约会似乎就让时间停止了，她甚至能看到两人厮守到老的未来。仅约会了几个月，双方就订婚了。亚当后来说，丽贝卡是自己放弃婴儿服装生意想法的来源，他想寻找更多东西。"我感到他潜力无限，或者说我俩合二为一后潜力就没有上限。"丽贝卡说，"我明确地知道，他有望成为那个'拯救'世界的人。"

第 2 章
绿色办公桌

BILLION DOLLAR LOSER

"绿色办公桌"是WeWork第一个共享办公空间,这个名字是为了吸引具有环保意识的消费者。当时全球经济正处于自由落体状态。有人警告亚当,人们不会在市场低迷的时候租用新办公室:大公司在合并,小企业已倒闭,自由职业者则在家办公。

但当绿色办公桌开业时,大受欢迎。"下岗失业的都来了,谁都不想沮丧地待在家。"

"我一直在思考未来。"米格尔·麦凯维在从希腊寄给母亲的一张明信片上写道。那是1999年,他刚从俄勒冈大学拿到建筑学学位,正在进行毕业后的环球旅行。"我有点想放弃成为超一流建筑师的梦想,因为这太理想主义,要靠这个职业做到娶妻生子和家庭和睦等似乎极为艰难。"米格尔希望能重返校园或是与儿时好友一起创业。问题是朋友希望留在美国西北部的太平洋沿岸,而米格尔的野心执念却总是挥之不去。他写道:"我依旧特别想去纽约,仍然希望能成就一番伟大的事业。"

与另一位WeWork创始人类似,米格尔也成长于不同寻常的环境。20世纪60年代,他的母亲露西娅在新墨西哥的陶斯市与3位朋友相继当上了母亲。没想到4个孩子的父亲也是相继离开,4位单亲妈妈只好走到一起组成了米格尔所说的母系集体。她们分开生活,共同育儿,在寻常的社会结构和期望之外找到了一种自力更生的方法——美国集体农场。

正如米格尔"兄弟姐妹"中的一人所说,他们这伙人过着"吉普赛式"的流浪生活,最终定居在俄勒冈州的尤金市。几位母亲都不喜欢"嬉皮士"这个词语,但要是有人坚持使用类似表述,她们更倾向于接受"乡村知识分子嬉皮士"的称呼。对白人小孩来说,米格尔是个奇怪的名字,米格尔承认,不过还是没有中间名"安吉尔"那么奇怪。早在豆腐和豆豉成为一种时尚美食之前,这伙人就已习惯食用这两种食物了,他们经常围坐一圈,边吃边分享彼此的梦想。米格尔记得自己7岁时有次在音乐节上找不到母亲,但他并不焦虑,甚至还躺在草地上睡着了。"兄弟姐妹"之一说,感觉这个临时组建的家庭创造了"自成一派的宗教"。

在多数集体主义模式中，金钱总是难以得到的。几位母亲都是社区组织者和活动家，会拖着孩子一起参加反战抗议活动。等到为了生活而求职时，露西娅对米格尔解释道："我们足够聪明，可以伪造简历。"（多年以后，米格尔将母亲创办当地报纸《正在发生的事》的经历作为企业家参与社区活动的一个基础实例。）他们有时去杂货店后面的垃圾箱翻找食物，除此之外主要靠食品券维持生活。他们每年都会去国王自助餐厅饱餐一顿，米格尔总会不停地吃软冰激凌，吃到恶心为止。娱乐方面，他设计了个小游戏，把弹跳球从家里那辆沃尔沃轿车生锈底座上的洞里往下扔，然后看着它们在路上蹦蹦跳跳。

米格尔并不喜欢自己的成长环境。他说："我想吃麦当劳，而不是合成豆豉。"他忽悠其他小孩说他不能谈论自己的父亲——一个卧底警察。米格尔个子很高，而且他对自己的身高和体重超标的事实相当敏感，所以他尽可能不去抛头露面。在南尤金高中篮球队期间，教练的规定十分严格：不能在关键位置外跳投，永远不能左手运球。这些都让米格尔感到耳目一新。高中毕业的那个夏天，他在阿拉斯加一家鱼类加工厂工作，每天工作12个小时，为了多挣钱还时常额外加班6个小时。

等米格尔来到科罗拉多学院——一所招募他打篮球的私立文理学院时，他对人生的憧憬已经与曾经的生活几乎没有任何相似之处。他原本计划主修商科，但很快发现自己厌恶经济学，却对艺术颇有心得。在一次雕塑课上，教授卡尔·里德在米格尔的作品中发现了一些建筑学元素，仿佛他正试图通过艺术来解决空间问题。里德认为，建筑或许是这个孩子在兴趣和抱负之间的一个平衡点。

离开科罗拉多学院后，米格尔花了一年时间设计各种餐桌，同时阅读能找到的所有建筑书籍。回到家乡尤金的俄勒冈大学时，他已经在该校建筑课程的小众圈子里脱颖而出。有个同学甚至在他的课桌周围搭了个棚子，脱掉衣服住在里面。身高两米多的米格尔还在俄勒冈州篮球队里获得了一席之地，但作为一名运动员，他很安静。米格尔经常戴着耳机，每天在建筑工作室待上14个小时，一遍遍单曲循环。他进入了所谓的"无意识的暂停"状态，几个小时后才突然清醒过来，并对这种失神感到困惑。他的安静程度甚至令人生畏。有一天，一位同学来跟他搭话。"你知道所有人都不喜欢你，对吧？"她说，"但我只想说，你其实真的很好。"

*   *   *

1999年，米格尔以4.0的平均学分绩点毕业，但他并不明确自己未来何去何从。他原本计划搬去纽约，却莫名其妙跟着一个名叫约翰·海登的朋友去了东京。在混夜店的时候，他们发现将美国流行歌词中的方言译成日文的市场需求十分强烈。（TLC女子乐队的《人渣退散》的译文就存在很多问题。）一天晚上在吃寿司时，约翰和米格尔想出个主意：建立一个网站来帮助人们学习英语口语。他们将其命名为"英语宝贝"（English, Baby!），还配备了广告词："学英语，找朋友，还挺酷。"

"英语宝贝"跟建筑学没有一毛钱关系，但米格尔毕业时正值第一次互联网泡沫顶峰，那些看起来并不比他聪明的年轻企业家突然间变得无比富有。他后来说："居然有那么多人因为一些看似微不足道的想法而得到那么多投资。"回到尤金后，他开始担任"英语宝贝"的首席创意官。到2000年，网站拥有了来自60个国家的3000名用户，而且用户数量还在持续增长中。米格尔预计"英语宝贝"将在一年内获得大量风险资本，员工人数将增长到100名，并以9位数估值冲击上市。

新兴经济的泡沫总是相当极端的，所以米格尔的预测并非完全不合理。20世纪90年代末，标准普尔500指数的市值翻了3倍，每周都有新公司粉墨登场，他们均声称利用互联网的新生力量颠覆了一个个行业。2000年，软银的孙正义凭借对科技公司的几笔精准押注，从默默无闻中崛起，一度成为世界首富。

即使互联网泡沫开始破灭，约翰和米格尔仍然认为，与别的新兴公司相比己方处于有利地位。"不像网上书店，你只要沿街走到最近的书摊就能解决问题，'英语宝贝'的可复制性不强。"2000年，俄勒冈州的一份报纸在谈到这家初创公司时这样评价。他们还推出了科技公司必备的夸张措辞："'英语宝贝'正在重塑世界各地人们的学习方式。"

但是约翰和米格尔犯了个关键性错误：2003年网站仍然盈利，他们却缩小目标，将业务重心转向美国大学，寄望于后者付费购买面向外国学生的中介服务。与此同时，英语学习热潮的红利都流向了那些执着于自身雄心的公司。"回头看看，公司还没发展到能够构建社交网络的程度，我们错过了机会。"米格尔后来说。他对公司愿景的构想还不够远大。

临近而立之年，米格尔对未来依旧迷茫。"英语宝贝"并非其激情所在，也不能发家致富，那还有什么理由继续呢？他怀念建筑学，仍然渴望搬去纽约。2004年，他开始申请工作地点在纽约的建筑相关职位。不久，一家位于布鲁克林的公司联系他，问第二天能否来面试。他向家人谎报行踪，买了张机票，第二天早上就出现在纽约街头。之前从未到过布鲁克林的他在丹波下了F列车后，走进一栋破旧建筑。在墙壁上用黑色记号笔潦草写就的公司名录上，他找到了乔丹·帕纳斯数字建筑公司。

乔丹·帕纳斯数字建筑公司的两位建筑师似乎并不在意米格尔脱离这个领域已经5年了。（他效仿母亲美化了简历。）他们迫切需要帮手以满足新客户的需求：AA美国服饰已聘请他们在纽约开设首家分店。他们问米格尔能否第二天就来上班，那天是周四。后来，米格尔说服公司把时间改到下周一，然后飞回家收拾整理，只带一个行李袋又到了纽约。米格尔的生日是7月4日，这回抵达纽约后不久，他在布鲁克林的一个屋顶上观赏东河的国庆烟花，同时庆祝自己的30岁生日。这就是了，他想，我做到了。

米格尔准备开始面对每个年轻建筑师都要经历的漫长职业生涯，作为公司初级绘图员，他的时薪仅为10美元，但他却觉得自己好像坐上了一艘令人意想不到的火箭飞船。正在腾飞的AA美国服饰公司创始人多夫·查尼请求乔丹·帕纳斯数字建筑公司协助他们，在全国各地开设门店。这么一来，米格尔好像突然不再是个普通建筑师，而是一位大型服装公司的全国推广经理了。在4年时间里，他协助开设了一百多家AA美国服饰分店。他喜欢这份工作，也相信AA美国服饰公司的说法，即在本土生产服装相当于做好事。"我们可以为美国创造就业机会，可以善待工人，还可以充分利用移民劳动力。"米格尔在2006年对一家报纸说。

然而，重复推出相似产品的套路已经过时。光鲜的表面之下，所谓的公司文化其实就是压榨。作为一个要求极高又反复无常的老板，雄心勃勃的查尼执意要把服饰连锁打造成商业帝国。当丹佛的新店开业可能赶不上黑色星期五时，他就对米格尔大喊大叫，"这是你这辈子最重要的时刻，"并威胁说，"要是做不到，后果很严重。"在这种一味催促之下，米格尔却有所坚持，因为这种速度让他亲眼看到了无节制发展的陷阱。"我们决定稍微放慢脚步，把精力放在组织和管理上。"在解释延迟开店的原因时，米格尔对南卡罗来纳的一家报纸这么说。

纽约也开始让米格尔感到厌倦。一切商品都价格不菲，所住的公寓也堪称迷你。回顾自己所做的工作，米格尔发觉其中最特别的成就感竟是源于在丹波的乔丹·帕纳斯数字建筑公司办公室熬夜解决了老鼠泛滥问题。他曾看到一只老鼠像煎饼一样在门缝底下挤进挤出，于是在谷歌上搜索"老鼠会缩骨吗？"。结果是肯定的，然后他就想出了方法来解决这个问题。然而，米格尔来纽约不是为了取得如此琐碎的胜利。有天，他决定出去走走，结果在纽约漫无目的地逛了好几个小时。他仔细考量自己的纽约梦进展到了什么程度，结果令人失望。最后他决定，假如看到有什么摆脱平庸的机会，那就绝不能放过。

* * *

几周后，米格尔从布鲁克林坐火车去翠贝卡，找公司同事以色列建筑师吉尔·哈克雷玩。在哈克雷所住的大楼，有个男子随着他进了电梯，这人用多种方式宣示着自我存在感：身高、音量、光脚、赤膊。即便在那个令人汗流浃背的纽约夏日，这副装扮还是令人诧异。

电梯上行时，这名男子开始和其他乘客聊天，等到别人出了电梯，他还挡着自动门继续聊。米格尔心想，这家伙疯了。随后这家伙向米格尔做了自我介绍，他是哈克雷的室友，名叫亚当·诺伊曼。

米格尔不太确定自己是怎么跟亚当·诺伊曼混到一块儿的。两人都是由单身母亲在特殊环境下抚养长大的，彼此交谈时视线基本可以齐平：米格尔身高两米多，是亚当需要仰视的少数几人之一。而在其他多数方面，双方是相互对立的：亚当一头齐整的披肩长发，米格尔则是短发，还留着修剪过的松散胡须——似乎分别体现了曼哈顿和布鲁克林之间的审美差异。米格尔腼腆而有条不紊，个性内敛；亚当动感而粗犷，言辞多少有点居高临下。不久，亚当把婴儿服装公司搬到杰伊街68号，也就是乔丹·帕纳斯数字建筑公司所在的丹波大厦，两人很快成了朋友。米格尔稳重的亲和力对诺伊曼来说似乎是一种慰藉，而米格尔在亚当身上则看到了些自己没有的东西。"那是一种豪爽，我觉得很酷，但自己并不具备，"他说，"我还是更愿意待在大家关注的焦点人物旁边。"

布鲁克林时期，亚当仍在致力于让生意走上正轨。每当需要思考时，他总在办公室不停踱步。他还开始在丹波大厦附近闲逛，经常是跟米格尔一起。两人都对事业深感焦虑，对纽约人也怀有相似的感受——米格尔同样搞不懂自己为什么不认识布鲁克林公寓大楼的其他居民。亚当提及他在巴鲁克学院期间关于建造更多公共居住环境的老主意，于是两人花了几个月时间去寻找一栋可供改造的住宅楼。

最后，他们发现杰伊街68号的业主正在翻修。亚当有点经验，知道对于一家年轻公司来说，管理房地产是相当困难的。他告诉米格尔，有个熟人所做的生意是将较大的办公空间分割成较小单元，然后出租给小公司。巧合的是，在俄勒冈时米格尔还思考过办公室设计的问题。有次他去"英语宝贝"办公室时路过一栋建筑，看到底楼只有一扇窗，几乎没有光线可以射入布满单调格子间的地下室。他当时觉得一定有更好的办公室设计方法。

亚当一时兴起，决定去跟业主约书亚·古特曼沟通，问对方是否愿意让自己将空置的一个楼层改造为那种办公套间。"你对房地产一窍不通。"古特曼说。

"这栋楼反正也是闲置着，"亚当回应道，"难道你精通房地产？"

当然，亚当知道自己不过是在虚张声势。古特曼在布鲁克林各处拥有房产，而亚当自己有时连房租都要拖欠。但他锲而不舍地问个不停，直到古特曼决定带他去看附近的另一栋楼。那是一家有着百年历史的咖啡工厂，砖墙裸露，天花板木梁纵横，但在这东河景色可以尽收眼底。古特曼问他如何处理这么一个空间。亚当称他打算在不砌墙的情况下把这一层分割成半私密办公室，然后由一个接待员来负责整层楼的服务工作。至于利润，他和古特曼双方平分。古特曼听了以后有点心动，让他拿出一份正式的商业计划书。

亚当找到米格尔，告诉他这些事。"要怎么做？"米格尔问。

"我也不知道。"亚当回答。对于这项生意，他都没想好公司名称，也没考虑过大致的经营方式。仅仅凭借着三寸不烂之舌，他拿到了这么个机会，但需要有人做实事来填补想象空间。

"好吧，"米格尔说，"那我来想办法。"

第 2 章　绿色办公桌

*　　*　　*

当天晚上，米格尔通宵起草了一份商业计划。他决定将新空间命名为"绿色办公桌"，以吸引注重环保的客户。亚当和米格尔都不是气候斗士，只是觉得这个品牌有利于吸引意向顾客。米格尔设计了商标，撰写了使命宣言，然后去金考快印连锁店搞定了名片和传单。第二天早上，米格尔和亚当带着粗略的平面图和列出基本商业模式的单页电子表格去找古特曼——他们希望尽管在一夜之间把所有事情搞定，仍旧能给古特曼造成一种已经筹谋多月的错觉。

这次自我推销很成功。古特曼同意翻修，三方合伙人各自投资了5000美元开工。亚当继续经营婴儿服装生意，米格尔则全身心投入到"绿色办公桌"，与第三方合伙人哈克雷一起设计空间。他们从宜家买了几块案板作为办公桌，然后用玻璃隔断对空间进行分割。米格尔在克雷格分类网站上发了广告，并开始为感兴趣的租户提供带看服务。实际上，空间里什么都没有，只在地板上贴了胶带标明办公室位置。

按照计划，他们准备在2008年春天开业，但这个时机似乎再糟糕不过——全球经济正处于自由落体状态。古特曼警告称，人们不会在市场低迷时租用新办公室：大公司在合并，小企业已倒闭，自由职业者则在家工作。

然而，"绿色办公桌"于5月开张时，立刻受到追捧。"下岗失业的都来了，"亚当说，"谁都不想抑郁地待在家里。"他们将办公室租给了一位时尚设计师、一家私募股权公司和一位书法家，当然还有纽约本地的"哥谭人"社交网站等。"我清楚地记得，办公室中所有宜家家具都是亚当和米格尔亲自摆设的。""哥谭人"联合创始人钟珍说。联合办公空间逐步发展成为迷你社区，人们围坐在咖啡壶旁，一边聊天一边享受欢乐时光，即使出现分歧，大家也能以文明方式解决。"哥谭人"和"绿色办公桌"在出钱添置会议室设备时有过分歧，但也达成了折中方案：米格尔搞定了会议桌，"哥谭人"则添了些椅子。

"绿色办公桌"发展迅猛，他们不断租下古特曼这栋楼里的其他楼层。亚当和米格尔开始思考推动这项业务发展的因素。可持续发展这个卖点虽然挺好，但实际上无法解决气候变化问题。作为商业主张，环保主义不过提供了一种营销噱头。最受欢迎的似乎还是按月付费的灵活性和用户彼此之间的友好感。等到把整栋楼都租下后，亚当和米格尔在一楼举行了庆祝派对，并邀请每个人都来参加这个旨在消除隔阂的活动——就像诺伊曼和妹妹之间的比赛让公寓大楼逐渐开放一样，"绿色办公桌"也因这个派对成了更加友善的场所。

古特曼希望"绿色办公桌"能把业务拓展到自己在布鲁克林拥有的其他建筑，不过亚当和米格尔已经有了更大的想法。"我们没打算用'绿色'来改变世界。"亚当说。两人都曾经营过自己并不真正上心的业务。把人们聚集起来的想法不但听起来令人兴奋，而且可能有利可图。工人们对美国企业越来越失望，人们希望能在数字时代保持现实的联系。经济衰退风险的解除对于愿意冒险的人来说则意味着有了赚钱机会。因此两人觉得，"绿色办公桌"模式也许可以推广到全美，甚至全世界。

2009年，诺伊曼、麦凯维和哈克雷把各自的股份卖给了古特曼，让他得以在其他建筑发展业务。三位联合创始人分别净赚约50万美元，在未来几年分期到账。哈克雷觉得赚够了，于是飞回以色列生活，而这也是亚当刚来美国时的梦想。但在多年的艰难度日之后，他仅用短短一年多时间就把一笔小投资变成了利润丰厚的回报。所以亚当还没准备回家，他还想赚到更多。

第 3 章
格兰街 154 号

BILLION DOLLAR LOSER

格兰街154号是WeWork公司的第一个地址。

亚当劝米格尔别把"绿色办公桌"的盈利存到银行。"你知道我会花掉。"亚当跟他说。两人决定将资金投入一家以平等身份创建的新企业中，寄望在新的办公空间培育出同样的合作精神。一般来说，合伙人之间总是存在差异，重要性也会有所不同，但这家公司的创始文件中明确写道，联合创始人要是不能就某件事达成一致，双方将待在同一个房间里，直到问题解决。

当务之急是确定公司名称——这是传达社群主义精神的信号，正如米格尔所说，"缺乏仪式感"是重大瑕疵。米格尔后来说，在经营企业方面，自己童年时代最重要的经历不是成长于母系集体，而是生活在耐克诞生的小镇，得以近距离观察到品牌的强大力量。毕竟，这是正经的生意，而不是邀请大家围坐一圈解析彼此梦境的游戏。亚当和米格尔已经开始考虑办公室以外的其他空间类型——公寓、酒店、餐馆、银行和咖啡馆等。他们需要一个能够准确表达这种野心的公司名称。

几个月徒劳的集思广益之后，亚当和丽贝卡的介绍人安德鲁·芬克尔斯坦突然在某天晚上灵光一闪。（芬克尔斯坦是好莱坞经纪人，后来曾为丹泽尔·华盛顿和林-曼努尔·米兰达服务。）"就用WeWork吧，"芬克尔斯坦说，"还有WeLive、WeSleep和WeEat。"

接下来就是寻找合适的空间了。"绿色办公桌"的出售协议中存在竞业禁止条款，亚当和米格尔若干年内不得在布鲁克林营业，所以两人开始关注金融危机后一蹶不振的曼哈顿楼市；旧金山也是个可选项，那儿的科技界正急于取代华尔街成为美国商业欲望的中心。而且在这两个地方，联合办公室正如雨后春笋般出现，使用笔记本电脑的自由职业者纷纷依据个人审美租用办公桌。而亚当和米格尔正是希望在开放精神和传统办公室的封闭世界之间搭起桥梁。

然而物业业主对这个想法普遍抵触。曾经试图充当办公室租赁中介的公司在经济衰退期间可谓举步维艰。业主当然偏爱15年的长租客,让一家不够靠谱的公司把空间租给其他不够靠谱的公司,业主的感受肯定好不了。"刚开始有3/4的业主都问,为什么我们不直接出租呢?这样就可以赚到你们赚的那部分钱了。"米格尔后来说,"对于这个问题,我们无法给出一个很好的答案。"

但从另一个角度讲,即便雷曼兄弟也不再是有偿付能力的承租人,业主总是需要以某种方式出租空间。而且,亚当这个百折不回的家伙不厌其烦地去找业主沟通,就跟对付古特曼一样。2009年秋,亚当和米格尔在坚尼街看中一栋大楼,希望租下来实施心目中的住宅理念。业主不想租给他们,但说有个朋友可以跟他们见上一面。而事实上,这位朋友正在赶来的路上。

乔尔·施赖伯身穿深色西装,留着传统的哈西德派鬓角,走进房间时没和任何人握手。他是个年轻的房地产开发商——才二十几岁,比亚当和米格尔都年轻——21世纪最初几年,他在布鲁克林和新泽西建了不少住宅楼,之后开始进军曼哈顿下城的商业地产。米格尔对施赖伯无感,但亚当很乐意展示自己的交易谈判才能。他和施赖伯上了一辆车,就这个想法聊了几个小时。施赖伯离开时对亚当的魅力和精力都印象深刻。

这次谈话的结束可以说是WeWork估值失控的开始。施赖伯没有房子可出租,但是有钱,愿意投资,他询问亚当和米格尔想象中的公司值多少钱。两位联合创始人其实不见得希望增加第三位合伙人,但觉得抛出个离谱的数字也无伤大雅。第二天,他们告诉施赖伯,甚至还没有固定办公地点的WeWork估值为4500万美元。施赖伯二话不说，就同意拿出1500万美元资助这个想法，以换取这家不存在公司的1/3股份。

* * *

在纽约房地产界，施赖伯是个有名有姓的人物，他的参与为亚当和米格尔增加了可信度。他把两人介绍给业主，亲自为公司租约做担保。几年后我跟施赖伯聊起来时，他也自认为是公司的第三联合创始人，甚至有人还告诉过我，没有施赖伯就没有WeWork。

那年秋天，有位朋友建议亚当去看看苏豪区格兰街154号的一栋建筑。美国的商业地产评级分为从A级（比如世界顶级的那些摩天大楼）到D级（比如诺伊曼去看的那栋位于格兰街和拉斐特街拐角处的狭窄砖楼）不等。一家在克雷格分类网站上打广告的非法酒店就盘踞在楼宇北翼，整栋楼看上去急需一次耗资数百万美元的彻底改造。大楼对面是一块空地，乘坐楼里唯一的狭窄电梯到达顶层耗时56秒，而实际上楼高不过6层。

即便是如此破败的建筑，业主也不愿租给亚当和米格尔。"我们没有理由租下4万平方英尺（约合3716平方米）的空间。"米格尔承认。与业主的谈判愈加剑拔弩张，因为亚当和米格尔一方面要求把租金保持在较低水平，另一方面又要求获得慷慨的施工补贴，以翻新内部空间——这是公司未来扩张计划的关键组成部分。与此同时，业主还想让自家兄弟来做WeWork的装修工程。就两位创始人而言，米格尔在谈判时从来不够强硬，所以哪怕多年后经过这栋大楼，回想起

WeWork创立时的紧张气氛时，他还是觉得很痛苦。而在当时，亚当甚至拒绝向朋友支付找到这栋建筑的全额中介费用，搞得米格尔更加焦虑。

然而到11月，交易达成了。施工立即开始，计划是完成一层开业一层。由于没有什么卖点可供对外宣传，亚当的吹嘘本领再次有了用武之地。他告诉潜在租户，公司打算建个地下健身房，还正跟市政府谈判在对面空地建一个公园。（10年后，地下室仍然没有健身房，对面那片空地上也还是一无所有。）

亚当负责天马行空的设想，米格尔则承担起将其变为现实的艰巨任务。每个楼层的面积都与麦凯维负责开设的AA美国服饰门店大致相当，但后者有一套运转良好的模式。WeWork或多或少是从零开始，成本必须保持在较低水平才能做得起生意。单是网络布线，工程承包商就开价10万美元，米格尔犹豫了。这个数字高得令人怀疑，令人不安，他觉得只要花8000美元材料费，反复试验50个小时，自己就能完成这项工作。于是，他干脆就让电线暴露在外，拉着五颜六色的一捆捆电线蜿蜒穿过大厅，虽然样子不好看，但确实能用。米格尔还想让粉刷过的砖墙恢复原状，于是开车到新泽西，在后备厢装满一袋袋50磅（约合23千克）重的小苏打，然后通过荷兰隧道带了回来。等到用苏打水把墙漆打掉以后，格兰街154号终于面目一新。"那简直太棒了。"米格尔后来说。

米格尔希望WeWork不要那么像正儿八经的办公楼，而是更像纽约正在不断涌现的一家家精品酒店。他在空间里配备了住宅家具和白炽灯，并在窗户上安装无色玻璃，让更多光线进来。单个办公室则由以铝材支撑的玻璃隔间组成。理论上，这能让每个办公室看起来更宽敞，让光线照射到每个空间，同时又提供了那么一点点隐私——就像横跨高线公园的新标准酒店那样，游客和路人都能窥探一二。透明的空间传达出一种感觉，即每个拥有WeWork办公室的人都在同一个更大的空间里。

2010年2月开业时，WeWork共有17家租户，他们分别是音乐家、科技初创企业和建筑师等。客观条件让部分求租者望而却步。与穿运动鞋的人相比，穿着尖头皮鞋的人更不可能签约。但裸露的砖墙与咯吱作响的百年地板，对于那些新近失业、不喜造作和渴望真实的劳动者来说，却别具美感。WeWork不是纽约最便宜的办公空间，但人们愿意为周到的设计、灵活的条款和完善的社区意识买单。想找律师？沿着大厅走过5个玻璃隔间就有1位。亚当和米格尔开始将租户称为"会员"，这么做有双重好处，一方面可以掩盖WeWork的办公室二房东本质，另一方面又让租客隐约觉得自己是组织的一员。

亚当和米格尔对公司的核心定位不限于办公室租赁业务。WeWork将为美国梦提供另一种选择，不再意味着人们必须花几十年时间在企业阶梯上攀爬。经济衰退后的致富之路就是创办一家初创企业，然后去颠覆传统。WeWork将为从事这种转变的人们提供一个避风港：这是一家孵化初创企业的初创企业。在这里，年轻企业家可以发明可折叠鞋跟，即使失败也不受长期租约拖累，仍然可以继续轻装上阵。没人知道一家公司5个月后需要多大空间，更不用说5年了。新经济太不稳定。"我在和'工作'竞争，"亚当喜欢这么说，"我在和旧观念竞争，也就是认为工作方式应该一成不变的旧观念……可我凭什么要去追求父辈的梦想？那不是我的梦想。"米格尔设计了首个公司标识：一个抡着大锤砸向台式电脑的简笔小人。

*　　　*　　　*

格兰街154号爆满后,他们需要第二个空间。亚当和米格尔委托朋友在多伦多和旧金山寻找合适地点。乔尔·施赖伯带他们去看曼哈顿中城第五大道帝国大厦对面的一栋大楼。此前,这里是摩根大通贷款和抵押贷款部门的一个分支机构,而在房地产危机发生后,这个部门已经没有多少工作了。好几个月来,这处房产一直处于招租状态。施赖伯认识业主:扎尔家族是伊朗裔美国人,经营保守生意,不愿承担投机风险。施赖伯告诉亚当,如果能搞定大卫·扎尔——扎尔家族中最年轻的那位,就有希望达成交易。

身穿白色T恤、外披收腰短夹克的亚当与扎尔在第五大道349号见面。原先扎尔想找6家公司来各租用一层。在周围逛了15分钟后,亚当说想租下整栋楼。"你到底要做什么生意?"扎尔问。

亚当邀请扎尔去参观格兰街154号。他们转了一圈,然后在一楼休息室长谈到深夜,一边喝着尊尼获加黑牌威士忌,一边讨价还价。但是扎尔去征询家人意见时,他们很犹豫,因为扎尔夫妇更愿意把赌注压在有长期生存能力的租户身上。亚当后来回忆,在扎尔来解释家人的保留意见时,自己表现得很是不屑。"我知道波斯人是言出必行的。"他跟扎尔说。

格兰街的租约属于试运行,期限为5年。到了第五大道349号,亚当同意签个符合常规的15年租约。扎尔夫妇出资近100万美元进行整修,并授权WeWork使用大楼一侧的4个大型广告位,WeWork最终将这里命名为帝国大厦分店。整修开始之前,亚当就竖起了WeWork的巨幅广告,排队进入帝国大厦的每个访客都能看到新公司的名字。几个月后,扎尔在一次活动上碰到亚当。亚当把扎尔拉近拥抱并表示感谢——与其说是感谢这个空间,不如说是感谢随之而来的公众关注。"你让我们出了名,"他对扎尔说,"你让我们变得货真价实。"

第4章
"我就是WeWork"

BILLION DOLLAR LOSER

亚当一直宣称："我就是WeWork，WeWork就是我。"

第 4 章 "我就是 WeWork"

2011年，WeWork在曼哈顿肉库区开设了第三家分店，亚当在接受《纽约每日新闻》采访时表示："20世纪90年代和21世纪初是'I'的10年，比如iPhone、iPod等，当时的一切都与'I'相关。"

与许多企业家一样，亚当崇拜史蒂夫·乔布斯及其所代表的一切——野心勃勃而又斗志昂扬。但他警告称，乔布斯革命在某些方面是需要付出代价的。"看看我们的下场：处于一场可怕的衰退中，"亚当说，"未来是属于社区的。"而当时，美国正准备再度选举一位前社区组织者为总统。曼哈顿下城的一个公园中到处都是"占领华尔街"运动的参与者，大家坚持认为旧世界的秩序已经无法满足人类的需求。WeWork早就认为，即便是最具破旧立新精神的企业家，也不能在没有帮助的情况下创业。乔布斯因胰腺癌离开苹果公司后，亚当似乎急于将自家公司定位为新经济的后起之秀，将自己定位为美国企业家中的风云人物。"下个10年是'We'的10年，"他告诉《纽约每日新闻》，"如果仔细观察，你会发现我们已经身处一场革命之中。"

对于亚当的夸大其词，WeWork首批员工中，有很多人都心存疑虑：WeWork办公室是很不错，但称得上革命吗？然而，正是亚当所宣扬的社区建设使命让他们中有不少人离开了体面但枯燥的原工作岗位。WeWork并未提供高薪，也不像多数科技初创企业那样提供股票期权。WeWork招聘的强力武器，就是亚当和米格尔所承诺的公司致力于建立更美好的工作方式。

WeWork的3号员工丹尼·奥伦斯坦来自米格尔老东家乔丹·帕纳斯数字建筑公司。曾将"爬行者"（诺伊曼仍拥有这个品牌，但已不参与日常运营）逼入窘境的房租问题，同样迫使AA美国服饰暂停了扩张计划，所以乔丹·帕纳斯数字建筑公司解雇了大部分员工。虽然在筛选中幸存，但奥伦斯坦已决意跳槽。他在克雷格分类网站上看到了WeWork的招聘信息。几天后，他载着一车电视机从曼哈顿下城的一家电子商店来到格兰街154号，同行的还有米格尔和凯尔·奥基夫–萨利（米格尔在俄勒冈的"兄弟姐妹"之一，从加州飞来纽约帮忙）。奥伦斯坦比麦凯维矮一英尺（约合30厘米），但两人都是建筑师，很快就成了朋友。而且，在为一个苛刻的首席执行官批量装修新店之后，做点别的事情感觉实在很好。

加入WeWork几天后，奥伦斯坦把奥基夫–萨利拉到一边，称自己想跟亚当见面。"对他说的每句话都要持保留态度。"奥基夫–萨利当时就警告。米格尔比较务实，而亚当则倾向于不切实际。后来见了面，两人的谈话很简短，但奥伦斯坦立刻被亚当的热情和雄心所吸引。他迫切想要参加格兰街154号的实际建造工作。

甚至在很早的时候，亚当就曾想象创办一家拥有100所分店的公司，并告诉朋友自己正在打造一个价值千亿美元的产业。纽约房地产界没人知道该如何看待亚当T恤搭配牛仔裤的随意穿着和他表露的自信，甚至时任市长迈克尔·布隆伯格在会见时曾告诫他应该剪掉长发。在公园大道举行的一次房地产会议上，亚当问一名与会者纽约哪家公司租用的办公空间最多。答案是摩根大通，其租用总面积达到300万平方英尺（约合28万平方米）。那时只租用了几个空间的亚当扬言要超越这家著名投行。

有天晚上，奥伦斯坦在办公室加班到很晚。亚当问他，女友对这么长的工作时间有什么看法。奥伦斯坦称，女友明白WeWork是家初创公司，目前需要付出较多。亚当点头继续问，如果公司扩张，奥伦斯坦需要到全球各地去开设WeWork空间，女友又会怎么样。他和米格尔在一张纸上列出了下一步要去的地方：旧金山、洛杉矶、多伦多——"与世界其他地方对话的城市"——还有延伸到蒙特利尔、波士顿、芝加哥、以色列和伦敦的线路。

奥伦斯坦告诉亚当，要是真到了这一步，女友当然会提出分手。他觉得自己语气中已经不乏讽刺意味，亚当却好像没听出来——亚当的英语还差得很远，有些东西在翻译过程中丢失了。他严肃地看了奥伦斯坦一眼。"你的女友需要明白这么做相当不明智，"亚当谈到可能的分手时说，"她可是在和下一个谷歌公司的员工在交往。"

*　　　*　　　*

奥伦斯坦是打杂团队的一员。米格尔高中时期的一位朋友在俄勒冈从事法律工作，充当公司总法律顾问后，大家可以使用"先生"（Esq.）的敬语作为信笺抬头。凯尔·奥基夫–萨利的妹妹基亚也加入进来，协助在旧金山开设除纽约外的首家WeWork分店。曾在易洛魁酒店担任礼宾员的玛格·斯奈德主要负责策划和主持公司活动。首任IT主管则是一名绰号叫乔伊·凯博斯的高中生。首任创意总监德文·韦尔穆伦来自布鲁克林工业——在开创时尚人士专业审美方面起过很大作用的一家服装公司。他接到WeWork的通知：公司不会配发笔记本电脑，所以只要自己拥有笔记本电脑就能得到这份工作。和21世纪第二个十年的多数年轻公司一样，WeWork还聘请了几名无薪实习生，其主要任务是在亚当和米格尔不想付费聘用专业人员的情况下，利用谷歌搜索"如何修理弹球机"，并弄清怎样得到212开头的电话号码，那可是纽约难得的"宝贝"。格兰街154号的一位租客曾打算以1万多美元出售一个号码，但亚当指派了一个实习生去寻找更低的开价。

每位早期员工在加入时都没有什么固定角色，他们所做的建筑工作总是超过职位头衔所包含的内容。"我还得继续干这么多体力活吗？"几天后，韦尔穆伦向奥伦斯坦抱怨道。格兰街154号每个楼层的翻修都需要搬运大量建筑材料，以至于他们把电梯装满后，还要把更多东西堆到电梯顶上，从而减少往返次数。新的楼层快要开放前，每个人都得通宵刷墙壁、捡垃圾、装壁灯、接灯泡，还要把看似无穷无尽的宜家桌腿安装到公司提供的案板上。亚当拒绝推迟开放时间，要求员工周末加班加点——哪怕墙面粉刷得十分粗糙。他说，只要无线网络没问题，租客就会乐意支付租金。

工程进度几乎可用疯狂来形容。"半天够了吧？"一位经理问下午6点开始捡垃圾的某位早期员工。WeWork仅用29天就完成了帝国大厦分店首个楼层的装修工作。等到亚当敲定位于肉库区高线公园南端附近的第三家分店时，这里的其他楼层也都已开始装修了。亚当希望尽早开始新空间的装修工作。一天早上，他对肉库区分店的新楼层进行了巡视，并指出一些小瑕疵。几个员工熬了通宵才做到这个地步，可亚当却并未给予正面评价。

这个员工团队企图让亚当缓几天，但后者很有说服力，以至于多次对话结束后，他们反而在为起初表现出的疑虑而道歉。问题是，这些人已经接近极限，只好委托奥伦斯坦和韦尔穆伦帮忙向两位创始人说情。他们每个人都已经感到筋疲力尽，要是做得不好，反而可能会砸了公司招牌。亚当的简短回复不出意料，他指出员工已经同意遵照原定时间表，而米格尔同样冷淡的回应令人惊讶。"带着解决方案来找我，"他说，"不要带着问题来找我。"

有天，奥伦斯坦、奥基夫-萨利和韦尔穆伦三人随米格尔登上帝国大厦分店楼顶。纽约正在下雪，但暂时离开"无尽"的建筑工地生活去呼吸点新鲜空气，也算得上是一种解脱。他们都在WeWork工作不到一年，喜欢与同事一起创建公司时的凌乱乐趣，彼此也成了朋友。公司产品大受欢迎，很多预约客户都在等待新办公室，但是有些员工担心公司已经出现迷失方向的征兆。他们加入的部分原因在于WeWork曾经承诺摆脱激烈竞争，甚至可以说远离激烈竞争。但与效率、增长和估值这些话题相比，专注于建立社区和创造更好工作方式的初心似乎已经退居次席。而所谓公司估值，不过只是亚当、米格尔和乔尔·施赖伯三人随口说出的数字罢了。

在楼顶，奥伦斯坦问米格尔，他是否认为付出的时间和承受的压力是值得的。后者曾经每天工作18小时，曾经忍受多夫·查尼的暴跳如雷，以至于对亚当苛刻要求公司和员工的情况稍显麻木了。另外，米格尔也想快速成长。与此同时，他的妻子在WeWork开业前生下了第一个孩子，他需要努力平衡父亲的角色和工作的职责，这正是10年前他在明信片上对母亲所表达的担忧。米格尔站在屋顶上告诉大家，他真心觉得一切都是值得的，但同时承认公司发展已经很快，要想忠于使命，就必须时刻保持警惕。

* * *

亚当和米格尔在WeWork扮演着不同角色。米格尔的正式头衔是首席创意官，负责管理各个空间的设计和施工过程。每天结束工作之后——有时已经过了午夜——他会回顾早上醒来后所做的一切，时常惊叹于自己的创业生活充斥着各种各样的杂事：记账、销售、会计、编程，甚至购买100个宜家咖啡杯。

与此同时，亚当一直参与WeWork运营的每个环节，坚持审批每个新空间的布局，但大部分时间还是在充当首席执行官的角色：为公司制定愿景，吸引潜在合作伙伴。他已经在纽约建立起开会喝酒的名声——先是伏特加，后来移情到龙舌兰。亚当是个梦想家和交易者，而米格尔则让WeWork脚踏实地。亚当要在推介材料中宣称WeWork是"社区"，米格尔表示反对，他说将公司称为社区是一种需要去赢得的荣誉，仅就WeWork目前所做的工作而言还不够资格。

有了米格尔管理WeWork的装修工程，亚当开始组建事务部门，高层人员主要是他的朋友和家人。表亲克里斯·希尔是农产品批发配送出身，成了WeWork的首席运营官。2010年，移民律师斯特拉·坦普洛到格兰街154号来帮亚当续签签证。她环顾四周，看到每个人都在微笑。移民律师工作是件苦差事，于是她决定辞职降薪来给亚当担任助理，帮助米格尔的俄勒冈朋友一起满足公司日益增长的法律需求。有了她的加入，亚当开始从以色列带朋友来纽约，表面上是让他们来游玩，实际上是提供锤子让他们帮忙工作。当希尔为公司业务的迅速扩张感到力不从心时，亚当又聘请了兹维卡·沙查尔来帮忙。沙查尔是亚当在卡法萨巴的高中同学，曾在以色列一家桑巴寿司店工作，在加入纽约公司之前，他花了6个月时间通过Skype给希尔帮忙。亚当的另一位朋友，来自海军的阿里尔·泰格，则成了WeWork第一任首席财务官。泰格在以色列海军学院毕业时成绩排名第一，亚当则对一群WeWork员工吹嘘，自己在某次航海课程中击败过泰格。

"其他课程我都比你强。"泰格说。

"其他课程你比谁都强。"亚当说。

WeWork员工在观看亚当和泰格的军官学校毕业视频时，发现泰格很显眼地站在队伍最前面。人群中的亚当则没那么容易找到，但也挺惹眼——毕竟他的个子比谁都高，虽然他行进的步伐稍有些不协调。

亚当喜欢和心腹保持亲密关系。一天晚上在帝国大厦分店，有位同事与奥伦斯坦交谈时对亚当多有怨言，当时旁边坐着个貌似漫不经心的陌生人。几周后，奥伦斯坦和亚当一起从翠贝卡诺伊曼夫妇的阁楼公寓（工作之余他们常在那里开会）走到肉库区新开楼层时，亚当称自己听说了怨言的事情。他说那个神秘人是自己的朋友，对于那些怨言他感到厌烦，对于奥伦斯坦也很失望。下次要是还有人反对自己，亚当希望奥伦斯坦能站出来力挺他。

"WeWork集体农场"中逐渐出现等级制度。有一次，亚当看到几名员工穿着短裤和破旧的T恤在办公室走来走去——因为他们前一晚熬夜装修了新楼层——于是他把这些员工召集起来，告诫他们作为WeWork的"优质"品牌大使，需要注意着装。凯尔·奥基夫-萨利反驳称连亚当自己都和他一样经常穿T恤和牛仔裤，结果亚当回答说自己穿的是价值200美元的詹姆士·珀思牌T恤。"这跟你穿的T恤不一样，"亚当说，"我看起来像大家都想成为的那种人。"2011年，WeWork要求员工签署竞业禁止协议，限制大家在离职后的18个月内开展同类业务。毕竟办公空间在全美各地已经层出不穷，亚当和米格尔不希望出现更多竞争对手。

唯一一位拒绝签署的是WeWork的2号员工丽莎·斯凯。格兰街154号开业的前几周，亚当在一次社交活动中遇到作为主持人的斯凯，并力邀其担任WeWork首位"社区经理"——一个干各种杂活的职位，包括市场销售、客户服务、清洁工作以及几乎需要独立管理整栋楼的一切其他事务。

斯凯喜欢这个工作，也热爱这家公司。乔尔·施赖伯承诺的1500万美元投资未能兑现时，斯凯还给WeWork争取到20万美元的紧急贷款。亚当推荐斯凯（及许多其他员工）和卡巴拉中心的拉比艾坦·亚尔代尼会面，她也不假思索就答应了。亚尔代尼对斯凯老生常谈了一番并认为她可以对亚当起到平衡作用，正因为知道斯凯和其他人在身后坚守着堡垒，亚当才得以出去达成交易并扩大地盘。

斯凯一直是全力以赴的，她刚花了整个周日的时间在办公室的玻璃墙上贴好磨砂胶纸。但事实证明，WeWork会员之间也不需要过多的联系。公司发展迅速，但在楼里做了大量装修工作的员工似乎并未从中受益。亚当和米格尔说他们很快就能获得公司股权，但具体日期一直处于不断推迟中。斯凯和其他几名员工曾经要求加薪，可亚当却抱怨说，连他自己都没得到应有的报酬。他还告诉一名员工，找个室友合租可以省钱。

亚当和米格尔把斯凯叫到一间会议室，问她为何不愿签署竞业禁止协议。斯凯说自己开始意识到，哪怕从一开始就帮助创建了公司，但在这里也永远不会拥有真正的话语权。如果亚当想要一直保持这么快的发展速度，已经33岁的她可能更乐意自己去经营一两个空间，就像亚当和米格尔当初做的那样。

"你这又是何必呢？"米格尔说，"那样真得累死累活。"

第 4 章 "我就是 WeWork"

要说两位公司创始人比其他员工还要辛苦很多，那就多少有点厚颜无耻了。但等亚当走后，米格尔留下来继续和斯凯谈话。很明显，尽管公司成立还不到一年，两位联合创始人已经不再是平等的合作伙伴。米格尔承认自己同样心存疑虑，亚当的雄心让他回想起以前在AA美国服饰的经历。但米格尔称并不打算妨碍亚当的意愿，他决定系好安全带，看看WeWork能走多远。

* * *

2011年年中，乔希·西蒙斯经朋友介绍来到WeWork工作，这位朋友曾经为亚当妻子丽贝卡·帕特洛婚前主演的一部短片工作过。来WeWork之前，西蒙斯在纽约一家酒店的水疗中心从事前台接待工作。然而在接受亚当面试时，双方主要谈论的话题是他在南卡罗来纳一所大学担任校园牧师的经历。在丽贝卡的要求下，亚当变得越来越虔诚。他还时常让妻子到办公室，商量如何信奉卡巴拉（犹太教的神秘传统），让灵性在WeWork发挥作用。

刚开始，西蒙斯在帝国大厦分店担任社区经理。这栋大楼的第一层才启用半年后，第六层也就是最后一层也开业了。帝国大厦分店是格兰街154号的改良版，尽管那里安装了公司的首个固定啤酒桶，但租户仍然是个不拘一格的群体，西蒙斯的工作就是让社区更具专业感。2012年时，软银的一个团队曾考虑在此租用WeWork办公室，后因认为其不符合公司的精细要求而放弃。某天，有个同事从沙发底下拉出一个装满衣服的抽屉。西蒙斯还注意到有个会员看上去越来越邋遢。事实上，这家伙因为创业公司陷入困境，付不起公寓租金，干脆

049

住在了WeWork办公室。

西蒙斯觉得WeWork很有趣，也很有挑战性，即使这份工作与他原先想象的有些出入。"要有效利用每一寸空间。"亚当告诉西蒙斯和其他社区经理，并要求他们在履行固有职责的同时兼顾销售。虽然公司不必承担政府部门的职责，西蒙斯还是真心希望会员每天都能生活得更好一点。"我们经常说，这项事业并不仅仅为了赚钱。"西蒙斯说。有天，亚当在陪一位潜在投资者参观时，将西蒙斯和另一名员工叫来询问年龄，西蒙斯和同事都说自己20多岁。

"你看，"亚当说，"我们能免费雇到一帮年轻人。"

最糟糕的是，西蒙斯意识到，亚当是正确的。WeWork的许多新员工是应届生，能在经济衰退之后找到一份任何类型的工作就已经让他们庆幸不已了，同时这些新员工也渴望加入一家承诺将社交生活带到工作场所的公司。只是，西蒙斯不但已婚，孩子都快出生了，WeWork的很多员工每周有好几晚在工作场所一边闲逛一边喝免费啤酒，这对西蒙斯来说已经算不上什么福利。由于亚当从未按部就班参加过工作，所以公司会像很多初创公司那样容易忽略一些就业的基本条件。WeWork才刚刚开始为员工提供医疗保险，男性员工几乎铁定没有多少假期，当然更没育儿假政策。2011年丽贝卡生头胎时，亚当几乎没有停止工作。加入WeWork一年后，西蒙斯得到了一个薪酬翻倍的工作机会。他与首席运营官克里斯·希尔进行了沟通，后者表示公司无法提供同等薪酬，毕竟这个报价不是来自一家大公司，而是来自一家本地教堂。对此，西蒙斯有自己的看法，他说："本质上，这说明教堂比公司更关心人。"亚当曾与西蒙斯讨论灵性对经营方式能产生多大影响，但所传达的信息显得空洞。他还曾经把西蒙斯叫到一个房间里进行忠诚度测试:当他和一名员工发生争执时,亚当想确认西蒙斯站在哪边。在当时,亚当说了一句话,哪怕西蒙斯离开公司加入教会后,这句话依然深深印在他的脑海里。亚当说:"我,就是WeWork。"

第 5 章
性爱、联合办公和摇滚

BILLION DOLLAR LOSER

每个时代都会根据自己的需求对办公室进行改造。"协同办公"的出现是这场运动的一个分支。

亚当在联合办公空间欧洲会议发表了题为"联合办公、企业2.0和内部创业精神：下一个谷歌、星巴克或脸书将发轫于联合办公空间"的演讲。但在台下的希尔曼看来，这场演讲更像是为投资者量身定做的游说而不是与同行对话。

回家后，希尔曼写了一篇博文，讲述这个曾经沉闷的行业似乎即将迎来黎明，文章的题目是《性爱、联合办公和摇滚》。

每一代人都会根据需求改造办公室。工业革命产生了工厂，机械工程师弗雷德里克·泰勒倡导的大型生产车间就是最初的开放式办公室。20世纪第一批白领的工作场所看起来很像流水线。1939年，弗兰克·劳埃德·赖特设计的约翰逊制蜡公司[1]引入了更明亮的灯光和更人性化的设计。20世纪80年代，工作隔间与台式电脑同时兴起，在为员工提供更多隐私空间的同时，也一直主导着工作环境，直到硅谷的那些初创公司推倒墙壁，开始用懒人沙发和桌式足球来吸引使用笔记本电脑的员工。

联合办公是这种趋势的一个分支。2005年，旧金山软件工程师布拉德·纽伯格试图在单调乏味的办公生活和孤独无趣的自由职业之间找到折中的乐趣，于是杜撰出这个词语。那时，星巴克还不提供免费网络，所以瓦伦西亚大街仪式咖啡馆总是人满为患，待在那里工作需要争夺座位和电源。纽伯格向往18世纪欧洲启蒙运动时的咖啡馆，人们可以一边做生意一边交流伟大的思想。在当今这个时代，也应该有类似的场所，让程序员能够一边交换代码，一边围坐着手冲咖啡壶开怀大笑。

就在那年，纽伯格以每月300美元的价格从一个女权主义团体那租了个空间，购买了桌椅，然后开始邀请一些自由职业者来工作。他在咖啡馆散发了一些传单，人们就开始陆续光顾，其中包括发明了推特标签的产品设计师克里斯·梅西纳。2006年，梅西纳、纽伯格和从事营销工作的塔拉·亨特三人合开了一个更为正式的空间，起名"帽子工厂"（Teh Hat Factory）。（拼错的单词是个有意为之的书呆子笑

---

[1] 庄臣公司总部。——译注

话：笨手笨脚的人经常会把"The"拼成"Teh"。)"帽子工厂"就开在一间阁楼公寓里，床单挂在天花板上作为隔断，没人想过赚钱的问题。"开放对我们来说很重要，"亨特说，"另外，联合办公这种商业模式很糟糕。我们不认为这是在风险投资支持下可行的业务。除非那种锱铢必较的人，否则永远无法把这项业务规模化。"

联合办公空间开始在全美遍地开花：2008年，"绿色办公桌"开业几个月前，《纽约时报》专门撰文谈及纽约和其他城市出现的几十个联合办公空间。米格尔还去参观了一家专为程序员设计的空间，结果这让他想起了柏林的一家夜总会——哑光的墙壁、昏暗的灯光和嘈杂的音乐。而在布鲁克林，距"绿色办公桌"一英里之遥就有家同样聚焦环境问题的绿色空间公司。联合办公空间提供的以下福利也已或多或少成为标配：午睡房间、聚会活动和优质咖啡。

亚当后来说，在"绿色办公桌"开业之前他从未见过其他联合办公空间，但应该至少听说过这项业务。还在巴鲁克学院读书时，亚当的同班同学马尔卡·耶鲁沙米把他介绍给了自己的儿子切尼。切尼是个以色列企业家，经营着一家名为"阳光套房"的办公空间公司。2001年，也就是亚当来到纽约那年，切尼创办了"阳光套房"，后来在曼哈顿开设了多家分店。据切尼称，他带着亚当参观了华盛顿广场公园附近的分店，还给他解释了公司的运作方式。经营的关键部分是圈子，他把租户称为"沐光者"，还组织成立了一支非常糟糕的垒球队。另外，他和律师起草的专门许可协议也很重要，可以取得一些传统租赁所不具备的优势。切尼说，2007年亚当又以潜在租户身份来参观过，但没有提及打算效仿，他也没有想太多。

一年后亚当创办"绿色办公桌"时，切尼没当回事——亚当在对岸的布鲁克林，没人妄想商业办公世界可能被一个人主宰。两人偶尔聊起业务，还会彼此分享维护网络安全和对潜在租户进行背景调查的技巧。2009年，亚当邀请切尼共进午餐，说起打算离开"绿色办公桌"单干。接着WeWork就在格兰街154号开业了，就在亚当去过的"阳光套房"分店南边，其会员协议与切尼分享的十分相似。

随着WeWork不断发展，开了一家又一家分店，切尼终于给亚当打电话，提醒亚当他们是经自己母亲介绍认识的，并骂他是"一坨该死的狗屎"。所以，斯特拉·坦普洛加入WeWork后，首要任务之一就是重新拟订WeWork会员协议。

切尼和其他办公空间经营者所缺乏的，不仅是亚当的雄心壮志，还有与资本的联系。乔尔·施赖伯只兑现了承诺投资的一小部分，所以他也一直没有得到33%股份的全部。而亚当却因此通过向纽约城的其他朋友筹款而拥有了广泛的人脉：潮流服装帝国Kith的创始人萨姆·本·亚伯拉罕投了几百万美元，其他熟人也多少有所投资。2011年夏天，亚当在汉普顿租了套房子。他跟员工说这个地方的预算有点超支，但为了给纽约富人留下深刻印象并建立联系，多花点钱还是值得的。相对而言，多数其他办公空间运营商能拿到6位数投资就算很幸运了，截至2012年，单单从朋友和家人那里亚当就筹集了近700万美元。

＊　　＊　　＊

WeWork早期的一大笔资金来自亚当的妻子丽贝卡，她将100万美元的积蓄部分投资在丈夫及其公司——她相信这个男人可以拯救世界。这笔钱来自她父母的馈赠。1978年,鲍比·帕特洛和伊芙琳·帕特洛生下了丽贝卡,比她的三位哥哥姐姐晚了十多年。"她从小就如同上天赐给这个家庭的礼物,"堂姐格温妮丝说,"像个会带来惊喜的美丽公主。"

丽贝卡比格温妮丝小了6岁,后者的父母分别是好莱坞制片人布鲁斯·帕特洛和女演员布莱斯·丹纳,而著名导演史蒂文·斯皮尔伯格是格温妮丝的教父。丽贝卡的父亲鲍比则是布鲁斯的弟弟。帕特洛一家是波兰犹太人后裔,家族名是帕特洛维奇。丽贝卡的曾曾曾祖父是一名研究卡巴拉的犹太教神职人员,据说拥有"神秘力量",传言称他所在的波兰小镇曾经发生火灾,他走到阳台上挥动手帕就扑灭了火焰。

堂姐还在洛杉矶和纽约之间来回奔波时,丽贝卡出生在长岛的大颈镇,那里是菲茨杰拉德"西卵"[1]的灵感之源。这家人后来又搬到了曼哈顿以北一小时车程的富人区——贝德福德。丽贝卡后来在接受时尚杂志采访时,试图讲述自己卑微的成长经历——"我小时候生活在一条土路边,住在像树屋般的房子里"。但她的堂姐礼貌地纠正了这一描述。"她家很富有,"格温妮丝说,"她母亲伊芙琳家境殷实,有很多不动产,而且还有着惊人的品味——穿的每件亚麻衣服都堪称完美。她们的生活十分安逸。"

布鲁斯·帕特洛在好莱坞扬名立万时,鲍比开始着手建立北美通信公司——一家垃圾邮件公司。"对他来说,我觉得这家公司从事什么业务并不重要,"丽贝卡说,"他仅是出于对商业过程的热

---

[1] 指《了不起的盖茨比》中的地名。——译注

爱。"1986年，丽贝卡8岁时，鲍比经营的两家慈善机构：美国癌症研究基金会和美国心脏研究基金会，由于通过伪造的慈善邮件筹集了大约200万美元，被指控犯有10项邮件欺诈罪名。政府认为，鲍比使用了一个"老式的骗局"，把慈善捐款汇回了自己的账户。北美通信公司为慈善机构印刷和组装了邮件封套，这些机构利用纳税身份以优惠价格寄出邮件。捐款到账以后，这些钱从未用于任何医学研究。这些机构被勒令支付10万美元罚款，并向合法慈善机构捐赠30万美元。20多年后的2014年，鲍比承认自己曾犯有税务欺诈罪。

高中时，丽贝卡就读于布朗克斯的一所精英私立学校——霍勒斯·曼恩。在那里，学生既要获得学业成功，又要取得社交成功，而且两者都很难。一位高中同学说，丽贝卡（当时化名为莱比）颇为抵制这两方面。"莱比根本不屑一顾。"这位同学说，"她颇有一种在进入社会之前满不在乎的能量，而且也许比班上任何人都强。"丽贝卡在有钱有势的人群中很受欢迎。她似乎并不那么积极进取，在高中年鉴中只获得两项荣誉——"对纽约州酒税贡献最大的人"和"驾照得分最多的人"。

而格温妮丝似乎是表妹人生中难以逾越的一座高山，1996年丽贝卡考入康奈尔大学时，格温妮丝正在主演一部叫《艾玛》的改编电影，还在和布拉德·皮特约会。（格温妮丝将其凭借《莎翁情史》获得的奥斯卡奖部分献给丽贝卡的哥哥基思，他于1989年死于癌症。）丽贝卡并不避讳引起公众的注意，她在康奈尔大学介绍自己名叫莱比·帕特洛，这个名字已经足够说明问题。女性网络杂志《喧嚣》后来报道称，她曾试图加入一个姐妹会，还告诉其中某位成员说自己将被邀请参加布拉德和格温妮丝的婚礼。与十几岁就开始演戏的堂姐不同，丽贝卡不知道自己想做什么，哪怕出身于企业家家庭。毕业后，她来到纽约，参加了所罗门美邦公司的股票经纪人培训项目。

事业的进展并不顺利。丽贝卡工作几周就辞职了。而在多年的紧张关系之后，父母离婚了，男友也为了她最好的闺蜜而分手。"经历了很多背叛与痛苦，"她后来说，"但最终，感谢上帝，引领了我的旅程。"23岁的她刚刚摆脱束缚，就飞到印度，坐了14个小时的长途汽车去达兰萨拉。在那里，她每天冥想几个小时，学习瑜伽，面见法王，喝了不少印度奶茶。

回到美国后不久的丽贝卡仍然不知道自己该做什么，她去观看了迈克尔·弗兰蒂和先锋乐队的表演，这是一个以社会正义为主题的时髦说唱组合。（他们最近发行了一张名为《保持人性》的专辑。）丽贝卡跟着乐队去参加了下一场音乐会，并在那里设法给他们写了封信。几周后，弗兰蒂的经纪人打来电话，说这张便条激发了乐队的灵感——想不想和我们一起去旧金山？于是丽贝卡和这个团队一起生活和巡演了大约一年时间，没有担任具体职务，也没拿薪水。"这不是重点，"她说，"那时我是在进行自我发现之旅，而这些人是其中的一个部分。"她最终得出了和许多二十几岁流浪青年相同的结论。"我看到了迈克尔如何利用艺术来对社会产生影响。"丽贝卡说，"所以我决定去演戏。"

丽贝卡来到洛杉矶，花几年时间学习了表演课程，并开始参加试镜。堂姐的事业正在蓬勃发展——《天才一族》、《王牌大贱谍》、西尔维娅·普拉斯传记片主角。而丽贝卡却是举步维艰。"表演太费劲了，我没达到自己的预期，"丽贝卡说，"所以我回到纽约，然后遇见了亚当。"

第5章　性爱、联合办公和摇滚

*　　*　　*

丽贝卡接受了亚当的闪电式求婚，条件是他必须戒掉一些坏习惯。两人仪式性地将吸烟和喝苏打水的器物扔到丽贝卡公寓的垃圾槽里。她不太喝酒，经常比亚当先回家，并且她能够缓和亚当的狂躁精力。"我喜欢亚当，但他有点难对付。"格温妮丝在谈到堂妹夫时说，并补充说，要是丽贝卡不在身边，感觉亚当随时都可能爆发。

在WeWork的早期阶段，丽贝卡并不经常出现，也不怎么参与深夜的建设工作。但是，她对丈夫的影响力非凡。WeWork员工有时晚上回家后感觉对明天成竹在胸，结果第二天上班后亚当说，他跟丽贝卡商量后想出了新的行动方案。丽贝卡帮亚当回复邮件，给他准备午餐——需要什么就做什么。丽贝卡说："对于帮助他发挥最大潜能，我充满了热情。"她形容自己"像亚当的缪斯女神——这在我更年轻时并未实现，当时的我总是想当主角"。

亚当刚刚开始打造WeWork时，丽贝卡还未放弃演艺事业。开业几个月后，WeWork联合时尚杂志《灯芯绒》在曼哈顿的牛奶时尚摄影工作室举办了一场派对。这次派对既可以算诺伊曼夫妇的社交活动，也可以算作WeWork的一次社交活动——角落里摆放着WeWork标志性的玻璃隔间。亚当穿着黑色运动夹克和匡威运动鞋在派对上拍照，肖恩·列侬则在台上表演。英国独立摇滚歌手皮特·多尔蒂本来应约演奏，但在海关耽搁了。《灯芯绒》杂志刊登了丽贝卡的简介，将其列为演员。"帕特洛家族，"文中写道，"是大家都熟悉的。"丽贝卡曾经入选英国女演员伊芙为老维克新声音剧团执导的契诃夫作品《三姐妹》。没有排练场地，她把格兰街154号的大楼侧翼让了出来。演员们曾经做过一个练习，在楼梯间上蹿下跳，歇斯底里地大声尖叫，吓坏了WeWork的一些会员。

2010年夏天，丽贝卡和亚当联系了亨特·理查兹。这位年轻编剧写了个剧本，讲述了两位科学家探索人类意识深处的故事，诺伊曼夫妇有意购买。双方在西村的热门景点韦弗利酒店共进晚餐，喝了苦艾酒。亚当告诉理查兹，他并不完全理解导演在电影中的作用；后者告诉他导演有点像首席执行官。席间，理查兹吹嘘自己20多岁时卖出一个剧本，赚到了人生的第一个百万美元，随后亚当扬言要超过他。"我将赚到第一个10亿。"他说。

丽贝卡告诉理查兹，她将成立一家名为波西米亚电影的制作公司，制作"精神进步"的电影。短期来说，打算先拍一部短片试水，问他是否考虑来执导拍摄。诺伊曼夫妇有钱，理查兹则想试用一种新摄影机，于是双方一拍即合。他告诉两人，只要花3万美元就能拍完整部电影。但丽贝卡希望尽善尽美。他们聘请了星光熠熠的演出阵容：罗萨里奥·道森、肖恩·列侬以及刚在《欲望都市》中饰演了米兰达管家的林恩·科恩，外加一个20人的摄制组，其中包括从加拿大飞来的一位摄影师和新近奥斯卡最佳影片《拆弹部队》的一名助理导演。理查兹本来以为道森是主角，他说道森也是这么以为。但等他们到达片场后，丽贝卡明确表示自己才是主角。理查兹说："我本来应该坚决反对，但问题在于是他们在买单。"

最终，诺伊曼夫妇花了超过10万美元制作这部15分钟的电影。助理导演阿提特·沙阿说："这曾经是，而且可能现在仍然是，我拍过的最昂贵的短片。"诺伊曼夫妇在制作高光片段时大费周章，坚持使用额外视觉效果来衬托丽贝卡身体被光线吞噬的那一刻。然而他们在一些基本的地方却很悭吝——责怪制片人在威彻斯特县拍摄一天后让所有人住酒店,而不是开车回纽约家里。

剧组多数人没有看到《苏醒》的最终剪辑版本,但诺伊曼夫妇邀请WeWork员工参加在翠贝卡大酒店举行的电影首映式。电影中,饰演丽贝卡朋友的道森发现丽贝卡在公寓里为药物和酒精所困,于是开车把她带出城,让她在树林里散步。在那里,丽贝卡无意间发现一个帐篷,肖恩·列侬盘腿坐在靠枕上等着她。"请坐下,"列侬说,"你一直在寻找自己的一生——从宗教到关系,从性爱到物质,从精神分析到电视真人秀——但答案一直就在你自己身上。"

"我不想无礼,但我不信奉上帝、灵性和占星术,"丽贝卡掉着眼泪说,"我只想让痛苦消失。"

"恐惧是这个世界上所有痛苦和折磨的根源,从每一个暴力行为到每一场战争,"列侬说,"现在是恐惧在毒害你。"他让丽贝卡把所有的想法和记忆都写下来。

丽贝卡坐在壁炉前缓缓回忆——童年生活、和亚当的婚礼——这些都次第呈现在屏幕上。她把这些交给列侬,后者把它们扔进火中。"亲爱的,听着,每个念头都会自己颤动。"列侬说着,鼓励她与自己一起唱赞歌。就在那一刻,一束光线从她的身体里绽出。

"你是谁?"丽贝卡问道。

"我,"列侬说着打了个响指,银幕暗了下来,"苏醒了。"

* * *

作为订婚时的约定,丽贝卡坚持让亚当努力改善精神生活。亚当第一次同意去接受心理治疗，这让他对自己艰难的童年生活不再那么耿耿于怀。她还带亚当参加了由乌玛·瑟曼的弟弟德肯·瑟曼主持的冥想班。课后，两人还去了瑟曼位于西村的无电梯公寓。亚当询问同样教授吉瓦穆克提瑜伽的瑟曼，如果丽贝卡开家瑜伽馆能过上什么样的生活。瑟曼描述了一种不公平制度：年轻教师长期低薪工作，希望获得长期的经济和精神收益，而这种收益基本上是少数上层人士才能获得的。

丽贝卡还带亚当去曼哈顿的卡巴拉中心上课。卡巴拉的早期信徒可以追溯到12世纪，几乎都是丽贝卡曾曾曾祖父那样的犹太教拉比，他们寻求与上帝建立一种更私人化、更少教条主义的关系。卡巴拉的现代版本更具美国特色。卡巴拉中心由布鲁克林保险销售员兼犹太教拉比菲利普·伯格及其妻子凯伦创立，那是他离开原配和8个孩子后娶的第二任妻子。1984年，伯格夫妇在洛杉矶设立了卡巴拉中心，并在两个儿子迈克尔和耶胡达的帮助下扩张开来。

到20世纪90年代末，伯格夫妇声称已有数千名信徒，他们更多谈论"能量"，而非上帝。伯格夫妇标榜卡巴拉是"为灵魂服务的技术"，表现为根植于犹太教义的繁荣福音。礼拜期间，男人身着白色以吸引正能量，每个人都要参加原始而狂喜的颂唱。在洛杉矶的一次卡巴拉礼拜过程中，《名利场》的一名记者目睹会众一边尖叫一边挥舞双手。"我们正向切尔诺贝利输送能量，"其中一人表示，"我们会把负能量转化为光明！"

伯格夫妇还将卡巴拉投入强劲的商业运作。他们出售的书籍中承诺能够通过"巧克力狂欢"等方式获得"完全满足"和"无尽快乐"。中心还售卖名为"性能量""直通神"的蜡烛和卡巴拉山泉。

伯格夫妇称，卡巴拉山泉可治疗各种疾病，可实际上这些山泉来自加拿大的一家水处理厂。他们在吸引名人方面尤其成功：麦当娜、黛米·摩尔、阿什顿·库彻、罗丝安·巴尔、刘玉玲、时装设计师唐娜·卡兰和唐纳德·特朗普的第二任妻子玛拉·梅普尔斯等。中心还鼓励教徒佩戴卡巴拉中心网站售价26美元的红色手环，以保护自己免受各种负能量的伤害。21世纪初，这种手环一度成为身份的象征，有人曾看到帕丽斯·希尔顿和林赛·罗韩也佩戴了这种手环。

丽贝卡在洛杉矶期间跟随堂姐格温妮丝来到卡巴拉中心。（丽贝卡的几次出演经历：在两集《朋克乐队》中的出演、在阿什顿·库彻《明星大整蛊》的露面和刘玉玲电影中的一句台词，都是和卡巴拉中心的其他成员一起参演的。）到21世纪第一个十年末，诺伊曼夫妇成了卡巴拉纽约中心的常客。这是一个等级森严的机构，偏爱名人和富人。每周五聚餐时，诺伊曼夫妇经常坐在主桌，紧挨着专门为贵宾服务的犹太教拉比艾坦·亚尔代尼。（"我觉得自己需要承担更多责任。"亚尔代尼在服务麦当娜时曾这么说。）丽贝卡是带着门第来的，但是卡巴拉中心的一些会员对亚当持怀疑态度，所以亚当急于证明自己。他当时的一位朋友说，亚当不想因为自己娶了帕特洛才为人所知。"亚当是个不折不扣的卡巴拉教徒，"一名在中心结识诺伊曼的WeWork高管说，"他是卡巴拉派对的灵魂，当然他也是在那儿学会了那些所谓意识之类的东西。"

虽然在以色列长大，但亚当却从未觉得自己与宗教有多少关联。他的父母不庆祝犹太节日，也不守安息日，他自己认为遵守犹太教教义意味着很多麻烦，会导致每周六因为公交车停运而去不了海滩。但当他在纽约为期10年的失败奋斗接近尾声时，卡巴拉为其提供了结构、意义和看待世界的一种方式。诺伊曼夫妇是在城市禅宗中心举行婚礼的，那是唐娜·卡兰在西村经营的一个活动场所。婚后亚当开始佩戴红色手环。夫妇俩在翠贝卡公寓的床头挂了一幅油画，上面歪歪扭扭地写着：

改变你看待幽暗向王的方式

卡巴拉改变了亚当对职业生涯的看法。在现实层面，加入卡巴拉中心将诺伊曼夫妇提升到新的纽约富人阶层，也为WeWork找到许多最初的金主。也因此，在2009年库彻一部电影的首映式上，丽贝卡坐在黛米·摩尔旁边。2012年，亚当告诉纽约一家房地产刊物，卡巴拉就是WeWork的灵感来源。"我注意到，在卡巴拉社区人们真的在互相帮助，"他说，"我想把它转化成事业。"WeWork员工注意到，卡巴拉中心的语言和教学确实渗透到了公司的日常运营中。诺伊曼夫妇经常谈到"能量"，亚当经常告诉员工他做出决定之前会咨询亚尔代尼。他还推动员工参加卡巴拉课程，并在WeWork总部与亚尔代尼定期会面，鼓励高级员工出席。

卡巴拉不仅赋予诺伊曼一种使命感，而且教会他如何经营一个拥有虔诚信徒的组织。对于许多会员来说，卡巴拉中心似乎能够提供一切可能的消费体验。在卡巴拉，据说所有人的内心都拥有神的火花，他们的天赋代表着向世界传播的神圣能量。但是卡巴拉的犹太教拉比被认为拥有秘密的知识，能够对追随者施加非凡的影响。"亚当就是那种迷失的灵魂——无比外向，愿意做任何事情，但缺乏核心价值体系，"在卡巴拉中心认识亚当的那位WeWork高管说，"在卡巴拉，亚当变得像先知,就像把一个篮球交到了迈克尔·乔丹手里。"

* * *

2011年11月,200名欧洲人全神贯注地听着亚当在大型投影屏幕上侃侃而谈。他身穿一件白领衬衫,扣子随意解开。亚当在纽约,听众在柏林,他通过视频会议的形式参与了第二届联合办公空间欧洲会议。

一个月前,亚当的助理联系了大会创始人——比利时人让-伊夫·休沃特,并告知WeWork是美国最大的联合办公空间运营商。这个消息对休沃特来说是个新闻,因为他从未听说过WeWork,在网上也找不到多少相关图片。联合办公空间是个细分行业,几乎全部由小型运营商组成,所以休沃特压根就没想过某家公司可能会主导整个国家的业务。亚当的助理发送了一些经过处理的办公空间图片,注明是公司在纽约和旧金山正在运营的分店,另外还附上了一份简介,解释公司老板拥有多个项目,即童装公司和"改变人们工作方式"的WeWork公司所有权。

在费城经营一家联合办公空间公司的亚历克斯·希尔曼是亲赴柏林参加联合办公空间欧洲会议的少数美国人之一。希尔曼对WeWork和诺伊曼有所耳闻,也挺期待他的演讲——"联合办公、企业2.0和内部创业精神:下一个谷歌、星巴克或脸书将发轫于联合办公空间"。但希尔曼听着诺伊曼的演讲,却开始担心起来。亚当使用了各种关于建立社区的华丽辞藻,这些正是从一开始就吸引希尔曼投身于这个行业的原因,但在他听来,诺伊曼的演讲似乎不像是在对同行讲话,而更像是为投资者量身定做的游说。希尔曼惊讶地发现,联合办公空间欧洲会议吸引了数量惊人的房地产公司,这感觉就像在运动鞋货架上出现了尖头皮鞋,而许多与会者对诺伊曼演讲的奉承更让他瞠目结舌。"感觉很像小说《1984》里面的老大哥出现在屏幕上,一群人盲目地盯着这个救世主般的信息。"希尔曼说。

回家后,希尔曼写了一篇博文,讲述这个曾经沉闷的行业似乎即将迎来黎明,文章的题目是《性爱、联合办公和摇滚》。

几个月后,让-伊夫·休沃特在纽约瓦里克街WeWork的最新分店结识了亚当。WeWork此前从未提供过真正的联合办公,一直倾向于提供半私密性的玻璃隔间,但瓦里克街那里有几个专门用于不同行业的开放空间——融合建筑师和设计师的WeCross和为科技初创企业服务的WeWork实验室。那是超大规模的联合办公,有700张办公桌,是休沃特见过最大的开放式办公室之一。两人会面时,亚当告诉休沃特自己计划去以色列旅行,希望在那里开设WeWork的第一家国际分店。也许途中会在休沃特的家乡布鲁塞尔停一下,顺便在那里也建一家分店。

诺伊曼和休沃特都要前往得克萨斯的奥斯汀参加全球联合办公峰会。这个大会是伴随着行业发展而兴起的,从2008年的一日盛会逐渐演变成持续多日的活动。大会创始人利兹·埃拉姆邀请亚当作为客人参加在W酒店举办的"美国初创企业庆典"派对。当地乐队正在演奏时,亚当的助理告诉埃拉姆,她得去给老板找些大麻。

彼时,亚当在峰会上已经小有名气,因为他最近将WeWork业务拓展到西海岸,在旧金山开设了分店。WeWork的诸多公开演讲机会也全部由他接手,因为米格尔并不喜欢充当这个角色。亚当还参加了一个名为"为什么房地产会让你成功或失败"的小组讨论，与波士顿和迈阿密各地的联合办公空间首席执行官一起演讲。亚当告诉听众，这个行业实际上有两种业务：房地产和社区。比起投资回报率，他更在意的是社区回报率。

但他却试图在房地产方面精打细算。由于市场仍处于从衰退中复苏的阶段，亚当称自己正以较低价格签订期限长达30年的租约。"如果WeWork未能成功，希望上帝保佑这事不会发生，那么我还有价值数千万的租约在手。"他先是这么吹嘘，然后哀叹时移世易。"旧金山的房租涨得太快了，"他说，"WeWork有一笔交易的价格在单次谈判中就上涨了15%。"

亚当是迄今为止讲坛上最具吸引力的存在，可以代表小组的最终看法。他说自己起初并不确定是否要参加全球联合办公峰会。"我自问，为什么要来这儿与所有的潜在竞争对手进行交流？"亚当说。在思考过这个问题之后，他意识到自家公司是"关于'我们'与'合作'的"，所以自己应该以合作伙伴的身份，而非竞争对手的身份去接触房间里的每个人。"这里每一位拥有联合办公空间的朋友，或者想要创建联合办公空间的朋友，都可以联系WeWork。"他说，"我们计划在短时间内覆盖全国。不是说要由我们来开设所有分店，而是更愿意与你们中的一些朋友进行合作……团结起来，我们就能建立一个可以改变世界的社区。"

* * *

对于亚当的潜在合作伙伴来说，这与其说是一种邀请，不如说是一种警告。来自"帽子工厂"的纽伯格、亨特和梅西纳不知应该如何看待亚当的公司。把人们塞进玻璃隔间，然后偶尔举办创业者聚会活动？这与他们想要建立的社区迥然不同，但WeWork显然也有其吸引力。纽伯格一直认为联合办公空间行业也会产生一个星巴克，他甚至认为最终可能就是星巴克参与进来。联合办公空间背后的早期无序冲动正在慢慢被吞噬。纽伯格本人都已经到谷歌公司去上班了。

WeWork实验室联合创始人杰西·米德尔顿邀请梅西纳前来与亚当共同讨论联合办公的早期发展。两人在亚当的办公室会面，那是在靠近市政厅的WeWork新总部顶楼。亚当告诉梅西纳，他正在构建"工作场所的微软办公套装"，一个可以完成各种工作的通用平台。梅西纳感觉这个想法是"为员工建立从摇篮到坟墓的一条龙体验——掌控他们的生命"。而与其说亚当对梅西纳的思想感兴趣，不如说他更想搞明白梅西纳是否可能在计划阻碍WeWork发展的事情。"在我看来，最有趣，或者间接而言最不幸的是，有人看到我们建立的社区，然后试图弄明白怎样才能通过这样的社区来攫取利润。"梅西纳告诉我。他说，和亚当交谈的感觉就像生活在黑客帝国里。"我是尼奥，我看见你了，史密斯特工，"梅西纳说，"只要觉得有必要，你就会不惜一切代价立刻消灭我。"

当时，亚当即将赢得一场消耗战。2011年，线下编程教育公司（General Assembly，后简称GA）在曼哈顿熨斗区开业。作为纽约科技界的聚会场所，这家公司拥有一个大型联合办公区域。由于得到杰夫·贝佐斯的大笔资金支持，他们对WeWork毫不畏惧。"你们担心什么？"公司创始人之一布拉德·哈格里夫斯劝说合伙人，"他们公司的名字叫WeWork，表示愿意接受合作。"

但GA还有强大的计算机编程课程托管业务，所以联合办公业务让创始人感到鸡肋。很难真正将他们的服务与其他公司有所区分，而且前两次经济衰退已经消灭了办公室中介，租户腾空后，他们被长期租约困住了。GA的联合创始人之一杰克·施瓦茨在21世纪初从事金融业，曾经目睹对冲基金在相似情况下的兴起和衰落：套利交易，也就是人们希望以低利率借入资金，在到期前投资于能够产生更高利润的项目。但如果回报没有预期那么强劲，那么生意可能很快就会陷于水深火热之中。

联合办公业务似乎需要一种GA创始人无法忍受的冒险心态，于是他们决定放弃这块业务。"如果深思熟虑过，就会明白问题是业务什么时候开始盈利。"施瓦茨说，"我们不再运营联合办公空间，因为利润率实在太低了，似乎根本不可能达到盈利水平。"后来，施瓦茨在与亚当共进午餐时表达了自己对这个行业的担忧。"我不用担心这个。"亚当解释说，只要经济能够继续发展就好，他反正只有一个目标。"我的工作是让公司不断成长，大到不能倒下为止。"亚当希望像大型银行参与更广泛的经济领域那样去涉足房地产领域，只要WeWork的发展规模足够巨大，那么业主就将不得不屈从于它的意愿。

亚当以牺牲盈利为代价来追求增长，这符合一种新兴的商业理论，即不择手段地获取客户，然后再想办法赚钱。2012年，亚当以25%以上的溢价击败纽约的另一个写字楼运营商朱达·斯卢尔，租下了布莱恩特公园附近的一个空间。后者很不明白亚当如何在租金那么昂贵的情况下还能盈利。在电话交谈中，亚当称斯卢尔没有抓住要点。"我看到的，你没看到，"亚当说，"我现在不想赚钱，只想增加人手。"

*　　*　　*

全球联合办公峰会几周后，会议创始人利兹·埃拉姆飞往纽约与亚当共进早餐。埃拉姆不禁被WeWork的规模打动，尽管她觉得美学方面好像有点过头，待在玻璃隔间里的人恐怕很难认真工作。当他们谈论WeWork的商业模式时，更紧迫的问题是埃拉姆不明白WeWork的数据如何弥补亚当所承诺的巨额利润与自己熟悉的联合办公现状之间的差距。亚当所说的扩张没有太多考虑直接利润，因而对她来说毫无意义。埃拉姆还指出，没有人成功地找到了一种方法来"衡量"社区，因为需要时间、精力以及个性化接触，这种情况与亚当所期望的快速发展完全是背道而驰的。

"这就是我想聘请你的原因。"亚当告诉埃拉姆。他说想买下埃拉姆的公司和会议举办权，并且认为埃拉姆在这个问题上没有太多选择。"如果不加入我，你就得和我竞争，"亚当说，"而且你必输无疑。"

埃拉姆不感兴趣。"如果你无法向我解释你的盈利模式，我就不能为你工作，"她后来说，"另外，我觉得我是在和魔鬼做交易。"埃拉姆见过足够多的成功企业家，所以她认识到亚当身上有一些不可言喻的品质。正是个体的特质使得一些创始人能够说服员工、投资者和周围每一个人，相信他们的公司可以实现不可能的目标。当埃拉姆坐在亚当的办公室时，后者曾拿起电话处理一场房地产谈判。"他是我见过的最佳谈判者，言简意赅，在脑海中快速计算着大量数据，"

埃拉姆说，"感觉毫不费力。"

埃拉姆当时目睹的那场谈判，是亚当迄今完成的谈判中最为大胆的一次。那年春天，在一场婚礼上，亚当和丽贝卡在房地产行业工作的表亲马克·拉皮德斯谈到一桩想要达成的交易。"我打算硬着头皮买栋楼。"亚当对拉皮德斯说，"你可能听说过伍尔沃斯大厦。"

拉皮德斯当然知道伍尔沃斯大厦，那是曼哈顿的标志性建筑，曾是世界最高建筑。"你说打算买是什么意思？"拉皮德斯问。

"我打算买下上面几层，"亚当答道，"难度挺大。""这么说是什么意思？"拉皮德斯又问。

"嗯，我没股权，"亚当继续说道，"也没债务，我正在努力就这些公寓文件进行协商。我也不知道自己在做什么。"

乔尔·施赖伯曾建议亚当将伍尔沃斯大厦打造成WeWork旗舰店。对此亚当考虑过，但他觉得这栋建筑不太适合WeWork。然而他却认为这里可能比较适合作为高端住宅，这是他已经开始涉猎的一个市场。那一年，诺伊曼夫妇在汉普顿花170万美元买了一栋房子，带有温水游泳池和4间卧室，于是他们再也不需要靠租房进入纽约的夏季精英阶层了。夫妻俩委托丹尼·奥伦斯坦和其他几名员工负责装修翠贝卡区面积约5000平方英尺（约合465平方米）的阁楼公寓，将大部分空间刷成黑色，包括地板。

亚当没有足够财力接管整座伍尔沃斯大厦，但他在纽约的财富世界里已有足够的安身之地，已有足够的人脉可以求助。他请来在卡巴拉中心结识的WeWork投资人马克·希梅尔和另一家开发商炼金地产，这个团队联手斥资6800万美元买下大厦中的顶部30层。投资者提供现金，而促成交易的亚当也将获得少数股权，条件是继续由他负责市场营销和品牌推广方面的工作。炼金地产的合伙人肯尼斯·霍恩说："我不知道是什么让他觉得自己能促成这笔交易,但他确实做到了。"霍恩对亚当的谈判技巧印象深刻,称他是条"斗牛犬"。伍尔沃斯的其中一位业主后来承认,亚当确实说服他以低于实际的价格出售了大厦。

交易完成后的一个周五深夜,亚当带着几名WeWork员工来到伍尔沃斯大厦57层,这里曾经有个观景台,可以俯瞰整个曼哈顿。亚当喜欢向人们炫耀这里的房产,并告诉他们自己要把顶层的公寓打造成"云端套房",以此打动世人。当时那里还是空的,所以亚当和几个员工到处乱逛,把空啤酒瓶扔进电梯井里,听着它们叮当作响一路落下。接着他拿起放在地上的啤酒瓶,告诉员工喝上一大口。然后他带着所有人来到一个没有护栏的窗台边——站在那里很容易掉下去,但这一刻,亚当仿佛站在自己的世界之巅,凝望着纽约的天际线。

第6章
实体社交网络

BILLION DOLLAR LOSER

亚当告诉大家，WeWork并不是一家房地产公司，而是一家与硅谷崛起的众多主流企业有着相互联系的公司。"今天，我们仍然是个精品版本的办公场所。"亚当说，"从明天开始，我们将成为世界上第一个'实体社交网络'。"

第6章 实体社交网络

2012年3月1日，WeWork包下位于曼哈顿下东区的夜总会"盒子"，为庆祝公司成立两周年，他们要举办一个派对——"我们的夜晚"。他们鼓励客人穿晚礼服，并在拍照处给客人提供带有WeWork品牌标识的绶带斜披在肩上——这是对公司持续建设状态的一种认可。当晚的娱乐活动由4家啤酒、白酒公司赞助，他们还邀请了几位魔术师。其中一位陪着亚当上台，站在他身边，掏出一个瞬间着火的钱包。

亚当穿着深色外套，戴着红色围巾。派对上到处都是他为了扩大公司规模，四处寻求更多资金而邀请的新投资者：WeWork将在纽约开设第四家分店，在洛杉矶开设第一家分店。除了庆祝生日，WeWork还推出新口号，并配上一段视频。这段视频描绘了动画人物在标有WeWork名字的建筑之间行走。"本和杰瑞形影不离（美国第二大冰激凌制造商的两位创始人），"视频旁白响起，"乔布斯和沃兹尼亚克亲密无间。甲壳虫乐队同舟共济。"视频表达的理念是只有当人们聚集在一个房间里，才能形成跨越世界的伙伴关系。接着"me"（我）这个英语单词出现在屏幕上，然后翻转过来，变成了"we"（我们）。一张美国地图出现，地图上的光束不是从WeWork纽约总部，而是从最近开设的旧金山分店发出，因为旧金山是网络世界的中心。

在"盒子"的舞台上，亚当告诉观众，WeWork不是房地产公司，而是一家与硅谷崛起的众多主流企业有着相互联系的公司。"今天，我们仍然是个精品版本的办公场所，"亚当说，"从明天起，我们将成为世界上第一个'实体社交网络'。"

WeWork的业务似乎与教会区或门罗公园的那些即将起飞的科技

公司没有多少相同之处。21世纪第二个十年的那些商业帝国——脸书、推特、优步、爱彼迎——都是建立在具有网络效应的平台之上，也就是说每增加一位注册用户，它们就变得更有价值。而WeWork不过是将6栋建筑的办公空间出租给付租金的人而已。但在米格尔错失"英语宝贝"这场社会革命的10年之后，米格尔和亚当从创业伊始就开始谈论WeWork网络。2010年，丽莎·斯凯在加入WeWork第一天醒来后就发现收件箱里有封来自亚当的电子邮件，里面只有两句话："早上好。让我们一同建立这个星球上最大的社区网络。"他的想法是将WeWork的建筑和会员连接起来，这样WeWork社区成员就会变得和空间本身一样有价值。"我们碰巧需要大楼，就像优步碰巧需要汽车一样。"亚当会说，"就像爱彼迎恰好需要公寓一样。"

21世纪第二个十年为亚当提供了很多有利条件，让他得以把WeWork作为一个社交网络来呈现。对他来说，要在纽约找到肯对一家稳步增长的房地产公司投资几百万的有钱人绝非难事。然而，他和米格尔内心的全球扩张所需要的是特定的投资，这些资本最喜欢流向那些声称要使用技术来颠覆行业的公司。一个成功的房地产大佬也许能够让投资者相信公司价值是营收的5倍，而那些承诺构建网络实现跨数量级增长的科技公司创始人，则可能会突然获得10倍甚至20倍的估值。大卫·芬奇的电影《社交网络》讲述的是脸书的崛起。虽然片中对马克·扎克伯格的形象评价不高，但依旧向人们灌输了这样一种理念：硅谷牛仔就是新生代名人——现在的亿万富翁就是过去的百万富翁。

亚当已经开始尝试进入那个世界。"他喜欢坐在那些大佬桌边，"聚友网联合创始人之一、早期曾向WeWork投资10万美元的亚伯·惠特科姆说，"亚当专注于建立一家价值10亿美元的公司，并想要成为亿万富翁。"亚当开始在纽约的某个社交圈子边缘徘徊，其中心人物包括纳普斯特在线音乐服务创始人、脸书总裁肖恩·帕克，在《社交网络》中他是由贾斯汀·汀布莱克饰演的。众所周知，帕克经常在西村的一栋别墅里举办奢华派对，所以诺伊曼一直缠着一位双方共同的朋友，想要进这扇门。"亚当非常想加入，"这位朋友说，"他知道这位亿万富翁创始人将是下一个天王巨星。"等最终见到帕克时，亚当还做了个非正式的企业推介："我在做社交网络，只不过是实体社交网络。"但帕克至今没有投资一分钱。

*　　*　　*

将亚当视为科技创业者的想法颇为牵强。他不会写代码，而且事实上几乎不用电脑。由于患有阅读障碍，他让丽贝卡和助理帮忙处理大部分电子邮件，而他往往以类似摩斯密码的形式编写短信。2011年末的一天，斯特拉·坦普洛告诉亚当刚收到Benchmark合伙人迈克尔·艾森伯格的电子邮件。"这对我来说有什么意义吗？"亚当问。坦普洛告诉他，那是硅谷首屈一指的风险投资公司之一，投资过易趣网、照片墙和优步等公司。第一次互联网泡沫时期的经历让米格尔对这些公司记忆犹新。于是亚当同意了会面。艾森伯格主要待在以色列，来纽约与亚当会面后，向旧金山湾区的Benchmark合伙人布鲁斯·邓利维推荐了WeWork。邓利维于1995年发起创立Benchmark，并迅速将易趣网的670万美元投资转化为50亿美元，他起初对WeWork不感兴趣。Benchmark在业内以选择精准著称，投资的公司数量少于其他顶级风投。邓利维认为WeWork是家房地产公司,而Benchmark对这个行业一无所知。他要寻找的是规模化企业;WeWork需要开设新的分店才能吸引更多客户,这比在应用程序上注册新用户或说服人们使用自有汽车跑出租要昂贵得多。

但Benchmark主要致力于发掘能导致宏观经济变化的业务,而非微小的竞争优势企业。Benchmark的合伙人和投资组合中的企业都试图了解越来越多的千禧一代员工们的需求和愿望。公司也开始投资优步这样的公司,因为这种公司在试图改变数字世界的同时,也在改变现实世界。Benchmark或许对房地产了解不多,但这个行业似乎已经成熟到面临颠覆的地步:Benchmark的投资组合中有好几家纽约公司都租用了WeWork办公室。邓利维决定给亚当打个电话。在电话中,亚当称邓利维要是想理解WeWork有什么地方与众不同,那么唯一的方法就是亲自来纽约看看。邓利维通常不会坐飞机去看一家初创公司,一般都是初创公司来找他。但他告诉亚当,3周内不要接受任何其他投资,他会抽出时间去看看。

邓利维在帝国大厦与亚当碰头,然后两人先是走到肉库区,再来到WeWork实验室所在的瓦里克街。邓利维被亚当的热情所打动,两人边走边聊,谈话内容从办公室租赁业务的琐碎细节到马斯洛需求层次:如果解决了工作的基本需求——获得报酬,WeWork还能满足更高层次的欲望吗?邓利维比亚当大20岁,当WeWork空间里的年轻气息扑面而来时,他想起了自己投资易趣网时的青葱岁月。那时,易趣网的盈利模式也并不清晰,但很明显公司有着非常忠诚的用户群,所以必然存在一定的价值。

邓利维问亚当WeWork值多少钱。亚当和米格尔都希望邓利维能够参与进来，因为Benchmark的认可会给他们带来科技界的声望，像Benchmark投资的优步最新估值达到3.46亿美元。而亚当与乔尔·施赖伯的早期博弈让他明白了狮子大开口的好处，于是他抛出了一个让邓利维大惊失色的数字。

邓利维本人很感兴趣，但Benchmark是由合伙人集体决策的，所以他让亚当和米格尔和其他人也见个面，包括比尔·柯尔利。在1999年加入Benchmark之前，柯尔利曾是华尔街顶尖的科技分析师之一。如果说邓利维有时会凭感觉进行投资，柯尔利则依靠数据。他的博客名为"高人一等"，暗指自己两米一的身高，甚至可以俯视亚当和米格尔。柯尔利博客上面最近发表的一篇博文名为"同价不同命"，对领英市值达到营收的15倍表示担忧。这是上一次互联网泡沫破裂之前出现的估值，柯尔利担心其他快速增长的公司无法达到如此高的预期。他在博文中写道："增长本身可能产生误导。"他认为，拥有这么高估值的企业需要拥有能够轻松获客的网络效应。用沃伦·巴菲特的话说，它们需要一条"护城河"，以防止竞争对手劫掠它们的城堡。上一次互联网泡沫催生了一大批公司，这些公司以低于内在价值的价格销售商品和服务，以赢得市场份额，从而创造了他所说的"无利可图之繁荣"。有些公司，比如亚马逊，成功地做到了这一点；更多公司则烧掉了数百万美元，然后从此被遗忘。

从未有人试图声称房地产这个行业也可能形成网络效应，或者说在一个最大玩家只能控制小众市场的行业中，能有谁能够为企业构建一条护城河？亚当和米格尔带着新口号和推介材料飞到旧金山，在硅谷风险投资的中心地带——沙山路[1]的Benchmark总部进行投资者推介。比起面向乔尔·施赖伯的推销，这是一次更加令人生畏的经历。亚当和米格尔站在会议室桌子一头，紧张地看着柯尔利坐在另一头翻阅他们过去一年持续研究的商业模式成果。"我们已经检查过一千遍了。"亚当后来说。然而推介过程刚开始几分钟，柯尔利就指出了其中一个错误。

Benchmark的合伙人犹疑不决，但邓利维仍然感到好奇。这种"单位经济"——公司从单个用户身上赚了多少钱——比多数科技公司要强得多，因为后者可能好几年都无法从用户那里获得收入。据《华尔街日报》报道，截至2012年年底——这家公司历史上的最后一个盈利年份，WeWork营收数百万美元，利润高达170万美元。WeWork的业务还没有什么意义重大的技术支撑，但亚当和米格尔表示他们渴望拥有一些技术：两位创始人认为，每位付费会员大约能为网络带来10个数字会员。

邓利维承认，自己更感兴趣的不是潜在数据，而是对WeWork的感受——事实上，有些"不可名状"的事情正在发生。传统的风险投资理念认为，对企业家的押注与对公司的押注同样重要。Benchmark决定给亚当一次机会。"我们投点钱吧，"邓利维说，"他会搞出名堂来的。"

---

[1] 硅谷的风投一条街，被称为"西海岸的华尔街"。——译注

第6章 实体社交网络

*　　*　　*

对于这笔交易，亚当同样犹豫不决。Benchmark拒绝了他的开价，坚持较低的估值，这让他感到不快。米格尔则认为不应执着于这个数字，重要的是Benchmark肯定会对业务产生有利影响。两人持有的股份都已经价值数千万美元，考虑到他们的出身，以及原本对公司发展规模的预期，为什么要为了多榨取数百万美元而放弃一笔能够改变游戏规则的交易呢？

为了打破僵局，米格尔决定给亚当一个提议。如果亚当同意Benchmark的条款，米格尔就把自己的部分股权送给他。在米格尔持有的股权价值达到1亿美元之前，双方保持对等股权。但假如公司估值持续上升，导致这部分股权价值超过1亿美元，那么他将开始将越来越多的股权转让给合伙人，这样一来，双方起初平等的股权就会严重偏向亚当。Benchmark的开价已经将米格尔的账面财富推高到他几乎想象不到的地步，所以他只想继续发展公司。既然亚当如此在意公司估值，米格尔愿意转让部分股权来激励这位联合创始人。

斯特拉·坦普洛代表亚当给WeWork员工发了电子邮件，她在标题栏中写道："新的Benchmark。"在WeWork的A轮融资中，Benchmark砸下1650万美元，私募股权公司罗纳资本也投资了100万美元。罗纳资本经营者斯蒂芬·朗曼是亚当在卡巴拉中心认识的。该轮投资对公司估值为1亿美元。WeWork的几十名员工打开了廉价香槟庆祝，这是因为亚当向他们灌输了保持低成本的重要性，因此他们感觉用唐培里侬香槟王来庆祝就太奢侈了。米格尔则和一个朋友出去吃饭庆祝，朋友问他是否打算退休了。"为什么要退休？"

083

米格尔反问，"这挺有意思的。"

新的资金带来了更高的期望。邓利维、朗曼和亚当三人组成WeWork的首届董事会，这提高了公司的商业成熟度。有一次，读完邓利维一封批评WeWork模式某个方面的电子邮件后，坦普洛转对WeWork的首席财务官阿里尔·泰格说："你从未如此恰如其分地被说成是个蠢蛋。"Benchmark的参与也意味着亚当需要兑现承诺，将WeWork打造成一个社交网络。就在Benchmark和WeWork谈判期间，脸书以10亿美元收购了Benchmark投资的照片墙公司。

对于WeWork来说，要成为一家科技公司还有很长的路要走。首先，公司信息技术部门一直由化名乔伊·凯博斯的皇后区高中生约瑟夫·法松管理。2010年，法松在最早的WeWork分店为自己经营的一家技术支持企业租了一间办公室。在上东区亨特学院高中一天的学业结束后，法松乘坐6号列车到格兰街154号待上几个小时，然后再回到父母家。除了米格尔在早期布线过程中掌握了一些知识，WeWork没有任何具有技术专长的人，公司网络也会偶尔出现故障。法松搬进办公室几周后，就敲开了米格尔办公室的门，解释在网络不稳定的情况下，运营一家技术支持公司是极为困难的。米格尔道了歉，并请他帮忙：能否看看问题在哪？米格尔打开WeWork的信息技术箱，递给法松一份密码清单。

一个月后，亚当和米格尔给了法松一份信息技术主管的工作，当时他才16岁。"网络出故障了，可我没法给信息技术主管打电话，因为他正在上代数课。"丽莎·斯凯说。

2010年年底，法松还在上初中时，就辍学承担了WeWork的全职工作。他的工作时间不固定，经常在帝国大厦分店的信息技术办公室玩电视游戏，但对工作还算擅长，而且由于公司员工日益年轻化，他看起来年纪也没有多小。加入WeWork一年后，法松与公司的一位社区经理开始约会。

但是，信号稳定的无线网络只是办公场所的基本要求，并不能成为估值上升的理由，这是建设实体社交网络的初衷所在。2009年的推介资料中，亚当和米格尔将WeConnect定义为一家提供无线网络和高端咖啡的咖啡馆。但后来这个名称被用于一个软件，WeWork希望这个软件不仅能让打印文件和预定会议室更加便捷，还能提供专门的领英接口以连接公司分散建筑楼宇中的会员。WeWork声称旗下1/3的会员已有生意来往：一个5楼的会计师可能雇用一个3楼的平面设计师，反之亦然。WeConnect的目的就是要让这位会计既可以联系西好莱坞新开分店的一位平面设计师，也可以联系其他3000名WeWork会员中的任何一位。

只是要构建WeConnect谈何容易。米格尔使用在经营"英语宝贝"过程中学会的基础编程技能和兄弟凯尔与一个印度开发团队合作，完成了初步原型。在新功能发布日，他们惊恐地发现个人资料页面需要几分钟才能加载完成。另一名参与项目的设计师几个月后就离开了，她说自己"无法完全理解这个项目的可扩展性和可持续性"。到2013年，几乎没有任何WeWork会员在以有意义的方式使用这个网络。走在大厅里与其他企业家结识是件好事，但认识WeWork每位会员的好处并不明显，再说市面上也不缺其他的数字连接方式。

在与布鲁斯·邓利维和迈克尔·艾森伯格进行电话会议时，两位Benchmark合伙人告诉亚当和米格尔，WeWork能有目前的发展两人功不可没，但WeWork需要更先进的技术，需要引进人才来实现这一目标。具体而言，Benchmark建议雇用一位首席产品官，之前一直是米格尔在没有头衔的情况下充任这一角色。这样一来，米格尔负责WeWork实体空间的设计，亚当则负责数字空间的设计。亚当曾试图从聚友网聘请亚伯·惠特科姆来管理WeWork的技术团队，但后者拒绝了。通过一家猎头公司，WeWork找到了美国在线前产品开发副总裁迈克·索莫斯。"我是来这儿开发杀手级应用的。"索莫斯就任后跟米格尔说。

对于Benchmark的建议，米格尔感到一种轻微的冒犯。他知道自己缺乏技术能力，但自己也比任何人都更了解WeWork的细节。公司是否能够或者需要开发出一款杀手级应用，这似乎并不迫切。为什么不聘请一位工程主管来领导编码工作，让自己去思考一些与WeWork业务相关的创意呢？

索莫斯坚持了8个月，这个时间长度在为提升公司技术能力而引进的一长串高管中排名第一。接替者是特拉维夫一家初创公司的首席产品官罗伊·阿德勒，是由迈克尔·艾森伯格的一位合伙人推荐而来的。阿德勒和一个6人工程师团队的任务就是实现WeWork的技术承诺。

然而这个团队发现，花费大量时间的目标只是确保公司后端能够跟上增长速度。"会员网络被口香糖和祈祷声拖住了。"一位2013年加入的软件工程师说。WeWork的运营依赖于谷歌文档和杂乱无章的电子表格，阿德勒团队建立了一套程序来简化运营："空间人"负责处理账单，"空间站"则帮助社区经理跟踪办公空间——从报告厕所破损情况到记录每位会员的甜点偏好，以便社区经理分发个性化礼物。有些员工对建立这些系统的必要性提出质疑：为什么不从

Salesforce或其他科技巨头那里购买软件，而非要依靠由开发人员和工程师组成的小型团队来拼凑自己的系统呢？

但亚当始终认为，他和公司能够做到那些看似不可能的事情。从米格尔到其他每个人都发现，找到实现目标的方法比质疑亚当的雄心要相对容易很多。在这种情况下，内部开发软件对于体现WeWork是家科技公司和找到新的赚钱方式来说至关重要。公司希望会员网络能够实现向会员销售各种商品和服务的功能：从医疗保健计划到折扣软件订阅，WeWork都可以从中分得一杯羹。一名员工还研究了公司如何推出加密货币。数据收集正成为每一家快速发展的科技公司的基石。一天，亚当走进来告诉工程师，他想追踪用户在大楼内移动时的手机信号，看看他们什么时候、花了多长时间使用WeWork的不同部件。

"我认为这项目当下还不成熟。"一位WeWork工程师表示。

"我觉得已经够成熟了。"亚当回答。

WeWork工程师学会了按照所谓的"BASS规则"［因为亚当这么说（Because Adam Said So）］生活。工程师向同事展示新产品时，团队会按照传统大声鼓掌，但掌声是如此频繁，以至于有天亚当走出办公室问：如果没有产生任何结果，为什么要这么大惊小怪？（于是队员之间开始互相起哄，亚当更喜欢看到这种情况。）工程师每天工作12个小时，有时甚至更多，再加上每个雇员必须承担的周末施工任务：某一天晚上，乔伊·凯博斯就在WeWork一家新开分店安装马桶。技术团队并不完全清楚他们的工作能否达到亚当想要的结果。

"亚当过去常说'我们在一艘火箭飞船上'，"一位WeWork工程师说，"可笑之处在于，没人知道'这艘火箭飞船是要开往哪里'。"

第 7 章
现实扭曲力场

BILLION DOLLAR LOSER

尽管总是夸夸其谈，但他可能确实是位鼓舞人心的领导者，为了未来的事业发展和财富承诺推动员工超越极限。大家将他的光环比作"现实扭曲力场"，一位苹果员工曾这么形容史蒂夫·乔布斯："他能够让所有在力场范围内的人们相信，一些看似不可能的事情不仅是可能的，而且就是他们要实现的目标。"

第 7 章 现实扭曲力场

进入2014年没几周，本杰明·戴特组织了一次联合办公五大家族会议。戴特于2011年开设了高端联合办公空间Grind。目前，虽然业主已经开始改变对新运营商的态度，部分是因为WeWork受到越来越多的关注，但行业仍处于鱼龙混杂的不稳定状态之中。五大家族会议旨在建立一个社区联盟。戴特在邀请函中写道："让我们一边喝着啤酒和红酒，一边闲聊几句，说些关于未来的看法，分享彼此的最佳实践。不限时间，不限话题。"

当天，远远超过五大联合办公家族：除诺伊曼家族和戴特家族外，还有巴奇加卢波家族、李维斯家族、霍达里斯家族和兰卡斯特家族等共12个家族来到中央公园附近的时代华纳中心家具陈列室参加会议。"有好几家是死对头，但彼此惺惺相惜。"距离格兰街154号几个街区的新工作城老板托尼·巴奇加卢波这样说。多年来，戴特逐渐熟悉了亚当，知道他尽管古怪（他在WeWork瓦里克分店结识亚当时，后者是光脚的），却是个热衷于谈论生意的人。2012年，戴特和亚当拥有的办公室数量相同。但从那以后，亚当筹集的资金比任何竞争对手都多，而他的资本野心也把竞争对手远远地甩在了后面。戴特表示："其他所有人都需要盈利，但亚当不需要。"

在两名助理的簇拥下，姗姗来迟的亚当出现在五大家族会议上。他走过几排其他联合办公经营者坐着的椅子，他们正在听一个关于挑选办公家具的详细介绍。亚当坐在房间旁边一张明亮的橙色沙发上，交叉着双手等待发言机会。等到问答环节，他坐在沙发靠背上举起了手，接着讲了20分钟。对于办公桌椅的人体工程学，亚当并没有什么迫切的想法需要分享，他只是想传递一个警告。房间里每个人都是在繁荣时期建立企业，而市场在经济衰退5年后才开始复苏。亚当说，市场可能会出现调整，但没人能说清楚这对生意会产生什么影响。租户有没有可能违反月租协议，导致五大家族不得不想办法在没有很多收入的情况下支付租金。他敦促大家谨慎从事。

然后，亚当转而阐述WeWork的计划。他说，自家公司每18天开设一家分店，目标就是尽可能快地做大——这和他向朱达·斯卢尔和杰克·施瓦茨所说的目标完全一致。他签的都是20年租约，每份租约刚开始时都享有免租期，这样他就可以在力所能及的范围内狼吞虎咽，等租约到期后再为不断上涨的租金操心。

在纽约经营两家联合办公场所的希洛莫·西尔伯举手提问：这样的扩张是否与诺伊曼刚刚所说的宏观经济警告背道而驰？亚当没理他，并说道，WeWork不像其他公司那样属于房地产公司，而是有技术支持的实体社交网络。而他则是个社区建设者，而非房东。

亚当在活动结束前就退场了，几位与会者对他的夸张言辞直翻白眼，但也有几位在离开时感到既兴奋又害怕。"他认为自己可以实现一个乌托邦式的未来，当时听到有人能在那个层面进行思考，我还是有点兴奋的。"巴奇加卢波说，"但这也感觉像电影中的反派在杀你之前透露了完整剧情。如果那次演讲为我们争取到了一些竞争的时间，那就太有趣了。可惜没有。"

*　　*　　*

一家软件公司应该可以凭借Benchmark的资金运营多年，包括支付员工工资、购买服务器和租用办公室等。但WeWork不是一家软件公司，其租赁、装修和日常运营费用支出更为庞大，需要有额外资

第 7 章 现实扭曲力场

金的投入来跟上亚当承诺的增长速度——他打算在2014年开设更多分店，甚至多于前4年的总和——以及寻找更大投资者给公司业务带来更高期望。WeWork财务团队的一名员工回忆说，布鲁斯·邓利维曾告诉WeWork，他认为这家公司有一天的市值可能高达100亿美元。"当时我们觉得，哪怕公司估值10亿美元的想法都太过疯狂了。"这名员工说。

Benchmark已经投资了WeWork，但如果公司需要继续扩张，那么亚当还需要出去寻找资金。2013年，WeWork的一个团队制作了一份合适的推介材料，并将其展示给众多投资者。摩根大通资产管理公司考虑过这笔交易，但决定放弃。美国泛大西洋投资集团也是如此，这家公司的一名员工还指出了WeWork模型中一个新的错误：电子表格中的一个"–"被替换为"+"，导致在WeWork模型中办公楼运营率超过了100%。

虽然有些投资者放弃了WeWork，但亚当仍对自己的推介信心十足，所以十分挑剔。美化募资过程的电视转播创业大赛"创智赢家"有意让WeWork成为节目中首个9位数估值企业，但这样做意味着需要将股权让渡给节目制作人。高盛表示愿意以2.2亿美元估值投资，也就是Benchmark一年前估值的两倍多。但亚当还是认为这个数字太低了，当时爱彼迎都在进行一项总估值超过20亿美元的交易。一些WeWork员工并不确定自家公司是否值这么多钱，而且拒绝高盛的大笔投资似乎很愚蠢，尤其考虑到WeWork的现金即将耗尽。但亚当依旧决定另寻他处。"桌面上没有其他报价，"那位财务团队成员表示，"我就没见过那么'牛'的决定。"

如果说会有人不感到惊讶的话，那就是米格尔。自从见到这位联合创始人伊始,他就看出了亚当的狂妄,而WeWork早期的成功让亚当更加相信自己的说服能力。"对于说服别人去做自己想让他们做的事情,亚当拥有无穷信心。"2013年米格尔说。

亚当的信念得到了回报。拒绝高盛后不久,WeWork从以DAG资本为首的投资阵营筹集了4000万美元。DAG资本是家私募股权公司,通常会加码Benchmark已经支持的公司。B轮融资对WeWork的总估值为4.4亿美元,是高盛报价的两倍。

*   *   *

多年来,WeWork总部一直在半成品空间中从一层辗转到另一层。2013年,公司终于搬进新总部。位于百老汇222号的新办公室有几个吸引人的特点,它分上下两层,从亚当的办公室可以俯瞰中庭,200名员工都在那里忙碌。街道对面更是让他个人十分满意的景观:亚当曾在那栋楼里请求斯特拉·坦普洛帮他留在美国。当亚当得知WeWork新空间曾被用作电影《华尔街》的布景时,他更是心痒难耐。WeWork贴出一张迈克尔·道格拉斯穿着法式袖扣衬衫和背带裤的海报,以此标记电影人物戈登·盖柯的办公室位置。

与WeWork以前的办公室相比,这里显然更适合接待摩根大通传奇银行家吉米·李的来访。李曾经与通用汽车和脸书等多家公司合作过,据说盖柯这个角色在一定程度上就是以他为原型的。摩根大通一直在关注WeWork,该行顶级投资家之一诺亚·温特罗布曾经应Benchmark的迈克尔·艾森伯格邀请,在苏豪区一家酒店与亚当会面。亚当犯了烟瘾时,还请温特罗布一起到酒店外面,并抱怨

第 7 章 现实扭曲力场

WeWork在大通的一个账户出了问题。当时温特罗布打了个电话就把问题解决了,这让亚当印象深刻。

温特罗布在西海岸生活和工作,主要使命是帮助摩根大通更多参与年轻初创企业的发展。摩根大通首席执行官杰米·戴蒙则是在金融危机中脱颖而出,成为金融领域的领军人物。杰米·戴蒙是华尔街的巨头,与巴拉克·奥巴马交情匪浅,但该行在涉足科技领域时却举步维艰。高盛和摩根士丹利主导了这一领域,他们帮助世界领先的初创企业在金融界闯荡,并最终到证券交易所公开上市。WeWork虽然算不上一家纯粹的科技公司,但颠覆房地产行业似乎是个很大的机会,不容错过。摩根大通仍是曼哈顿最大的私有办公空间占用者(亚当曾承诺要取代这一位置),因此知道租赁和维护办公空间成本很高,十分痛苦。《华尔街日报》报道称,和诺伊曼参观完WeWork一家分店后,戴蒙撕毁了摩根大通在曼哈顿的一张新空间设计图,并同意花60万美元让WeWork重新设计。

2014年2月,WeWork估值达到4.4亿美元不满一年,摩根大通资产管理公司和其他几家投资者又投资了1.5亿美元,使其估值达到15亿美元。亚当开始跟吉米·李来往,后者成为他在金融界第一位真正的导师,是亚当耳边一个时而鼓舞人心、时而发人深省的"声音"。(温特罗布为WeWork在《福布斯》杂志发表了一段热情洋溢的言论,但亚当迟迟没有感谢,李因此对他进行了严厉的批评。)亚当后来说,他很欣赏李,因为他是一个"做生意很有人情味,会看人而不是单纯根据数字下注的银行家"。不管WeWork什么时候上市,摩根大通的早期参与都曾给予其极大助力。

新的估值使WeWork成为美国排名前50的独角兽企业之一。独角兽是2013年发明出来的一个术语，用来描述不断增长的初创企业，它们的私有估值普遍在10亿美元以上。很难相信WeWork在4年时间里达到了这样的成就。亚当与朋友、家人飞往特克斯和凯科斯群岛进行了为期3天的35岁生日聚会。米格尔则搬进曼哈顿一套风景绝佳的漂亮公寓，实现了童年的梦想——待在家里就能看到纽约的天际线，但他还是羞于和朋友及家人分享这个估值。

5月，在庆祝戈登·盖科WeWork总部的扩建派对上，纽约的几位巨头业主，包括沃那多房产公司年过七旬的老创始人史蒂芬·罗斯在内，站在黑色、白色的气球下，向着他们一度怀疑的年轻人诺伊曼敬酒。"亚当总说'不要当笨蛋，也不要当混蛋'，"罗斯说，"但笨蛋的定义是——以0.5倍价格租进一处房产，然后转头又以1.5倍价格租出。"

亚当举起两根手指纠正罗斯，表示WeWork的利润空间实际上更大。罗斯改口说，这是"混蛋的定义"，然后结束了演讲，对着一面刻有WeWork名字的大铜锣挥了挥。先前，每次WeWork签署新的租约时，亚当和团队都会敲锣。到后来次数实在太多，庆祝的噪声让人难以忍受，他们才停了这个习惯。

* * *

获得DAG资本的B轮投资后，亚当和米格尔终于向员工提供了一项推迟已久的福利：WeWork股票。要是想成为科技公司，就必须表现得像一家科技公司。在WeWork总部，亚当和其他WeWork高管挨个给员工打电话，告诉他们将获得多少股权。一位高管在分享股票方案细节时对一名员工说道："你会成为一个真正的百万富翁。"工作日晚间，亚当有时会在WeWork总部周围走动，向工作到很晚的人们分享股票方案和一杯龙舌兰酒。（只有最大胆的员工才会在白天的工作时间去询问细节。）潜在的经济利益让WeWork员工兴奋不已，他们中有些人刚刚大学毕业不久，有些人来自很少能获得股票的行业，几乎不知道股票期权是如何运作的。亚当公开宣称WeWork给员工的薪酬太低，但承诺只要他们能够继续为公司鞠躬尽瘁，总有一天会看到期权弥补了差额。

在那之前，为WeWork工作的好处是不太能够量化的，似乎只有使命感、有趣的派对和免费啤酒之类的。2014年8月，WeWork的200名员工在纽约和波士顿（WeWork在这里刚刚开设最新分店）登上巴士，参加一年一度的企业活动——夏令营。日出时分，纽约的人群聚集在美国自然历史博物馆前。"这就像个缩小版的火人狂欢节。"一位员工站在西奥多·罗斯福[1]的雕像前说。早上6点45分，有人打开一瓶培恩龙舌兰向大家敬酒："为夏令营干杯！"

WeWork连续第三年在纽约以北5小时车程的儿童营地接待员工和会员，这里归丽贝卡表亲马克·拉皮德斯的父母所有。马克·拉皮德斯因为在伍尔沃斯大厦的交易中出过力，从而担任了WeWork房地产主管。2012年，有300人参加了第一期夏令营，总花费达到20万美元，其中会员只需支付象征性费用即可参加，WeWork将这笔支出归为营销费用。"谢谢大家参加这么有意义的活动，"亚当在2013年夏令营舞台上说，"我们每个人来到这里，都是因为想做一些能

---

[1] 第26任美国总统。——译注

够真正让世界变得更美好的事情——但我们需要有资金才能去做这些事情！"

到2014年，夏令营规模扩大到5倍，有1400多名员工、会员和朋友参加。活动提供了传统的露营项目：射箭、甜点小食、合唱威瑟乐队的歌曲 *Say It Ain't So*，等等。在一片对初创企业友好的氛围中，一名与会者穿着T恤，上面写着"波巴·费特（电影《星球大战》中的赏金猎人）是个自由职业者"。（亚当喜欢说唱音乐，营员被安排睡在吴唐路、史历克里克路、比格大道、利尔金巷和第二大道布置好的帐篷里。）瑜珈班在《社交网络》的背景音乐下进行着休息术练习，而创客社区的黑客马拉松则向所有与会者发出挑战，让他们想出尽可能糟糕的商业点子——比带护膝的婴儿连体衣还要糟糕。这其中，只通过车管局售票的五旗游乐园的创意拔得头筹。这些"精神错乱"的企业家还有许多奇思妙想：一个可以为女性提供社交机会的婴儿租赁市场、一个以传播肝炎为使命的肝炎工厂以及一个带有拨号上网和强制隔离功能的联合办公空间。

周六下午，与摩根大通一起投资WeWork并加入公司董事会的蔻驰前首席执行官卢·弗兰克福特在一个火坑前向数百名营员发表了演讲。亚当和丽贝卡坐在第一排。弗兰克福特鼓励聚集在此的企业家要全神贯注，告诉他们在追求理想的道路上"永远不要受制于员工"。"追求卓越和害怕失败是一把双刃剑。"弗兰克福特说，"如果你拥有这把剑，不妨坦然接受。"

"卢，你跟我们一起参加派对吗？"人群中有人问。虽然有些与会者把夏令营当成交流机会，在双层床之间传递名片，但对多数人来说，这是一个让人回到童年的周末。"这是我今年夏天的唯一假期，

第7章 现实扭曲力场

所以要尽可能多惹点麻烦。"一位小型社交媒体公司的联合创始人告诉买票前来的《纽约时报》记者玛丽莎·梅尔策。让WeWork公关团队相当懊恼的是,这家伙在夏令营的头天晚上吃了迷幻蘑菇,还带了把装满伏特加的水枪。

装满银子弹啤酒和皇冠冰罐的独木舟装饰着营地,有几个人参加了一场比赛,比赛要求先吃个馅饼,冲到湖边再跑回来,然后喝下一大罐啤酒。一张桌子上摆放着十几根水烟管,大麻的香味弥漫在空气中,美国联合包裹运送服务公司(UPS)的一位高级员工发表着题为"初创企业物流"的演讲。夏令营的第二晚,丽贝卡的老朋友迈克尔·弗兰蒂进行了表演,他跳进人群中和诺伊曼夫妇共舞。到周末结束时,一位来自布鲁克林的27岁市场经理大获成功,她成功地勾搭上多个陌生人,喝下的龙舌兰酒比前面一整年还多,但她觉得这个周末自己收获很多。"我已经跟进了一些遇到的人,"她在活动结束后说,"希望和他们能发展出真正持久的友谊和商业关系。"

对于公司的年轻员工来说,夏令营是个梦幻般的周末——这是他们大学毕业以来最开心的时光,也是WeWork承诺中工作与生活的极致融合。从一开始,喝酒和聚会就深深植根于WeWork的企业文化之中,从通过一瓶威士忌敲定帝国大厦的交易以来,亚当一直都是首席"派对官"。有次在一名WeWork员工家举行的户外派对上,他们用完了篝火的木头,亚当捡起一件野餐家具就扔进火中。公司开始每年举办奢华的万圣节派对,亚当每每都是盛装出席。2013年,他扮成《指环王》中的巫师甘道夫。一年后,他和丽贝卡把面孔和身体都涂成蓝色,扮成《阿凡达》中的纳美人。一名WeWork员工记得,在一次公司组织的滑雪旅行中,亚当和几位高管从酒店吧台抢夺服务员的托盘，打算用来滑雪。一名酒店员工要求他们停下来，亚当却喊道："去他的，我可以买下这家酒店！"当天晚些时候，WeWork的几位设计师认为酒店的家具摆放有问题。第二天早上，酒店重新布置了整个大堂，但要求WeWork别再来了。

* * *

亚当从硅谷的许多创始人那里继承了一种信念，那就是对销售不感兴趣——产品，不管什么类型，都应该是好到不愁销路。他尽量避免使用"销售"一词，把公司的所有销售工作都推给"社区团队"。但随着WeWork开设更多门店，有些新店与存量门店相距不远，公司必须加大运营力度以保持较高的出租率。

2014年，Benchmark也是优步最初的主要投资方，所以他们招募了曾带领优步进行国际扩张的卢卡·瓜尔科来领导WeWork的"社区团队"（亚当还不准备放弃这种委婉的说法）。43岁的瓜尔科来自意大利，曾是一名职业水球运动员。他习惯在WeWork总部练习举重，喜欢在公司活动时放声高歌，他会在深夜给员工打电话要求汇报数据。"在一家公司里，只有两件事是重要的，"他对一组员工说，"销售和其他所有事情。"

瓜尔科带来了另一位优步高级员工帕特里克·莫塞利，帮助管理WeWork的扩张。莫塞利很快意识到两家公司及其领导人之间的某些差异。"特拉维斯是个善于分析的人，他像工程师一样思考，注重过程，有条不紊，一丝不苟，"莫赛利告诉我，"亚当恰恰相反。魅力四射的他是个交易撮合者。他赢得大家的支持是因为人们喜欢他，但他并没有在系统地工作。"亚当的数字能力并不差,他能扫视一幢空荡荡的大楼,然后算出能放多少张办公桌,员工对此十分叹服。但他建立WeWork的基础是勇气和魅力,而不是通过创建系统来支撑企业的发展。两名优步移民高管开始尝试创建一个"剧本"——一个从优步移植过来并在整个科技界很受欢迎的想法,包括一个标准化计划,以应对公司不断扩大的员工队伍。他们的口头禅也成了"嗯,在优步……"

这让WeWork员工感到不爽。有很多因素使得优步业务复杂化,但出租车服务在全球范围内或多或少具备普遍性,因此优步才得以采取相对统一的策略。相比之下,办公场所的需求大相径庭。2014年刚刚进入英国时,WeWork不得不花钱安装意式咖啡机,因为伦敦人不接受滴滤咖啡。洛杉矶人关心能否就近停车,而纽约人则不然。优步躲在平台的保护罩后面,拒绝对签约司机所使用的汽车负责。但WeWork不仅要租赁建筑,配备各种功能,进行日常维护,还要确保能干的员工随时在岗。

这一时期的WeWork员工在描述自身经历时,往往类比为快速行驶的交通工具:一边飞行一边制造飞机,或者拼命踩自行车以免摔倒。2013年年初,WeWork有10栋建筑处于开发中;到2014年,这个数字超过了100。"我们处于前所未有的消费阶段。"亚当在描述公司租赁需求时表示。他开始将WeWork不断扩大的影响力与过去征战四方的帝国进行比较,并在2015年夸耀说,WeWork正在经历"全球历史上最快的实体增长",或许只有一个例外。"我不太清楚罗马时代,"他说,"那时可能有些超高速发展的公司。"

全国各地的城市都强烈要求WeWork进驻,公司已成功地将自己营销为当地企业家的航空燃料。当亚当同意在一个不太理想的街区开设分店时，旧金山市长甚至改变了警察巡逻路线，芝加哥市长拉姆·伊曼纽尔也敦促亚当去当地开设分店。任何阻碍 WeWork 扩张的人都有可能被赶走：WeWork 将两家非营利组织赶出了位于旧金山市中心的办公室，然后向大楼业主支付了两倍租金以接管腾出来的空间，而这两个组织都致力于防止租户被赶出旧金山的家。

为了跟上步伐，WeWork 雇用了大量架构师、销售人员、社区经理、机械工程师、程序员和房地产经纪人等。在一次公司会议上，一位新聘用的软件工程师喊道："亚当，我们每周的招聘人数稍微多于实际需要了。"许多新员工来自枯燥的房地产公司或建筑公司最底层，在一家经常举办精彩派对的成功公司里被赋予这么多责任，他们感到十分兴奋。有名员工决定要来 WeWork 工作，只是因为公司网站上有"他妈的"（fuck）这个词。（大概是这么一句："他妈的我们要拆掉墙！"）哪怕工资比以前更低，WeWork 招聘经理时会告诉他们不必担心：公司股票价格正在上涨。

精力充沛的特德·克莱默是好几家初创公司的元老。2013 年，他接受降薪加入 WeWork 运营团队，希望积累的股份有朝一日能够获得更高的价值。克雷默是每家快速发展的初创企业都依赖的那种积极进取的员工。不到两年时间，他帮助 WeWork 在纽约、洛杉矶、旧金山、华盛顿、奥斯汀、波士顿、西雅图、迈阿密和芝加哥开设了分店，还在伦敦开设了首家海外分店。

每家 WeWork 分店都会带来新的挑战，尤其考虑到亚当坚持要求每家都要准时开业。克莱默在加州伯克利开设的第一家分店缺少一扇前门，导致他不得不为会员购买早餐，作为对东湾冷风会吹进大楼的歉意。距离格兰街154号6个街区远的苏豪区一家WeWork新店没有卫生间，克莱默只好买下了附近一家咖啡店的所有糕点，这样会员就可以使用那里的厕所了。华盛顿特区首家分店中，老化的暖通空调系统需要不断维修——"绿色办公桌"的创始精神已牺牲在增长的祭坛上。保持低成本是WeWork模式的关键，即使龙舌兰酒的预算有时会失控。"有3个选择：快速、正确和便宜，"克莱默说，"WeWork总能做出快速和便宜的选择。"

有时在工作终于能喘口气的时候，克莱默和其他员工很难解释清楚为什么要如此努力工作。他们中有许多人仰慕米格尔，因为后者仍然在岗位上花费大量时间来设计和建造新的空间，但公司开始按照亚当塑造的形象发展。尽管总是夸夸其谈，但他可能确实是位鼓舞人心的领导者，为了未来的事业发展和财富承诺，推动员工超越极限。大家将他的光环比作"现实扭曲力场"，一位苹果员工曾这么形容史蒂夫·乔布斯："他能够让所有在力场范围内的人们相信，一些看似不可能的事情不仅是可能的，而且就是他们要实现的目标。"几名工人在曼哈顿的一家分店安装完一张大石桌后，一名员工注意到一名工人留下的血迹，他没有感到害怕或抵触，反而觉得为工作流血很有诗意。

WeWork的许多员工刚刚开始工作，并不确定对首席执行官应该抱有什么期望。2014年年底，华盛顿特区的WeWork员工卡尔·皮埃尔来到公司的杜邦圈分店，发现游戏室内一塌糊涂。他们一直在赶着准时开业，在盛大开业的前一天晚上，十几个建筑工人从纽约赶来处理500多磅（约合228千克）的垃圾。现在，游戏室里到处都是没洗过的杯子，皮埃尔说那里有股杂草的气味。他们查看前一晚的监控录像，准备找到并惩罚那位不尊重社区的会员，却惊讶地发现，罪魁祸首根本不是哪位会员，而是亚当和另一位WeWork高管整晚都在一边喝啤酒一边玩"事件危机"电子游戏。最终，员工只好来收拾残局。

* * *

几周后的一天早上，WeWork员工来到戈登·盖柯总部，发现亚当办公室的一面玻璃墙裂开了。前一天晚上，一名员工用一瓶亚当最喜欢的1942唐胡里奥龙舌兰酒打碎了它。那天晚上亚当和一群员工庆祝了又一轮成功融资：3.55亿美元，总估值50亿美元。WeWork的D轮融资让它跻身于全球十多家最具价值的独角兽公司之列，领先正版音乐平台声田，只落后血液检测公司希拉洛斯几个位次。

这笔交易允许WeWork股东出售部分股权。亚当和米格尔通过前者名下的We控股公司进行持股，并出售了价值约4000万美元的股份。对于这家年轻初创企业的两位创始人来说，在宣称相信公司可以改变世界的同时，还变现这么多股份，实在是有些非同寻常。这个数字并没有公开发布，但谣言四起。特德·克莱默习惯于检查打印机上的零散纸张，无意间在托盘中看到了交易细节。

但亚当还有另一个兴奋的理由。体量这么大的交易通常会削弱创始人对公司的控制权。米格尔没有这方面的忧虑，因为他已经把部分控股权转让给联合创始人。但作为交易的一部分，亚当在WeWork新任总法律顾问珍·贝伦特的帮助下，对WeWork章程进行了修改，使自己名下的每一股都拥有10倍投票权。这一安排使他在任何公司事务上拥有大约65%的投票权。

这种"超级投票权"设置在硅谷很受欢迎,因为创始人普遍担心失去对公司的控制权。马克·扎克伯格和优步的特拉维斯·卡兰尼克都参与过类似的交易谈判。许多投资者非常渴望投资那些能为主宰世界提出可信论点的小规模初创企业集团,以至于通常认为,除了接受对创始人有利的类似条款,他们别无选择。但将如此大的控制权交给一个从未经营过如此规模公司的企业家,当然是存在风险的。在交易最终敲定前,诺伊曼的第一个主要投资者布鲁斯·邓利维曾试图拖延这一安排。但Benchmark并不急于失去诺伊曼的好感,而且在这场斗争中也没有多少地位,毕竟他们刚刚让优步的特拉维斯·卡兰尼克得到了类似的控制权。邓利维最后还是让步了,但在此之前,他向贝伦特和WeWork董事会发出了警告。"我只想留下一句话让你们想想,"邓利维说,"绝对的权力一定会导致腐败。"

第8章
博傻游戏

BILLION DOLLAR LOSER

当WeWork在2014年年底达到50亿美元的私有估值时,其估值已经远远超过IWG集团,一家利润丰厚但缺乏激情的公司。但IWG有两千多家门店,营收超过20亿美元。而WeWork只有24家门店,营收不到1.5亿美元。

"让我感到震惊的是,看看我们的损益表,然后再看看雷格斯的,两者是完全相同的业务,"WeWork财务团队的一名成员说,"很多人被市场的炒作和亚当的魅力所吸引,但看到数据后,一切都很清楚。"

《快速公司》杂志在一篇题为《未来办公室》的文章中谈到了商业地产领域最具创新力的公司。文章称，在互联网的推动下，全球经济的发展速度比以往任何时候都要快，同时创业精神的兴起也让根深蒂固的房地产利益集团措手不及。初创企业每6个月就会经历一次洗牌，有些规模倍增，有些则缩减了一半，谁也不再需要长达10年的租约。然而，有家公司本身就是企业家创办的，无论何时何地，只要存在需要，他们就能提供家具齐全的办公室，新的分店也在快速开设中。在这里，热情好客是重中之重：员工在接电话时"声音中要带着微笑"。这家公司还在持续探索办公空间的更多玩法——如日中天的后街男孩乐队刚刚使用他们的一个空间召开了全球视频会议——但这家公司的业务核心是为联合办公空间带来一种"社区感"。

《快速公司》的这篇文章发表于2000年3月，当时米格尔还在经营"英语宝贝"，而亚当在以色列海军服役。这家据说在打造未来办公室的公司名叫雷格斯，是马克·狄克逊于1989年在比利时创立的。狄克逊是个英国商人，曾辍学创办了一家名为"电话零食"的午餐配送公司。雷格斯在25个国家拥有250家分店，每周新开两家。在亚当进入这个行业10年前，狄克逊对公司的未来就有了"诺伊曼式"的看法。他相信人们会使用雷格斯空间工作、聚会并建立社区。"我告诉员工，公司才刚上路。"狄克逊说，"如果做得好，我们就有机会改变世界。"

* * *

WeWork从无到有的兴起，在短短5年内就成长为市值数十亿美元的公司,这让很多房地产界人士产生了一种似曾相识的感觉。2000年《快速公司》那篇文章发表时,雷格斯正准备在伦敦证券交易所上市。在20世纪90年代蓬勃发展的创业经济中,这家公司已经成为一个关键角色,其股票迅速上涨了近40%,总市值(股市版的私有公司估值)超过30亿美元。但在网络泡沫破裂时,雷格斯也随之崩溃。租户纷纷放弃续约,公司收入大幅下降,无法解决固定的长期租赁成本。2003年,雷格斯美国分公司申请破产。

当WeWork在2014年年底达到50亿美元的私有估值时,雷格斯已经恢复元气,并很快更名为IWG集团——一家利润丰厚但缺乏激情的公司。但是,尽管这家公司拥有2000多家门店,营收超过20亿美元,股票市值却没有回到顶峰,反而是WeWork的市值后来居上。相比之下,WeWork只有24家门店,营收不到1.5亿美元。

WeWork显然在做一些不同的事情,它的空间充满活力,迎合千禧一代的口味,而IWG集团的多数空间实用却乏味。但没有人能清楚地说,审美优势能否让WeWork获得与估值相称的竞争优势。有批评人士问亚当,如果WeWork像雷格斯那样遭遇经济衰退,公司将如何发展。得到的回答与狄克逊并未成功的方式大体相同:大型公司将缩减规模租用WeWork空间,而失业的自由职业者也要寻找家庭办公室以外的场所。"让我感到震惊的是,看看我们的损益表,然后再看看雷格斯的,两者是完全相同的业务,"WeWork财务团队的一名成员说,"很多人被市场的炒作和亚当的魅力所吸引,但看到数据后,一切都很清楚。"

WeWork的现实情况与呈现给投资者的承诺之间显然存在鸿沟,填补任务就留给了亚当和他的推介,而这需要适当的筹划。亚当坚持邀请潜在投资者和自己一起参观WeWork，有些时段WeWork空间确实很热闹，但确保这些时段的人气与亚当的推介相互吻合是公司员工的责任。社区经理成了举办即兴派对的专家，而且这些派对要在杰米·戴蒙或布鲁斯·邓利维与亚当穿过WeWork公共区域的90秒时间窗口内被"激活"。一位社区经理说："你必须搞清楚，假如贵宾迟到的话，有哪些会员愿意再回来第三次吃百吉饼。"为了强调公司在数字领域的资质，亚当把WeWork软件工程师，而不是米格尔的实体设计师团队，安排在自己办公室旁边的办公桌。"他们不是建筑师或建造者，"亚当告诉访客，"这是我的技术团队。"

随着WeWork开始接触更大的投资者，亚当需要帮助。在WeWork的C轮和D轮融资中出现了传统的华尔街机构：摩根大通、普信、高盛。于是亚当聘请了迈克尔·格罗斯，他于2013年年底取代"海军伙伴"阿里尔·泰格，开始担任WeWork首席财务官。格罗斯与丽贝卡自小结识，在康奈尔大学期间也有过联系。2000年以后，他主要在金融领域工作。2011年，他的私募股权公司投资了摩根酒店——一家由54蹦迪俱乐部创始人伊恩·施拉格经营的精品连锁酒店，随后格罗斯被任命为首席执行官。WeWork曾与摩根酒店商谈在纽约的其中一家酒店建造音乐主题空间——WeRock。

格罗斯金发碧眼，天生一张娃娃脸，很自然地融入了纽约的精英圈子，他经常在中央公园南区的纽约运动俱乐部与投资银行家一起游泳。加入WeWork几个月，格罗斯成功说服前蔻驰首席执行官卢·弗兰克福特（其子是格罗斯的朋友）投资700万美元并成为WeWork董事会成员。"迈克尔是那种可以带沙特阿拉伯酋长去纽约玩上一晚，然后抱着2亿美元回来的人，"WeWork竞争对手Industrious的创始人杰米·霍达里说，"如果我想喝点朗姆酒，迈克尔会说：'翠贝卡有个很好的地方可以喝。'而亚当会说：'要不喝龙舌兰酒怎么样？'"正如一位WeWork高管所说："迈克尔就是亚当想要成为的人。"

当亚当在晚餐时点了龙舌兰酒，或者在推介过程中脱掉鞋子，令有些投资者不知所措时，格罗斯能给亚当的狂野活力增添一些优雅。他成了亚当的得力助手和派对伙伴——他就是那位一边夜饮一边玩游戏，把杜邦圈WeWork分店游戏室搞得乱七八糟的高管。最重要的是，他与亚当在筹款过程中一路同行。在卢·弗兰克福特的建议（"想戴就戴，但别经常提到手环"）下，亚当不再把卡巴拉描述成WeWork的灵感来源，但仍然把公司吸引力描述为空气中短暂的"能量"。"那是无法触及的，"他说，"只是一种感觉。"当亚当走进一个房间，为一位潜在的投资者进行一场精彩表演后，格罗斯可以让任何怀疑者放心，仿佛有一只稳健的手在幕后掌控着一切。亚当似乎依赖于格罗斯天生的自信，丽贝卡就曾对另一名WeWork高管感叹道："唯一能让亚当发挥最大潜能的人就是迈克尔。"

亚当素来倚重合作伙伴，这可以一直追溯到婴儿服装生意时期的苏珊·拉扎尔。（2013年，亚当卖掉了持有的"大帐篷"股份。）他与格罗斯的融资工作现在是公司发展的关键，虽然米格尔在确保公司的实体产品能吸引投资者，但其在融资过程中已经退居次要地位。米格尔对于公司和产品质量有信心，但他并不总是能够像亚当那样对公司的宏伟愿景闪烁其词。2015年，在对一群WeWork会员演讲时，米格尔承认，他们仍然不知道经济衰退时会发生什么。他认为公司提供了一些有价值的东西，但WeWork并没有什么魔力可以颠覆行业的经济模式。"我们做的每一件事都和其他人所做的没什么区别。"米格尔对这群人说，然后他似乎意识到这不是最能令人信服的说辞。在试图举例说明WeWork是如何将自己与其他办公空间运营商区分开来时，米格尔提到人们在最近的万圣节派对上玩得多么开心，布斯塔·莱姆斯也来表演节目。看起来，WeWork的竞争优势似乎在于知道如何上演一出好戏。

*　　*　　*

投资者好像对WeWork业务的真实情况视而不见，对此的一个解释是，21世纪第二个十年的每次私有估值都需要暂时舍弃某种程度的怀疑。2014年，比尔·柯尔利在其博客"高人一等"中写道："'具体数字'的有趣之处在于，它们会给人一种虚假的安全感。"他说的是估值背后的数学原理，根据输入数字的不同，潜在的计算结果会产生极大差异。在这种情况下，柯尔利是在为过高的估值进行辩解：Benchmark投资的另一家公司优步最新估值达到170亿美元。柯尔利批评了纽约大学的一位教授，后者称优步估值被夸大了"25倍"。这位教授的分析认为，优步的潜在市场总量是价值1000亿美元的出租车和豪华轿车市场。柯尔利则认为，优步的潜在市场总量包括路上行驶的每一辆车，而这个市场理论上价值1.3万亿美元。

这种不切实际的想法充斥着硅谷。爱彼迎创始人首次从风险资本投资者那里筹集资金时，一名顾问怂恿他们调整推介材料中的一条：只需要换掉一个字母，就可以将3000万美元的营收目标提高到300亿美元。"投资者要的是B计划。"这位顾问表示。亚当同样试图以雄心勃勃的术语来定位WeWork。"我们不是在和其他联合办公空间竞争,"他说,"我们是在和写字楼竞争——在美国,这是个15万亿美元的资产类别。"从全球范围来看,房地产市场接近200万亿美元。

房地产是个分散的行业,不存在科技公司吞噬整个行业的那种网络效应。即使是全球最大的房地产公司也只占1%的市场份额。但风险投资家的目标不是寻找天花板,他们想要的是第二种方案。说不定WeWork可以打破这种模式呢?一个以提供人们真正想要办公场所而闻名的全球品牌,与布鲁克菲尔德和沃纳多等声名不显的建筑运营商相比,WeWork有着巨大的潜力。哪怕2%的市场份额,就可以让亚马逊的营收看起来微不足道。

从华尔街到沙山路的投资者也满怀希望。经济衰退后时代迎来了一个高速增长的时期,在这样一个时期,一次时机适宜的押注就可能成就一份事业。低利率使投机性投资者能够为可能产生超高回报的高风险押注提供资金。个人投资者正将更多资金投入广泛追踪经济走势的指数基金,导致共同基金经理必须寻找其他投资渠道,以证明自己能够战胜一个已经在蓬勃发展的市场。2014年年底,《纽约时报》发表了一篇文章,阐述投资者如何寻找"下一个优步"——估值达到100亿美元的十角兽[1]公司。文中WeWork被称为"办公室领域的优步",是得到融资后就可以蜕变为十角兽的公司之一。

Benchmark在WeWork的D轮融资中再次投下大笔资金,但几个月后,比尔·柯尔利在博客一篇题为《投资者要当心》的文章中,再次从公众的立场出发,对更广泛的风险投资领域状况表示担忧。柯尔利认为,风险资本家基本上放弃了风险分析,盲目地将初创企业共享的

---

[1] 用来指这种创立不到10年但市值超过百亿美元的科技公司。——编注

融资平台视为经过适当审计的财务文件。像WeWork这样的新独角兽公司正在以如此不健康的速度烧钱以增加市场份额,以至于它的上市对许多人来说是不可想象的。投资者只会让问题变得更糟。柯尔利写道:"向一家不成熟的私有公司投入数亿美元的行为也会对公司的经营纪律产生不良影响。"投资者将盈利问题推后到未来,同时不去测试任何一个特定公司的商业模式是否实际可行。他们担心错过下一个脸书、优步或网飞。"每个市场都有傻瓜,"柯尔利引用沃伦·巴菲特的话说,"如果不知道是谁,那很可能就是你。"

投资者想要相信亚当可以实现他的愿景,至少他们中有一些人的信念似乎是基于这样一种期望:他可以说服下一个人拿出更多的钱——金融学所谓的博傻理论。亚当在接触科技投资者时,会强调房地产可以赚到钱;而对于更为传统的金融家,他会大谈特谈WeWork的技术前景。2015年前后,他提出一个新主张:WeWork是家"社区公司",属于共享经济的一部分,所以走廊应该设计得尽可能狭窄,这不是为了挤进更多付费租户,而是迫使会员之间增加互动。

2015年年初WeWork的D轮融资几个月后,公司财务团队开始接洽投资者,寻求再次注资,让公司能够跟上不断上涨的成本。随着经济的持续好转,房地产价格创下了历史新高,这意味着WeWork现在支付的每平方英尺(1平方英寸约为0.09平方米)价格是首家门店的2~3倍。

亚当将WeWork的扩张成本视为可以轻松解决的障碍。他告诉潜在投资者,只要他们愿意提供资金,WeWork就能以任何想要的速度发展:市场对公司办公空间的需求是如此强烈,以至于公司增长的唯一阻碍就是还有多少钱来建造新的办公空间。WeWork融资团队的一名成员说道："亚当的态度是，说清楚你希望我产生多少营收，我就告诉你需要多少资本。"

存在投资意向的公司包括日本企业集团软银，它在美国有个小型风险投资部门。其中一位驻纽约的投资专员暗示，WeWork是软银想要押下重注的公司之一，其创始人孙正义正是以敢于押下重注的风格一举成名的。但WeWork的推介在软银时任总裁尼克什·阿罗拉那里碰了壁，后者认为WeWork并不是软银所专注的那种科技公司。公司推介根本就没见到孙正义。"反应非常负面，"这位软银投资专员告诉我，"推介WeWork这事让我看起来像个白痴。"

最终，WeWork团队与康涅狄格州的对冲基金Glade Brook资本进行了会面。Glade Brook是几家试图打入独角兽市场的东海岸投资者之一。拥有独角兽投资组合已成为一种时髦的投资策略，只要投资标的中有一家起飞，就可以弥补其他所有损失。与Benchmark不同的是，Glade Brook在任何一家公司创始人的战略投资者名单上都没排在前列，但这家公司资金雄厚，而且习惯采取以较高价格买入的策略，以确保参与优步、Snapchat和爱彼迎的最近几轮融资。

虽然硅谷常有新的独角兽诞生，但WeWork是东海岸的"罕见品种"。在同年2月的一次会议上，WeWork团队向Glade Brook展示了他们自认为雄心勃勃的一项增长计划（每次团队把预测拿给亚当看时，他总是告诉他们在给投资者看之前要把预测增加2~3倍）。但Glade Brook仍然不为所动。"你们需要多少钱才能把这个目标翻一番？"这家公司的一位合伙人看着已经添加水分的增长目标问道。Glade Brook表示，如果WeWork能够建立一个具备这种能力的模型，它将基于100亿美元的估值来投资，在几个月内使WeWork的价值翻倍。把预测调高到令Glade Brook满意的程度后，WeWork把这些预测连同虚高的估值一起展示给富达投资。在此之前，富达认为WeWork被严重高估，已经放弃参与D轮融资，但这次几位投资组合经理突然又对WeWork产生了好感。"我们告诉他们新估值是100亿美元，然后他们接受了。"WeWork财务团队的一名成员说。

2015年6月，Glade Brook资本、富达投资和其他几家公司向WeWork的E轮融资投了4.34亿美元，其估值比IWG集团在伦敦证券交易所的交易价格高出了3倍多。新估值对WeWork的早期投资者来说是件好事，他们看到股票价格飙升，但这也引发了一些内部担忧。"这是个愚蠢的数字。"WeWork财务团队的一名成员在与亚当和其他高管就E轮交易召开会议时表示。公司营收每年翻一番，投资者对此过于迷恋，以至于忽略了成本同样迅速上升的事实。想要做出既与现实保持联系，又符合投资者希望的预测，已经越来越难。新投资者还会稀释普通股股东（主要是员工）持有的股份，如果公司无法达到新的预期，那么新员工加入公司时所得到的股份可能会缩水。

多数员工对此并不担心。他们还很年轻，不会去仔细阅读股票期权条款附带的那些细节。亚当所夸耀的新估值，更不用说那些家喻户晓的投资巨头，只会让他们感到安慰，因为公司很快会上市的消息已经不绝于耳。亚当和投资者一样，没有理会任何关于估值过高的担忧。"有人以100亿美元估值投资脸书时，大家认为他们彻底疯了。"Benchmark的迈克尔·艾森伯格在接受《华尔街日报》采访时表示，"但我认为他们现在不会感到后悔。"艾森伯格认为WeWork的全球社区提供了一个机会，来构建沃伦·巴菲特著名的"护城河"，部分原因在于经常出差的人无论走到哪里，都可以得到一致的体验；尽管在评估旧金山、纽约和伦敦的办公空间时，风险资本家往往戴着有色眼镜。

特德·克莱默是WeWork在美国各地生根发芽的先锋人物。决定辞职时，他正忙于开设WeWork在伦敦的第二家分店。他很感激自己得到的机会，但这段经历中的一些事情让他觉得不对劲儿了。他是WeWork最早的100名员工之一，而公司的员工数量现在已经超过300名。他曾试图获得他认为与自己付出努力相称的股权，但却遇到了阻力，而丽莎·斯凯和其他早期员工就是被同样的阻力挤出了公司。一位有权查阅股权结构表（列出每个股东拥有公司股份数量的文件）的朋友把表格给克莱默看了以后，他说自己看到许多与亚当关系密切的人都得到了丰厚的回报。与此同时，公司忘了更新医疗保险计划，导致普通员工在一个月时间里没有保险。

克莱默在2015年夏天离开了WeWork，之后来到旧金山的科技初创企业黑客王公司工作，Benchmark也是这家公司的投资者。一天晚上，克莱默参加了比尔·柯尔利的董事会会议，并借此问起WeWork的情况。柯尔利知道亚当的数学能力很欠缺，而且WeWork似乎触犯了柯尔利公开提出的每一个警告。为什么Benchmark还会继续投资这家公司？柯尔利耸耸肩，给了个简短的回答："亚当的说服能力极强。"

* * *

完成100亿美元估值的E轮融资后，亚当告诉《华尔街日报》，WeWork是盈利的，在首次公开募股之前不需要任何额外融资，而且已经达到甚至超过了所有增长预期,不过他无法透露细节。这些说法没有一个被证明是准确的。但WeWork不是上市公司,亚当又控制着董事会,没有什么能阻止他言所欲言和为所欲为。同时,We控股公司再度减持了价值8000万美元的WeWork股票。诺伊曼夫妇在汉普顿买了第二套房子,紧挨着丽贝卡的亲戚格温妮丝·帕特洛和布莱斯·丹纳,他们还在翻修西村一栋价值1050万美元的别墅,打算增设一个"婴幼儿停车场"。

WeWork也搬到了位于切尔西的新总部,这是多年来的第六个总部。为了让百老汇222号的旧办公室物尽其用,公司与英国《卫报》达成了一项开创性协议,后者同意接管整个办公空间。由于房地产投资组合不断扩大,2~3人的初创公司已经越来越难以满足公司的胃口,所以WeWork一直试图开始为大型企业提供服务。于是,拥有100多名员工的《卫报》成了WeWork最大的单一租户。

唯一问题是,在WeWork新总部装修期间,两家公司将不得不在几个月内共用百老汇222号。《卫报》搬到了23层,也就是戈登·盖柯曾经的办公室所在地;WeWork则将员工挤到了22层。总的来说,《卫报》员工对这样的安排感到满意,并且很高兴能够享用WeWork在办公食堂提供的精美小吃。但随着装修工作的拖延和"同居关系"的继续,事实证明WeWork是个吵闹的邻居。庆祝活动持续不断,亚当总是在中庭发表激动人心的演讲,让《卫报》的记者和编辑只能带着温和的忧伤注视着WeWork员工——他们对老板十分巴结,仿佛对着热情牧师宣誓效忠的一群门徒。

一个工作日的晚上,《卫报》首席执行官埃蒙·斯托正和一位广告商共进晚餐。这时他的手机开始振动,收到信息的内容似乎是

《卫报》记者大声辱骂楼下WeWork员工的视频。他打电话给曾为《卫报》交易牵线搭桥的WeWork雇员亚当·阿马尔，询问发生了什么事。

"你得回来一趟，快点。"阿马尔说。"什么意思？"斯托问道。

"马上要干架了，"阿马尔说，"就像，就是真的干架。"

那天下午，亚当又发表了一次庆祝演讲，其间不时喝杯龙舌兰酒，立体声音响里播放着嘈杂的音乐："帝国精神状态""管理这个城市""我管理纽约"。就在楼上的《卫报》员工努力想要完成一天的工作时，音乐声越来越响。最终，一名《卫报》记者对着WeWork员工大喊要他们闭嘴。亚当听到这话，大声回应道："你给我闭嘴！"

另一名《卫报》记者走下楼，发现亚当在办公食堂中央跳舞，于是请他把音量调低点。后者紧盯着她，默默把手伸向立体声音响的音量旋钮。他一言不发，调高音量，然后继续跳舞——双手反复交替叠放，像在建造一座美元摞成的塔。

亚当后来说，正是在这个时候，他开始与自我斗争。即使在没有什么可吹嘘的时候，他的自我也一直很强大。现在他有充分理由自夸了。他不再去参加全球联合办公峰会，缺席了五大家族聚会，觉得自己已经超然于联合办公市场的竞争之外。亚当曾试图收购全球联合办公峰会创始人之一利兹·埃拉姆的公司。在与埃拉姆一起参观奥斯汀的一栋大楼时，亚当把埃拉姆拉到一边，以确保她注意到经纪人有多垂涎他的生意，并笑着指出："我敢打赌他们不会那样对待你。"亚当的母亲最近被诊断出患有和乔布斯一样的胰腺癌，于是亚当开始更多地谈论永生，以及他对旨在避免死亡的新兴科学产生了兴趣。

2015年的夏令营成本飙升至7位数，WeWork聘请了喜剧演员T.J.米勒，他在HBO电视网的电视剧《硅谷》中饰演充满漫画色彩的吹牛风险资本家埃利希·巴赫曼。另外还有人气唱片骑师（DJ）烟鬼组合，公司用股票作为他们的演出报酬。周六晚上，亚当在前排和迈克尔·格罗斯共舞，加拿大歌手威肯坐着直升机从天而降，带来出其不意的惊喜表演。米格尔也进行了才艺表演，他戴着澳大利亚女歌手希雅式的假发，假唱了一首 *Chandelier*。一名WeWork员工在帐篷间跑来跑去，大概是在装扮公司的吉祥物：独角兽。

一天深夜，在营地里，亚当失踪了。没人知道他在哪里，一些员工开始紧张起来。大家都在喝酒。而且一艘水上摩托不见了。营地主人马克·拉皮德斯上了一艘船，拿着一个巨大的手电筒，在漆黑的湖面开始寻找。第二天早上，谣言传开说亚当落水了，搜索队靠挂在脖子上的荧光棒找到了他——这是个荒唐的故事，但WeWork员工马上又听到了更荒唐的事情。事实上，那天晚上亚当驾着水上摩托穿过湖面一英里，到了营地的另一处，在那儿过的夜。

亚当似乎知道自己有点失控，他说："我的灵魂被'We'所吸引，但这需要付出努力。"他将更多的精力转向了宗教，邀请卡巴拉中心的犹太教拉比艾坦·亚尔代尼在2015年冬季举办的WeWork首届年度峰会上向员工发表演讲。（峰会上的活动还包括最后在一家俱乐部结束的寻宝游戏，说唱歌手杰·鲁声称WeWork没有提供合适设备，试图退出这场演出，但未能成功。）亚当还请教了另一位犹太教拉比，后者建议他遵循安息日传统，也就是每周五晚上开始的休息日，在这个时段，犹太人被认为应该远离世俗，以此与重要的事物重新建立联系。亚当发现这很有帮助——至少在周四之前是有帮助的，之后他的自我会重新膨胀，又不得不再度开始这一过程。

* * *

那年8月一个令人汗流浃背的夜晚，亚当走出位于切尔西的WeWork新总部前门，向一群高喊"WeWork，真可耻！"的清洁工人发表演讲。那年夏天，公司估值达到100亿美元后，WeWork清洁工人宣布了成立工会的打算。他们每小时挣11美元，没有任何福利，而纽约多数看门人的工会时薪超过20美元，还有额外福利。一周后，雇用清洁工人的第三方公司取消了与WeWork的合约，WeWork决定雇用自己的员工。这引发了一场主题为"我们也在这里工作"的抗议活动，抗议者们要求WeWork重新雇用这些因取消合约而失去工作的工人。抗议者戴着米格尔和亚当的面具跳到华尔街的公牛雕塑上。

公司不是第一次与有组织的劳工发生冲突。亚当曾在与其他工人工会打交道时这样对员工说道："他们不是坏人，但在做坏事。"公司已将东海岸的几乎所有建筑工程，以及诺伊曼夫妇两处住宅的装修，都移交给了尤安建筑师集团。尤安建筑师集团是纽约建筑界的一个边缘公司，可以规避工会问题。公司由乔巴拉杰家族的格拉尼特、阿尔伯特和吉米三兄弟经营。2015年，WeWork聘请格拉尼特担任建筑主管。多位WeWork高管告诉我，规避工会问题是WeWork商业模式的关键组成部分，既能保持低成本，又能让施工运营昼夜不停。公司经常遇到来自工会的压力。WeWork派出尤安团队在波士顿建造第一个空间时，当地建筑工会派了一支乐队在大楼外演奏了3个星期。纽约工会为了让雇用非工会工人的公司难堪，会在人行道上安放一只巨型充气啮齿动物"破烂鼠",这只老鼠成了WeWork各家分店和亚当家的常客。WeWork施工团队的一名成员告诉几名员工,他带枪就是为了防范那些针对亚当的潜在威胁。

亚当试图安抚WeWork总部外面的清洁工人,他说自己来纽约也是为了"追逐美国梦"和"改变世界"。他说:"当我还是个孩子时,全家人一起挤在现在我女儿房间那么大的房子里。"但他忽略了一个事实,大多数清洁工人可能仍然住在同样狭窄的环境中,而诺伊曼一家则是在多个度假屋之间进行选择。亚当告诉抗议的清洁工人,他们从来都不是公司的正式雇员。清洁工人表示反对,指出他们在上班时被要求身穿WeWork的工作衬衫。

亚当告诉清洁工,WeWork将以15~18美元的时薪重新聘用他们,并提供福利、夏令营邀请和获得股权的机会。"公司会走得很远,"他说,"如果上帝保佑,公司股票将非常值钱。"一名清洁工指出亚当只不过是个账面上的亿万富翁。"跟这事没关系。"亚当说着,在空中挥舞着手好像在驱赶这个问题,他认为工人并没有掌握工会状况的全部事实。"我知道生活很艰难,"亚当继续道,"所以我将继续尽最大努力,先改善你们的生活,改善我们员工的生活,再去改善全世界的生活。"

亚当要求大家安静下来,然后开始发表最后的独白。"有句话叫'自助者天助',"他说,"我理解你们的想法。我知道这里的每个人都在尽力帮忙。"他还表示,WeWork绝对不会被勒索、威逼或强迫进入任何领域……至少在美国不会,因为这是一个自由至上的伟大国度。他转身回到大楼里,但身后的声音还在继续:"WeWork,真可耻!"

＊　　　＊　　　＊

媒体曝光了WeWork与清洁工人的争执，还强调了一个事实：在其所谓提供更好工作环境的先进理念背后，WeWork的业务策略与纽约任何一个固执业主的业务策略可能并无太大区别。WeWork员工对这种业务策略和先进理念的脱节已经不会感到意外，因为他们已经很熟悉公司对每周40小时工作制的漠视。亚当和其他WeWork高管提出一个在多数初创企业很普遍的想法：公司就是家庭。当雇主承诺会把员工的最大利益放在心上时，为什么还要加入工会？WeWork员工很快就成了彼此最好的朋友，在长时间的工作中结下友谊，时不时可以喝龙舌兰酒，而且有一天——只要亚当兑现了公司上市的承诺——股票期权会给他们提供金钱和时间去度过一个美好的长假。

到2015年夏天，WeWork每周会招聘30多名新员工，之前人手略微多余的情况严重了10倍。新人中有一位叫阿拉娜·安德森，她的妹妹艾杰拉对自己在旧金山的工作非常热情，以至于她放弃了宾夕法尼亚一个家庭农场的工作来到WeWork，虽然部分原因是为了确保妹妹没有加入某种需要拯救的资本主义邪教。但来到WeWork后，阿拉娜觉得非常开心。"我觉得自己拥有了创造改变的能力，这跟我以前在公司工作的感觉截然相反。"她说，"这一年半令我感到兴奋愉悦。"

大约也就是在那个时候，安德森和其他许多WeWork员工开始从不同角度看待自身的经历——就像从龙舌兰酒的宿醉中醒来。2014年，WeWork开始每周召开一次公司全体会议，主题是"感谢上帝，今天是周一"。就像人们所知的那样，这个会议是每周一下班后的强制性动员大会。会上，亚当通常会发表一篇振奋人心的演讲，然后在全公司范围内喝龙舌兰酒。这种活动在令人疲惫不堪的一周中几乎毫无用处,但WeWork对员工在公司以外的生活从来都是漠不关心的。长时间工作成了一种荣誉,高管在每周全体会议之后还会留下来和亚当进行深夜会议。华盛顿特区的一名社区经理回忆说,有天晚上自己工作到很晚,看到旁边一名同事却似乎什么也没做。那位同事说:"你在这里,我只好也在这里。"这位社区经理说道:"员工开始把公司的激励口号当作玩笑,如果谁这周过得不顺,别人就会讽刺地说'努力吧'。"周一上班时,如果发现上个周末会员在下班前把办公室搞得乱七八糟,员工就会说"感谢上帝,今天是周一"来给彼此鼓劲。

让WeWork员工感到安慰的是,同事真像家人一样,而不仅仅只是工友——许多员工最终意识到,他们在公司之外根本没有朋友。亚当和丽贝卡经常谈论建立核心家庭的乐趣:2015年,丽贝卡怀上了一对双胞胎,这是诺伊曼夫妇的第三和第四个孩子。但多数WeWork员工发现,工作环境让他们不可能实现同样的目标。多名女性员工表示,在面试时,亚当会问她们是否有很快怀孕的计划——意味着那会妨碍完成需要做的工作。阿里尔·泰格对另一位WeWork高管(他的妻子即将临产)说:"一个真正的男人应该在孩子出生后的第二天就出现在办公室。"这位高管对这一看法犹豫不决,但感觉有压力要遵从。"我妻子周五进行了剖腹产,"那位高管告诉我,"周二我就回到了办公室。"公司高层缺乏女性员工也变得很引人注目。有一名女性加入工程团队时,团队匆忙重写了底层代码,因为他们曾把设计中的一种红色描述为"妓女的血"。一名雇员在员工大会上提出公司缺少女性领导,亚当没有给出太多回应,只是指了指当时担任幕僚长的斯特拉·坦普洛。在另一次访谈中，亚当、迈克尔·格罗斯和新近从喜达屋酒店挖来的高管诺亚·布罗德斯基一起回答问题。有关公司高层缺乏多样性的问题再度出现。"多样性？"亚当答道，"我是黑发，迈克尔是金发，再说我们不是还有诺亚吗。"身为同性恋的布罗德斯基当场脸涨得通红。

2015年，WeWork曾经的2号员工丽莎·斯凯度完蜜月后，收到亚当的一条短信，邀请她见个面。斯凯已经离开WeWork好几年了，在这段时间里，她在房地产行业进进出出，试图弄清楚自己接下来想做什么。很早就到公司工作的她从未获得过股票期权，但也不曾心怀怨恨。听说亚当即将完成Benchmark交易时，斯凯还曾经发邮件祝他好运。

斯凯来亚当办公室会面时，丽贝卡碰巧也在，她亲吻了斯凯的脸颊，然后向亚当确认即将到来的迈阿密之旅，并询问打算乘坐什么型号的飞机。丽贝卡走后，亚当开始谈正事。斯凯可能没有注意到，自从自己离开后，WeWork一直很成功，但亚当无法摆脱一种惆然若失的感觉。他把WeWork定位为一家"社区公司"，但事实证明，像格兰街154号那么特别的社区很难扩大规模，正如全球联合办公峰会主办者利兹·埃拉姆所警告的那样。

亚当希望斯凯回到WeWork。他会匀出一幢大楼让她随便折腾，就像以前那样，看看她能否重新点燃让WeWork感到新鲜和不同的火花。斯凯告诉亚当她会考虑的。但等到走出大楼，在路上撞见米格尔时，她突然得出了结论。亚当需要她——只是过了好多年他才愿意承认。但是，既然她已经知道怎样建造自己一直想要的东西：简单精致、完全自由的一两个空间，那为什么还要回去为他工作呢？几个月后，她和WeWork曾经的3号员工丹尼·奥伦斯坦在曼哈顿下城的一家WeWork分店对面开设了自己的灵活办公空间。

第 9 章
WeLive

BILLION DOLLAR LOSER

2012年10月,飓风桑迪袭击纽约,WeWork在市中心的3家分店都被迫关闭。就像2008年亚当在房地产市场崩溃时开创联合办公空间业务一样,亚当准备在破坏中寻找新的机会。他打算把1栋楼用5层WeWork空间和20层名为WeLive的空间填满。

WeLive的概念是:小公寓搭配大公共空间,鼓励住户互相串门。

第9章　WeLive

2012年10月，飓风桑迪袭击纽约，14街以外的街道均无电力供应。WeWork在市中心的3家分店被迫关闭，还取消了万圣节派对。"我们试图战胜桑迪，但事实证明它过于强大了。"WeWork在取消活动的声明中写道，同时也承诺会有更多活动，"这场风暴不会让我们倒下。"

几天后，亚当接到了比尔·鲁丁的电话，鲁丁家族名下的写字楼遍布从炮台公园到牛城的区域。鲁丁告诉亚当，自家一座位于华尔街110号的塔楼在风暴中严重受损。华尔街110号距离东河只有半个街区，几百万加仑（1加仑约为3.8升）的水量涌入大楼。大厅成了一片沼泽，地下室的机械系统也被摧毁了。那是一栋20世纪60年代建造的摩天大楼，采用的是类似婚礼蛋糕的逐层加高设计，是鲁丁家族拥有的最佳建筑。鲁丁问亚当想不想去看看。

两天后，鲁丁带了两个手电筒在那栋楼里与亚当碰头。飓风来袭后，没人被允许进入华尔街110号大楼。灯都熄灭了，在这座27层大楼的上层，鲁丁和亚当摸黑走在空荡荡的小隔间之间，人们在那里留下了不少私人物品——在周五下午的杂乱之中，他们仓促间并不知道自己不会回来了。鲁丁预计维修费用将高达数百万美元，还将耗时数月，因此他可能会取消这20位客户的租约，让大楼空置着。听到这，亚当有了个主意。

*　　*　　*

两周后，亚当向鲁丁提出报价。就像2008年房地产市场崩溃时开创联合办公空间业务一样，亚当准备在毁灭中找到新机会。他打算将这栋建筑打造成5层WeWork空间和20层WeLive概念空间，后者是带有宽敞公共空间的小套公寓，鼓励居民相互交往。这个想法可以追溯到他向巴鲁克教授兜售公共性更强的公寓楼概念时期，只是当时没有成功。WeLive与WeBank、WeSail和WeConnect一起出现在2009年亚当和米格尔制作的推介材料上，同属We品牌旗下，其中WeLive被渲染成加州拉霍亚海滩上的一栋拥有24个单元的公寓楼。

没有太多证据表明纽约的公寓住户嫌房子太大，但鲁丁对此很感兴趣。他的祖父经常在办公大楼附近建造住宅楼，亚当认为WeLive可以达到相似目的——让会员住得离WeWork办公室越近越好。而且亚当很有说服力。"这在很大程度上和亚当以及他的愿景有关，"鲁丁告诉我，"他的信念是2加2等于10。"

对诺伊曼来说，尝试WeLive既是对曾经碰壁想法的验证，也是对公司雄心的扩展，这是可以兜售给投资者的东西。2014年，WeLive在公司广告中占据了重要位置，亚当开始向投资者讲述WeLive会超越WeWork的故事。他说这是美国城市住房危机的一个解决方案，而迈克尔·格罗斯对投资者声称这个主意太好了，连很多百万富翁朋友都想尝试。宣传文稿中预计，WeLive将在4年后拥有3.4万住户，租金总额超过6亿美元。

但到2016年，按照计划WeLive应该已在全美范围内开设14家分店，而实际上公司还在忙着开设华尔街110号和大华盛顿特区的一家分店。这两个项目都远远落后于计划。WeWork愈加擅长商业办公空间方面的建设，但并没有巧妙地转向住宅建筑这类更为复杂的空间建筑。像华尔街110号这样的办公大楼楼板较深，让设计师苦于如何改造缺少自然光的室内空间。建筑法规禁止亚当建造一些想象中的公共

第 9 章　WeLive

空间，导致建造成本激增。"管道是建筑工程中最为昂贵的部分，但WeLive不是说在每个楼层安装男女卫生间就可以了。"一名员工说，"最初的一套图纸还把洗衣房给遗漏了。"

亚当希望这栋建筑能引起轰动。就在华尔街110号计划开业的前几个月，他告诉团队希望入住率能够翻一番。于是解决方案变成了加装翻板床，这样一套单间公寓就能容纳两个人，床垫用帘子隔开。员工拿着公司信用卡在家具精品店和家具仓储店之间来回奔波，紧急购买各种家具进行装饰。

2016年1月，在亚当首次参观这栋遭受飓风摧残的大楼3年多之后，两层WeLive空间在华尔街110号开放。一位咖啡师在大堂为客人提供免费咖啡。公共区域有个带有双热水浴缸的露台以及一间带电玩游戏的洗衣房。公寓书架上有预选好的书刊，咖啡桌上摆着装饰碗。试运行期间，WeWork员工和会员每月只需支付500美元，就可以与同事共享一室。对于新近因为失去宿舍而痛心的WeWork低薪员工来说，这实在是很有吸引力的体验。

但价格必须提高，否则就没有经济意义。WeWork财务团队看过数据后，担心业务目标可能永远无法完成。在启动仪式上，亚当重申了他的信念，即WeLive将永久改变住宅地产业的世界，并表示自己的家人可能会像迈克尔·格罗斯所说的那样，成为入住的百万富翁之一。丽贝卡当时就在听众席上坚定地回答说："不会。"

*　　*　　*

WeLive是亚当为了拓展公司未来而推出的众多项目中付出努力

最多的一个。2014年，公司开始为各条产品线注册商标：用于提供教育服务的WeLearn，提供自行车保养服务的WeBike，用于送餐的WeEat，还有健身房品牌WeMove。有次，公司还雇用一位香水师设计了一款WeWork招牌香水。还曾有一名员工询问会员关于WeWork品牌能量饮料的想法。"咖啡里时不时没有牛奶，"这位会员说，"能先解决这个问题吗？"

WeWork的许多新项目感觉像是宠物项目。电影《苏醒》的发行没能让丽贝卡的演艺事业起步，但她坚持了自己的好莱坞抱负，并将其与WeWork联系在一起。2012年，丽贝卡和亚当成立了WeWork工作室，这家制作公司的目标之一就是帮助丽贝卡获得一个突破性角色。他们请来了曾参与拍摄《辣身舞》和《黑鹰坠落》等多部影片的好莱坞选角导演邦妮·蒂默曼，并给了她一间位于瓦里克街的免费办公室，还为吸引电影和电视行业公司进行了专门的装修。（原本在这里构建会员网络的WeWork工程师不得不腾空办公室，搬到大楼地下室，他们开玩笑说常住那里会染上"戊型肝炎"。）蒂默曼在这里与多位制片人和导演进行了会面，其中包括后来合作管理亚马逊工作室电影部门的特德·霍普。

蒂默曼说，她找不到适合丽贝卡的角色，但在2013年，诺伊曼夫妇参与了《我，起源》的制作，这是一部科幻电影，讲述一个男人通过未婚妻找到了灵性和轮回信仰。诺伊曼夫妇为这部电影投资了大约35万美元，并参加了圣丹斯电影节的首映式。福克斯探照灯公司在电影节上买下这部电影的发行权后，诺伊曼夫妇赚到10万美元。他们获得了《名利场》奥斯卡独家派对的邀请，但《我，起源》票房惨败。WeWork工作室此后再也没拍过电影。

公司的潜在业务种类过于杂乱，分散了负责维持办公租赁核心业务的员工的注意力。但21世纪第二个十年最为雄心勃勃的那些公司好像都不再满足于做自己最擅长的事情：谷歌在制造无人驾驶汽车，Snapchat开始进军眼镜领域，亚马逊打算制作电影。2015年，亚当让一个团队起草计划，要在曼哈顿一座大厦顶层开设私人俱乐部——高盛曾在那里设有高管套房。受到纽约标准酒店开设夜店"喧嚣空间"的启发，这个空间被命名为创造者俱乐部，会议室则以史蒂夫·乔布斯、比尔·盖茨和鲍勃·迪伦等命名。供应食物的地方叫并购厨房（M&A），包括双重含义：既是米格尔（Miguel）和亚当（Adam）名字首字母，也暗指他们一边喝着顶级龙舌兰酒一边谈成各种合并与收购。WeWork还租了一处地下室，亚当想尝试开一家曼哈顿乒乓球吧，起名为"SPIN"。

亚当正在向投资者推介公司的拓展愿景——WeWorld。他想让别人看到，WeWork不只具备办公空间的管理能力。公司将切尔西总部称为"银河总部"，亚当在2015年告诉记者，"WeWork火星总部正在筹备中。"他幻想与埃隆·马斯克合作。"等他把大家都送上火星，"亚当说，"我们要建立一个前所未有的社区。"

* * *

在等待马斯克消息的同时，亚当将目光投向了其他领域。"亚当从根本上说是个交易者，"一位早期投资者说，"无论是筹集资金还是租下一栋大楼，他都喜欢做交易。"在伍尔沃斯大厦交易完成后，亚当告诉几名员工，他想收购一家公司。一天晚上，他带着科罗拉多一所编程学院的老板去曼哈顿喝酒，表面上是在考虑合作事宜。"我卖过房子，做过500万美元的交易，但还没买过一家公司，"亚当说，"我不知道自己是否想收购你的公司，但这是我很久以来一直想做的事。"他向中国和伦敦的竞争对手示好，并向WeWork工程师询问意向收购各家软件公司的情况。他提出收购市值30亿美元的电商上市公司Etsy，亚当认为这家网站上的卖家都是需要办公空间的企业家。

WeWork还考虑收购Magnises，一家由比利·麦克法兰于2013年创建的会员俱乐部。几年后，麦克法兰因为与杰·鲁一起策划了灾难性的Fyre音乐节而声名狼藉。多年来，麦克法兰一直是WeWork会员。2011年，他在WeWork实验室创办了自己的第一家公司斯普林，在2017年Fyre音乐节事件爆发之前，他的多家公司都持续租用着WeWork办公室。在监狱里，麦克法兰告诉我，Magnises俱乐部本来将要成为WeWorld生活方式的一部分，但由于他的公司在曼哈顿租赁的一栋城镇住宅遭人起诉，这笔交易后来宣告失败。麦克法兰和亚当见过几次面，他说WeWork是自己的灵感源泉。麦克法兰说："把不同的人融合在一起，这一理念肯定有助于我通过Magnises和Fyre想要做到的事情。"

2015年夏天，亚当终于完成了第一笔大型收购：Case公司。Case公司是由3位前建筑师戴夫·法诺、史蒂夫·桑德森和费德里科·内格罗创建的，公司致力于设计和建筑领域的技术创新。Case在WeWork实验室有个办公室，长期为WeWork提供咨询服务以简化设计和开发过程。Case的公司口号"建筑=数据"也符合亚当试图讲述的科技驱动故事。2015年，这家公司的60名员工中有一半专门从事WeWork项目。

加入WeWork让Case创始人和员工——其中多数不是软件工程师或产品开发人员——有了难得的机会加入一家快速增长的初创企业，从而与硅谷的兄弟们一样得到股票财富的承诺。但Case的大部分员工对这次收购并不感到兴奋。装修一个又一个的WeWork空间并不是什么有趣的任务，工作节奏也相当紧张。诺伊曼的夸夸其谈也没有在这家公司更有经验的员工中引起共鸣。他们知道的足够多，对亚当这位新领导人抱有怀疑态度：几名Case员工曾经处理过切尔西WeWork新总部的建筑图纸，看到亚当安装了一个通风口，他们知道那是为了便于在办公室抽大麻。

交易完成后，亚当、米格尔和WeWork律师珍·贝伦特会见了新收购公司的员工。贝伦特是从一家名为威凯的老牌律师事务所跳槽到WeWork的，专门来缓解Case公司员工的担忧。Case公司的员工中有不少人担心WeWork将拥有他们个人项目的所有权，因为此前Case公司曾经鼓励员工自由研究个人项目。贝伦特提到HBO电视网的《硅谷》第二季。这部剧的反派人物叫加文·贝尔森，是个冷酷无情的商业巨头，经营着一家名为Hooli的公司。他经常被一位精神领袖追踪，最近声称自己拥有一位前雇员开发的某项技术。"你们知道，"贝伦特说，"我们不是Hooli公司！"

* * *

2015年年底，WeWork让世达事务所的律师开始悄悄为首次公开募股做前期准备。作为首次公开募股的一部分，通过公开市场筹集资金是个复杂的过程，需要数月的细致工作，WeWork团队花了大量时间试图使公司混乱的账目符合2002年的萨班斯—奥克斯利法案[1]。这个法案是在安然丑闻后制定的，要求上市公司承担更大责任。公司离上市还有一年或更长时间，但让财务状况井然有序似乎已是值得迈出的一步。

亚当对上市兴趣不大，担心这么做会失去控制权，限制自己野心的范围。他的筹款闪电战取得了巨大成功，除了成为十角兽，现代创业术语还将WeWork定义为"牛头怪"——一家已经筹集风险资本超过10亿美元的公司。然而WeWork的现金再次告急，愿意以天价估值为其亏损提供资金的私人投资者数量正在减少。

为了在2015年年底保持私有财富的持续增长，亚当把目光投向中国，聘请高盛寻找有意为公司在亚洲和其他地方的扩张提供资金的投资者。优步最近筹集了超过10亿美元用于中国市场的扩张，但与优步相比，把WeWork推销出去的难度更大。"大约30人都表示不感兴趣。"WeWork财务团队的一名成员说。中国资金并不能弥补WeWork不断扩大的亏损，尤其在中国市场已有本土竞争对手提供类似产品的情况下。

不过，只要有一个人相信亚当的愿景就足够了。"我们当时就想，弘毅投资到底是干嘛的？"财务团队成员说。弘毅投资是中国商人赵令欢发起的一家基金，同意投资WeWork 6亿美元，这是这家公司迄今为止最大的一笔投资。这位金融团队成员又说道："私募市场的本质是，如果前面9个聪明的投资者表示不感兴趣，只需要有1个相对

---

[1] 美国立法机构根据安然有限公司、世界通信公司等财务欺诈事件破产暴露出来的公司和证券监管问题所立的监管法规。——译注

愚蠢的投资者，我们的估值就可以突然达到160亿美元。"

在讨论这笔交易的一次会议上，WeWork董事会的几名成员表示反对。他们认为进军中国是一种愚蠢行为。优步就是在一个不够熟悉的国度，消耗着大量资金试图赶上本地公司。对WeWork及其投资者来说，最好的出路是控制支出，尽早上市。

但亚当和WeWork的其他高管喜欢这笔交易，向中国扩张的挑战让米格尔兴奋不已。弘毅投资的纽约团队还在讨论条款时，亚当在一个WeLive派对上萌生了邀请投资者前来的想法。WeLive提供了一个新的舞台，让他在那里发表见解。当赵令欢和弘毅团队到达派对现场时，亚当让十几名员工和他们一起乘坐货运电梯前往楼顶。楼顶本来不该有人上去的，但亚当管理着整栋楼——谁能阻止他呢？WeWork的一名员工通过对讲机向一名实习生转述了一项要求，让他把一托盘的龙舌兰带到屋顶。亚当在上来途中还拿了个灭火器。

在28层楼的高处，这伙人俯瞰着WeWork的光明前景。他们站在WeWork最新产品线的顶端，亚当承诺这将成为公司最大的业务。东河对面是72号码头，WeWork、鲁丁家族和波士顿房地产公司一起在布鲁克林海军造船厂建设着一个全新的开发项目，其中包括迄今为止最大的WeWork分店。在屋顶上，亚当阐述着WeWork的愿景，认为华尔街110号拉开了更为广阔的"We革命"之序章。然后，赵令欢开口展望新的合作关系，一边说一边激动得热泪盈眶。

突然，亚当打开灭火器，开始往赵令欢和弘毅团队身上喷洒。大家都笑了，喝了几杯龙舌兰酒，然后下楼。"亚当不应该那样做吗？也许是的。"一名当时在屋顶上的员工说，"但在这方面你得向他脱帽致敬，因为在之后的一周内我们就达成了协议。"

第 10 章
精打细算

BILLION DOLLAR LOSER

在一次演讲中，亚当引用了克里斯·希尔的一句口头禅："精打细算。"他警告说，其他高歌猛进的初创企业正被失控的消费文化击垮，WeWork绝对不能步它们的后尘。

2016年1月，杰基·霍克史密斯第一天来到WeWork，他径直走进洛基·科恩斯主持的入职培训课堂。科恩斯是一名WeWork员工，负责新员工的入职培训。有时亚当在公司活动中登台时，也负责调动员工情绪。霍克史密斯在入职培训中收到了一本《摆好桌子：经营中热情的变革力量》，作者是餐厅老板丹尼·迈耶，迈耶认为生意成功的关键在于尊重他人。WeWork把这本书发给了所有新员工。

3天后，霍克史密斯和新同事一起来到距离WeLive几个街区的华尔街23号，参加公司第二届年度冬季峰会。这座建筑年久失修，2008年被一位外国商人买下后闲置至今，早已破败不堪。大楼里面没有照明、暖气和自来水，墙面斑驳，墙皮掉落在水泥地上。WeWork带来灯具和移动厕所安装在里面，用帘子遮着。

周五早上，亚当在两侧坐满一排排WeWork员工的过道中慢跑。他身穿一件写着"永不停息"的衬衫登上讲坛，对WeWork自上次峰会以来员工人数规模增长两倍，数量突破1000表示惊讶。然后开始大声疾呼每个已经拥有WeWork的城市：洛杉矶、旧金山、伯克利——"我们需要更多能量，伯克利！"——丹佛、芝加哥、波士顿、费城、华盛顿、迈阿密和亚特兰大。然后是：伦敦、阿姆斯特丹、特拉维夫、上海、墨西哥城、多伦多、蒙特利尔和贝尔谢巴——36年前亚当出生的"垃圾场"。亚当为纽约保留了最后的呐喊，在这里公司已经开设26家分店。"这是一座已经形成规模的城市，"他在回应本地员工爆发的欢呼声时说，"未来两三年内，所有城市的声音都会是这样的。"

霍克史密斯对WeWork用户体验团队的工作感到兴奋，他们的任务是努力让公司的玻璃迷宫好找一些。但是，峰会上有很多事情让她觉得难以理解。员工学习了一段同步舞蹈并摆姿势拍照，双手举过头顶，拇指触碰，形成雇主名字的第一个字母。有一次，一名励志演讲者一直把公司称为"WeWorks"，直到一个员工站起来纠正，赢得了同事热烈的掌声。那天晚上有个派对，衣着暴露的空中舞者在天花板上挂着的吊环上表演。霍克史密斯在一幢建筑漆黑的外围转来转去，谁也不认识。到了晚上，黏糊糊的地板还弄坏了她的一双新鞋。

第二天，WeWork的员工再次聚集在一起，而纽约其他地区正为一场向东海岸推进的暴风雪做准备。亚当告诉大家不要担心，计划仍是当晚登上巴士，前往公司一名高管在威彻斯特郡的一所大房子里举行派对。到了下午，纽约市开始关闭进出通道。但公司没有取消峰会，而是告知员工回家收拾行李后再回来：因为公司已经把曼哈顿下城能找到的所有酒店房间都租出去了。

第三天，亚当告诉WeLive团队，他想把派对放在WeLive大楼里举办。管理附近楼宇的社区经理接到指示，要搜刮酒柜，为每一层楼调配不同的烈酒。亚当只是来WeLive露了个脸，但新员工和其他几乎不认识的WeWork高管一起喝酒抽烟，感到很开心。杰基·霍克史密斯很早就回家了，因为她被安排和一位男性同事合住一个房间，这一安排让她很不舒服。虽然这其实并没有多大关系，因为那位同事整晚都在别的地方跟另一个女同事鬼混。

第二天早上，整个纽约被3英尺（约合91厘米）厚的积雪覆盖住了，宿醉未醒的WeWork员工拖着疲惫的身体回到峰会，亚当将在那里再度发表演讲。1个小时过去了，没有看到他的身影。当亚当终于出现时，他让视听团队播放了一段视频，解释了自己的行踪：一辆SUV载着亚当在纽约四处游荡，他抓住绳子，骑着滑雪板在雪地里穿行。"每个年轻人都说：'太棒了。'"一位新晋加入公司的高管说，"而所有年长的人都想：'真离谱。'"

* * *

就在亚当用灭火器喷洒新投资者的第二天，一个正在施工的WeLive承包商走到屋顶，发现了已经喝光的龙舌兰酒瓶，于是屋顶派对的消息传遍了整个公司。WeWork新总裁兼首席运营官阿蒂·明森得知，老板不仅用灭火器喷洒潜在投资者，还违反了可能导致华尔街110号大楼停工的安全规定，他只能摇头叹息。明森告诉亚当，如果真想上市，这样的滑稽行为必须有所收敛了。

卸任时代华纳有线电视公司首席财务官一职后，明森在WeWork工作了6个月。在Benchmark的迈克尔·艾森伯格询问他是否有兴趣接管WeWork之前，他根本没听说过这家公司。当时，WeWork只有1万名会员。"在时代华纳，我们每天安装1万台有线电视。"几年后明森在WeWork总部接受采访时告诉我。不过，明森很乐意尝试一些新的东西，从首席财务官过渡到首席运营官。如果亚当决定效仿许多初创公司创始人的做法，将管理权交给一位经验丰富的高管，那么他甚至可能接管公司的最高职位。

多年来，亚当一直依赖于朋友和家人的圈子，这些人总是在WeWork高层中占据一席之地。他的妹夫是首席运营官，表亲是房地产主管，当海军时期的朋友是公司第一位首席财务官。在WeWork的品牌推广方面，丽贝卡也参与得越来越多，她开发了新标识并想出一些口号，比如"做爱做的事"。亚当承认自己在条件允许的情况下特别喜欢雇用亲友。开会时如果想向在场的以色列人传达什么信息,他经常会切换到希伯来语。一位WeWork高管开玩笑说要为手下团队购买一块罗塞塔石碑[1]。

对于一些首要任职资格是忠诚的雇员来说,WeWork的发展已经超出了他们的专业能力。董事会敦促亚当引进更多外部人员。在新加入WeWork的一批高管中,明森是最突出的一位。WeWork的一名高级员工曾这样说道:"阿蒂是亚当系以外的第一个重要人物。"明森请来了美国在线前高管弗朗西斯·洛博担任首席收入官,美国直播电视集团的高管乔恩·吉塞尔曼也随之加入担任首席营销官。许多新任高管都被WeWork即将首次公开募股的想法所吸引,因为明森能够帮助公司做出相对清醒的预测。"阿蒂的预测更为合理,"财务团队的一名成员表示,"我们关注的是'是否上市,而非何时上市'的故事——这个过程可能需要10年,而不是2年,但看起来机会很大。"

亚当是否愿意对外开放是另一个问题。吉塞尔曼在WeWork只待了不到两个月,而优步的帕特里克·莫塞利于2015年年底离开了WeWork。持续不断的派对固然让他感到厌烦,但主要原因是他觉得WeWork的领导层存在问题。莫塞利说道:"决策过程并不透明。往好了说,任人唯贤的制度还在若隐若现之中。"优步已经让他感到筋疲力尽,但WeWork是更为令人沮丧的体验。"特拉维斯·卡兰尼克

---

[1] 罗塞塔石碑(Rosetta Stone,也译作罗塞达碑),高1.14米,宽0.73米,制作于公元前196年,刻有古埃及国王托勒密五世登基的诏书。石碑上用希腊文字、古埃及文字和当时的通俗体文字刻了同样的内容,这使得近代的考古学家得以在对照各语言版本的内容后,解读出已经失传千余年的埃及象形文字的意义与结构。罗塞塔石碑是今日研究古埃及历史的重要里程碑。——译注

可能表现得很难相处，但他总能以一种非常聪明和新颖的方式说到点子上。"莫塞利说，"亚当总是想方设法迫使团队之间和团队内部相互竞争，仿佛这是一场零和游戏。"

亚当聘用的新高管之一是脸书发言人詹妮弗·斯凯勒，她的主要任务是组建一支通讯团队，帮助公司继续推广不只经营办公空间租赁业务的理念。在媒体方面，WeWork正在大谈特谈新版会员网络以及"WeWork效应"——公司加入WeWork会员网络不仅可以得到物理空间，还能加入企业家社区。亚当穿着皮夹克，梳着背头，为《快速公司》杂志摆出各种姿势拍照。16年前，这家杂志宣称雷格斯是办公空间的未来，16年后更宏伟的事业出现了："亚当·诺伊曼斥资160亿美元的新乌托邦游戏，将把WeWork变成WeWorld。"

然而公司还在努力实现承诺，尤其是打造亚当贩卖给投资者的实体社交网络。WeWork与十几岁的信息技术总监乔伊·凯博斯已经分道扬镳，但公司技术方面的基础设施仍然是零零碎碎的。一位会员最近投诉，公司的无线网络安全性很差，以至于他能看到其他会员电脑上的文件：财务记录、毕业照，甚至还有一张生日卡片有尼古拉斯·凯奇的面孔叠加在一只猫身上。WeWork不能解决现代办公空间的所有技术问题。2015年年初，亚当的妹夫克里斯·希尔因为无法让打印机正常工作而变得非常沮丧，以至于他把打印机举过头顶，然后摔在WeWork总部的地板上，摔个粉碎。

2016年，租用WeWork曼哈顿分店办公空间的数据分析初创公司Thinknum的一名员工在探查WeWork会员网络时，发现了另一个安全漏洞：他可以查看每个WeWork会员的信息。Thinknum发现，WeWork的用户流失率（衡量用户弃用WeWork的速度）一直在稳步上升，至于公司的内部领英,则只有21%的会员发布过一次信息。会员网络中最受关注的人有一半是WeWork员工。

　　Thinknum在博客上发布了这些数据。第二天,联合创始人贾斯汀·甄收到了WeWork社区经理的电子邮件,他接到来自高层的直接命令,要把Thinknum赶出办公室,赶出WeWork社区。他们有30分钟时间离开大楼。Thinknum的6名员工收拾好东西,开始寻找新的办公空间。没过多久,他们就找到了符合需求的地方。第二天,Thinknum搬到了4个街区外IWG的办公室。

*　　*　　*

　　尽管明森和其他新高管试图加强对公司运营的掌控,但扩张仍是公司发展的驱动力。WeWork打造了一台能够以前所未有的速度迅速占领实体空间的机器,但现在销售团队的速度必须跟上。他们试图预售尚未完工的空间,如果新空间还没配备无线网络,他们甚至会盗用附近餐馆的无线网络。随着开设门店数量越来越多,WeWork以往经常吹嘘的入住率开始下滑。卢卡·瓜尔科离开了WeWork,去创办了一家成人纸尿裤公司——但销售团队其他成员被告知要不惜血本做销售。"我们收到通知要盛宴款待客户,"WeWork的东海岸销售人员约翰·布泽尔告诉我,"我们曾在芝加哥一家寿司店消费了2200美元,但你在公司却完全查不到任何记录。"WeWork开始无条件向新租户推出月租金免费服务:大城市里最精明的公司可以享受几个月的免费服务,然后搬到附近新开的分店再享受一次折扣。但没人在做记录追踪,新员工在头脑里盘算这些数字时,不明白WeWork这么花钱怎么可能盈利。

2016年5月,亚当在一次"感谢上帝,今天是周一"的会议上向员工发表讲话,他在WeWork切尔西总部的地板上踱步,员工则安静地坐着。他试图表现出乐观的态度,认为WeWork还没有发挥其5%的潜力,"无论是从我们能做的事情或者估值的角度来看,都是如此"。而这样的计算方法意味着在未来某个时候,WeWork的估值将达到3000亿美元。不过,公司正处于一个关键时刻。"我害怕的是,10年后回头看,发现我们本来可以做得更多。"亚当说,"时间是唯一要不回来的东西。"

亚当对公司的开支忧心忡忡。"我们过去不是这样的,"他说,"我们过去为了每一块钱而奋斗。"WeWork一直在赔钱,因为公司规模扩大了4倍,这意味着应发薪酬也是原来的4倍。公司现在每月提供9万杯免费啤酒——"这个数字让我们感到骄傲。"亚当说。然而快乐的时光是合乎情理的。在"感谢上帝,今天是周一"的会议演讲中,亚当引用了克里斯·希尔最近的一句口头禅:"精打细算。"希尔已经开始给那些想方设法为公司开源节流的员工发放刻着这句话的木制代金券。他警告说,其他高歌猛进的初创企业正被失控的消费文化击垮,WeWork绝对不能步它们的后尘。亚当正在控制一些项目的进展,比如处于发展初期的日托机构WeKids。他说,每个人都要学会勒紧裤带过日子。他取消了周一为高管准备的百吉饼和熏鲑鱼早餐,这样每周大约可以省下300~400美元。"浪费是天理不容的。"亚当说。

亚当的顾虑在许多员工看来是不切实际的。一名偶尔负责采购早餐的助理说:"这很有趣,因为百吉饼的价格大约只是80美元。"而在其他人看来，亚当很虚伪。《纽约邮报》报道称，诺伊曼夫妇最近放弃了上东区一套3900万美元的顶层公寓，但他们在威彻斯特郡购买了一套1500万美元的房产，那里靠近丽贝卡儿时的家，有1个网球场和8个卧室。一名员工最近与亚当会面，商量WeLive家居成本上涨的问题。亚当的建议是从中国购买更便宜的家具，然后转向米格尔问后者周末是否想和他一起乘直升机去汉普顿。

"感谢上帝，今天是周一"会议演讲中的那番话让乔安娜·斯特兰奇尤为恼火。她原本是Case的员工，在2015年公司被收购时加入了WeWork。斯特兰奇担任的是个不确定的工作角色，这对许多WeWork新人来说并不鲜见，因为他们的工作总会随着公司各个方向的发展而发生变化。"我就是个接屎的。"有人问她做什么时，斯特兰奇说，"我接天上掉下来的屎。"

2016年年初，斯特兰奇的老板戴夫·法诺把自己的公司登录信息给了斯特兰奇，让她帮忙完成各种行政任务——也就是要接更多的屎。一个春日，斯特兰奇在翻阅法诺的收件箱时注意到，几位高管似乎在互发邮件谈论即将到来的裁员，其中一位甚至吹嘘比另一位经理削减了更多的资金支出。斯特兰奇感到十分困惑。她的工作职责之一就是招聘新员工，而WeWork的招聘速度快到难以跟上，招聘标准有时会下滑。亚当最近责备了一群员工，因为在雇用阿里尔·泰格的新助理之前，他们没有在谷歌上搜索过这位新助理——那家伙是个声名狼藉的布鲁克林人，被称为"潮人骗子"，曾经通过诈骗获得一连串工作，骗走许多人的钱。

加入WeWork以来，斯特兰奇的不满情绪与日俱增。她憎恶围绕亚当的个人崇拜，成为母亲不久的她对公司的年轻员工有一种保护欲,斯特兰奇认为他们是被能和朋友一起喝酒这点小恩小惠蒙蔽了,才会接受低薪和糟糕的福利。看了有关裁员的电子邮件后,斯特兰奇质问了其中一名高管,后者证实此事属实,但WeWork正在试图低调处理。斯特兰奇决定,如果有机会,她一定敢于站出来表明立场。

5月底,斯特兰奇向彭博社记者艾伦·休特泄露了有关裁员的邮件。6月3日,休特报道称WeWork将裁员7%。亚当私下里对此事感到愤怒,但在几周后的"感谢上帝,今天是周一"会议中,他再度发表了振奋人心的演讲。员工端着一盘盘龙舌兰酒走进房间,黑人说唱乐队奔跑三人组的丹伊尔·麦克丹尼穿着黑色T恤走进来,给亚当一个拥抱,然后开唱一组热门歌曲。类似的派对一直是公司的卖点之一,但许多员工不知如何应对,他们有几十个同事都失业了。这种感觉像是被当成亚当的四个孩子之一,用新玩具分散一下注意力就可以不哭不闹了。

一个月后,彭博社公布了一份WeWork内部财务报告的细节,也是斯特兰奇提供的。文件显示,WeWork削减了当年的营收预期,还将利润预期削减了78%。公司年亏损9000万美元,原因只是新员工业务熟练度不够,导致新空间开业时间推迟,造成所谓"交付逾期"。又是裁员,又是营收缩水,双重披露给WeWork的乐观叙述带来了沉重的打击。对于竞争对手以及从未了解估值背后数字的人们来说,这份报告有力证实了WeWork不能神奇地规避办公空间租赁业务的现实。

在公司内部,泄密事件使得整个公司都变得偏执起来。几个月后,有名行政助理在递交离职报告后立即被禁止进入大楼,他的账户也被锁定。由于斯特兰奇在防止数据窥探方面并不擅长,WeWork很快发现她是泄密的幕后黑手,并对她提起了诉讼。

亚当和米格尔都说社区的成长经历是社区建设愿望的基础,但作为WeWork的首席领导者,亚当似乎把童年怪癖带到了前台:像尼尔阿姆这样的集体农场社群主义精神也通过占领土地和建立产业来宣示存在感。"集体农场周边设置了界限。"一名WeWork员工指出。

确认斯特兰奇是告密者之后不久,亚当将几名曾与她共事的WeWork员工叫到办公室,追问前因后果。一个WeWork的多年员工留下来问亚当,为什么要这么执着地找斯特兰奇算账。亚当走到白板前,拿出记号笔画了一个大圆圈,然后在中间写下了"We"(我们)。"你要么站在我们这边,"亚当说,"要么就站在我们的对立面。"

* * *

2016年春,比尔·柯尔利又一次在"高人一等"博客发出警告,表达对独角兽融资过程异常容易的担忧。短短一年,美国独角兽企业的数量增加了近两倍,达到229家。柯尔利写道:"创始人可以选择一个远高于上次的新估值,制作一套演示文稿,征求一下报价,然后看着数亿美元流入银行账户。一年后,大家排着队再来一次。高昂的账面估值和巨额的资金消耗(以及随之而来对更多现金的需求),这两方面的压力造就了一个复杂而独特的环境,而许多独角兽企业的首席执行官和投资者都没有准备好驾驭这种局面。"

柯尔利没有点名WeWork,但诊断出的问题具有明显的针对性:很少有企业家像亚当·诺伊曼那样通过耗费大量资金或连珠炮式的快速融资来提高企业估值。Benchmark早期曾经鼓励亚当大展拳脚,也参与了随后多轮融资，但退出了E轮融资。

柯尔利担心，一些初创企业会死于"消化不良"，而不是饥饿和资金匮乏。他援引《华尔街日报》最近对希拉洛斯的调查作为证据："仅仅因为一家公司能以极高估值从少数投资者那里筹集到资金，并不能保证……一切进展顺利。"柯尔利把这个问题总结为"钱越多问题越多"。他认为对于年轻创业者来说，最大的判断错误之一在于认为只要能再筹集一轮资金，一切都会好起来。

尽管一位投资者已经在暗中警告，但亚当和米格尔仍在想方设法让公司保持私有化。米格尔说："我们目前玩得很开心，而且综合一下我所听到的上市公司的相关情况，上市恐怕并不好玩。"他们觉得或许WeWork会员可以持有公司股份，就像集体农场那样。而亚当仍然认为，WeWork要实现雄心壮志唯一重要的是投资者群体的信心。在接受《快速公司》记者采访时，他说，WeNeighborhoods和WeCities的实现只是个时间问题，而非能否的问题。《快速公司》的这位记者指出，他远不是第一个想象自己能使世界变得更美好的魅力领袖，但人类历史上几乎所有乌托邦式的项目都失败了。比如，集体农场运动已经从先前的几百个缩减到几十个。亚当承认这一点，但他说记者忽略了一个至关重要的区别，正是这个区别使他处于领导这场特殊革命的独特地位："大多数人在这个想法上没有成功的原因是，这些人没有足够的资金能开支票。"

亚当很快就需要另一张支票了。拿着弘毅投资的钱，WeWork开始进军中国。许多独角兽曾经满怀信心地冲进中国，结果被"打断了角"。这年8月，优步在亏损数十亿美元后将中国业务出售给一家中国本土的竞争对手。WeWork也在那里烧钱，或多或少从以色列、纽约、旧金山和北京等地挖到了一些投资者。2016年,自经济衰退以来激增的风险投资浪潮已经开始回落。那些似乎无意很快上市或盈利的公司估值飙升,让投资者终于产生了戒心。对于WeWork来说,除了上市似乎别无选择。"我们说:'全世界没有谁还会来投资了。'"一名参与WeWork融资的高级员工告诉我,"然后突然之间,全世界唯一能给公司提供救命药物的那个人出现在门口。"

第 11 章
十倍先生

BILLION DOLLAR LOSER

"无论采取什么策略,"孙正义对亚当说,"把它做大十倍。"这也是他对自己投资的公司经常重复的一句话,以至于阿里巴巴的高管们已经习惯称他为"十倍先生"。

第11章 十倍先生

2010年6月25日，亚当和米格尔在格兰街154号的首家WeWork开业不过数月。这天在东京一座可容纳5000人的礼堂里，孙正义走上讲台，笑容可掬地面对座无虚席的听众。作为日本科技集团软银公司的创始人，他将对公司股东和1000名追随者发表年度演讲。日本民众之中不乏其虔诚的追随者，只要是孙正义出席的场合，他们都会去抽签以获取门票。时年52岁的孙正义身高仅5英尺（约1.52米）出头，朋友们都觉得他很像长了一撮头发的漫画人物查理·布朗[1]。只不过在那不起眼的外表之下，他却雄心勃勃。演讲伊始，孙正义就告诉听众，他认为这将是自己人生中最为重要的时刻，希望大家能够耐心听完他的长篇大论。

在创建软银的30年间，孙正义凭借一次次冒险将公司推向高峰。他曾一度成为世界首富，然后却损失了史无前例的巨量资金——但又再次卷土重来。他喜欢用财富去捆绑那些公司创始人，希望他们也如自己一般渴望建立一个精彩绝伦的世界。2000年，孙正义向"中国版亚马逊"阿里巴巴投资了2000万美元，被《金融时报》誉为"有史以来最佳风险投资之一"，当时这家公司甚至还没多少员工。但是最终，孙持有的阿里巴巴股份价值超过了1000亿美元。他说自己在见到阿里巴巴创始人马云时，闻到了一种"动物的味道"，这实在是种最原始的表述方式。"马先生的眼里闪着非常明亮的火花，不啻比尔·盖茨和乔布斯，"孙正义说，"我信任他眼中的火花，我俩是同一种动物，都有那么点疯狂。"

---

[1] 美国漫画《花生漫画》的主人公，一个忠诚善良，对任何事情都全力以赴的正面角色。——译注

当时在东京的讲台上,孙正义原本计划传达软银未来30年的愿景,但他告诉听众这样一个时间范围似乎太过局限了。身穿敞领白衬衫、外罩浅灰色西装外套的孙问道:"我们为什么不谈谈300年后的事情呢?"他预言,世界即将经历人类历史上"最大的模式转变"。一场革命即将到来,曾经让他和软银公司得以发家致富的技术服务销售:从计算机软件到宽带互联网再到移动电话服务,产生了新的紧迫性。"软银正致力于通过信息革命使人们获得幸福,"孙正义说,"这是我们唯一想做的事情。"

作为推特粉丝最多的日本人之一,孙正义曾经要求粉丝说出"生命中最悲伤的事情",得到的反馈是一片悲伤:孤独、绝望、亲人去世。软银无法解决人类的所有弊病——"人们渴望爱,也会被爱伤害",但孙正义认为自家公司的视野和范围应该足够广阔。他说,软银将努力抚慰人们的悲伤。

这场演讲进行到90分钟时,场内灯光暗了下来。孙正义开始播放一段视频,画面开场是无人机的镜头逐渐拉近一个站在城堡废墟中的男人。"悲伤,"画外音响起,"是人类与生俱来的情感。"

"自古以来,人类孜孜以求克服悲伤。有些人转向宗教,有些人则在哲学或艺术中寻求慰藉。现在,我们看到了一个不同的解决方案——一种缓解悲伤、增加快乐的新手段。一种只有我们这个年代和时代所特有的解决方案,也就是信息革命。这场革命能让一个人的思想分享给许多人,让许多人的思想被所有人理解。它把个体、思想、愿景和梦想连接在一起,一个接一个,即便相距千里之遥。"

"哪怕你在暗夜里孤身一人,地球另一端某个地方的某个人还是能够为你带来一丝光亮。一个国家开发的技术可以解决另一个国家的问题。地球一头的某个好主意可以在另一头将绝望变成希望。信息技术让人与人之间、见解与见解之间、思想与思想之间都产生了一种吸引力。这是一股驱动命运的力量,诉说着我们并不孤单。这股力量把人们聚集在一起,让我们自由地克服国籍、年龄、种族、语言、时间和空间的障碍。我们相信,这股新的力量将帮助我们治愈疾病,唤起教育激情,消除战争,安宁生活。不断发展的技术和人类爱的价值永不改变,我们将一起打开通往幸福和快乐的新世纪大门。"

灯光重新亮起,孙正义回到讲台上。他已经被日新月异的人工智能领域深深吸引,并相信通过这场即将到来的革命,软银可以为人们带来幸福,为股东带来回报——演讲中的一张幻灯片就显示出人类的手向机械臂献出爱心的画面。孙正义计划用支票簿在全球范围内寻找能够实现这一愿景的企业家。虽然此时距他见到亚当还有5年半的时间,但孙在演讲结尾所使用的一个动画片段也许暗示了两人注定会产生交集。"一个都不能少,"画面上写道,"很多个'我'在一起,就是'我们'。"

孙正义于1957年出生在日本西南部的小镇鸟栖。由于祖辈是从韩国移民而来的,他总觉得自己无法完全融入日本社会,这种感觉跟亚当从印第安纳波利斯搬回集体农场尼尔阿姆时别无二致。日本社会对外国人多有排斥,所以其父辈用了一个日本姓氏——安本,这让年轻的孙正义觉得自己像在隐藏着什么。为了维持生计,父亲什么都做——养猪、卖私酒、打鱼洞,但孙正义却想为自己打造一种不同的生活。父亲开咖啡店时,他建议父亲向潜在顾客发放免费饮料券,寄望先吸引到足量生意,以后再弥补损失。"我相信你是个天才。"父亲说,"只是你还不知道自己的命运。"

上中学时，孙正义决心将成为日本最成功的商人之一定为自己的目标。他的偶像是将麦当劳引入日本的藤田登。藤田是个古怪的人，但他的一切看法都很经典，从商业（"谈不上什么干净的钱，也没有什么肮脏的钱。在资本主义社会里，一切的赚钱方法都是可以接受的。"）到汉堡（"日本人之所以个子这么矮，皮肤这么黄，是因为两千年来只吃鱼和米饭。"）。他写了很多畅销书，包括《犹太人的经商之道》（藤田坚持认为这个书名是一种赞美）和《愚蠢的人赔钱》。十多岁的时候，孙正义往藤田的办公室打了好几个小时的电话，希望能和他谈谈，但未能如愿。于是，他从鸟栖来到东京的藤田办公室请求见面。藤田给了他15分钟，期间鼓励他去美国，并送他一个词作为职业建议："电脑"。

16岁的时候，孙正义来到加州，从此不再使用"安本"这个姓氏。他在奥克兰的一所天主教大学——圣名大学报了英语班。校园在山上，天气晴朗的时候，可以看到横跨旧金山湾的金门大桥和南边地平线上的硅谷。信心满满的他告诉自己："我要征服世界。"尽管对约塞米蒂国家公园和大峡谷的风景不以为然，但他还是很快被美国的发展速度和空间所吸引。他的传记作者井上笃夫曾说道："孙正义被美国的购物中心和高速公路所打动，对他来说这些比自然奇观更甚。"

孙正义的这个人生阶段过得很仓促。学习完英语后，他去了旧金山南部的塞拉蒙特高中。当时他是以高二学生的身份入学的，但到校几天后，他又向校长解释说，自己想尽快上大学，能不能把他划为高三学生？几天后，孙正义说服学校将他定为高三学生，两周后就去参加大学入学考试。他当然知道自己的水平还不够，但他努力说服了一位监考老师，得以在考试中使用日英对照词典。于是，才当了不到一个月的美国高中生，孙正义就毕业了。

回到圣名大学没多久，孙正义又转学到加州大学伯克利分校，主修经济学。和诺伊曼的情况一样，他的学业也退居其次，成了一位大学生连续创业者。他给自己设定了一个目标，即每天花5分钟时间想出一项卖得出去的新发明。到当年年底，他已经有了250多项发明。

在这些发明中，孙正义最为得意的是个计算器大小、可以翻译各种语言文本的设备。他在伯克利的教师名录中寻找可能提供帮助的人，但每位教授都把他介绍给同事，直到最后他遇到了物理学教授福瑞斯特·莫泽。尽管这位教授认为孙正义的想法并不独特，自己也不太懂电子学，但他觉得孙正义拥有一项重要的技能。"他的思维之妙不在于发明一个翻译机，而在于想把它卖出去。"莫泽后来说，"从一开始就可以看出，他是个创业天才。"在莫泽打造原型机的同时，孙正义就让另一名亚裔学生代替自己去上伯克利讲座，然后四处游走向科技公司进行冷门推销。他还从日本进口了太空入侵者街机并摆放在酒吧和餐馆里，以此作为副业。在几次明珠暗投之后，孙正义找到了夏普公司，后者同意花数十万美元购买这项专利。莫泽当时跟妻子说："那家伙总有一天会拥有整个日本。"

1980年，孙正义于加州大学伯克利分校毕业。他想过留在美国，因为与日本保守的商业世界相比，美国更具创业精神。但他的新愿景是创建一个巨型企业，需要有忠诚的员工，而日本工人显然更倾向于在一家公司工作一辈子。而且他曾承诺母亲自己会回日本。于是，他规划了40个商业想法，并使用25个不同指标进行评估，以确定自己能否在10年内建立一家该领域的顶级日本企业。

一年后，孙正义将选项缩减到一个：一家分销电脑软件的公司——软件银行。在那个时候，这算不上是一项前景明确的业务，因为个人电脑还处于最早期的发展阶段。但是孙正义很乐观。有天早上，他站到一个装橘子的箱子上，告诉两名员工必须唯命是从，因为自己是老板，而软银总有一天会成为一家价值10亿美元的公司。没过多久，这两名员工就辞职了。

软银的早期发展举步维艰，于是孙正义又创办了几本杂志，包括《哦！个人电脑》，以期提高人们的兴趣。但刊物销量不断下滑，孙正义担心早期的公开失败会招致一系列糟糕的后果。他说："要是我们停止发行杂志，每个人都会说软银有麻烦了——软银要完蛋了。"于是，他孤注一掷，将下一期的版面增加一倍，印刷量增加两倍，并把剩下的钱投到电视广告上。结果这期杂志在3天内就销售一空。

到20世纪90年代中期，软银已经拥有800名员工和10亿美元营收。孙正义在软件分销业务方面站在了日本同行的顶端，但他意识到这已经不够了。他觉得自己可以比肩那些曾在加州擦肩而过的科技精英，并开始努力让自己进入美国商圈。孙正义要成为他们在日本的代言人。他与罗斯·佩罗成立了一家合资企业，将佩罗公司的电子数据系统公司引入日本，并致力于在东京建立纳斯达克证券交易所。

孙正义善于作秀和敢于冒险的性格在日本商人中并不多见。据报道，有次与几位微软高管夜游东京时，他让几个酒吧女招待脱掉自己的衬衫，并用口红在胸口写字。他开保时捷，热衷于高尔夫，曾在奥古斯塔国家高尔夫球场打出74杆的好成绩。比尔·盖茨访问东京时，孙正义还带他参观了自己的豪宅，里面有个造价300万美元的高尔夫练习场，可以从天花板降下小雨，从而模拟太平洋上雾气升腾的卵石滩。

20世纪90年代末期,孙正义以敢于大胆押注出名。他对一家名为"雅虎"的新公司进行了大笔投资;以8亿美元从谢尔顿·阿德尔森手中买下了位于拉斯维加斯的世界计算机经销商博览会(COMDEX)主办权。据说,单单是跟亿创理财创始人克里斯托斯·科塔科斯打了一通电话,他就投资了4亿美元。"孙是互联网世界的主宰,"科塔科斯说,"他对技术如何在未来50年将全球每个人联系起来有着清晰的愿景,并且不会因为每天、每周或每月的波动而受到影响。"1995年,《纽约时报》记者称其为"日本的比尔·盖茨"。

在整个20世纪90年代,软银对800家科技初创公司投资了30亿美元,这数量多到公司几乎跟不上趟,软银公司的某位高管一度担任了12家不同公司的总裁或首席执行官。有些公司抱怨孙正义过于轻率,总是只把注意力放在初创公司上,而且容易喜新厌旧。他的某些押注结果很失败,像美国网络广播公司这家在线肥皂剧制作公司就倒闭了,但孙正义从中发现了独角兽猎人们后来都学到的教训:只要还有像雅虎那样的单一大赢家,其他案例的失败就不足为虑。

2000年,孙正义筹集了日本有史以来最大的投资基金:12亿美元的风险投资。他将这些资金投入到数百家公司中,而这些公司正走向互联网泡沫的鼎盛时期。孙正义自称在2000年中期有3天时间超越比尔·盖茨,成为世界首富。他相当在意这事,所以一直在关注,但他还没来得及告诉任何人,市场就崩溃了。软银的股票到年底时下跌了90%以上,而他本人的财富也损失了700亿美元,超越有史以来的任何一个投资者。

孙正义陷入困境,但并不气馁。那年秋天,他飞到丹佛与拉里·穆勒见面。后者是一家美国科技公司的首席执行官,希望将公司迁到日本。当晚交易结束后,穆勒取出科尼亚克白兰地表示庆祝,还送给孙正义一份礼物。后者把这份礼物带回家,骄傲地展示在自家门厅:一个竭尽全力留在野马背上驰骋的牛仔雕像。

在互联网经济兴衰后的10年间,孙正义还进行了另外一系列的冒险活动。2001年,他闯进政府监管机构的办公室,大喊:"就这样结束。如果你们不帮我,我就在这里全身浇满汽油,然后自焚。"结果是他以竞争对手一半的价格推出了雅虎宽带电话服务。《华尔街日报》报道说,他还让女销售穿着条纹超短裙在东京街头派发免费调制解调器。雅虎宽带电话服务很快获得了用户,但这项业务在两年内亏损了数亿美元。据《华尔街日报》称,孙正义希望未来能在点播视频等附加服务方面进行收费,但对该业务何时能真正盈利含糊其辞。2006年,孙正义又打算涉足手机业务,并因此背着巨额债务以150亿美元收购了沃达丰日本公司。后来,他还获得了苹果手机在日本的独家代理权,并通过出售廉价的无限流量套餐来赠送苹果手机,以蚕食市场份额。

等到2010年上台发表公司的300年愿景时,孙正义的冒险行为已经得到了回报。最新押注的两家企业都在蓬勃发展,而对阿里巴巴的投资已经成为传奇。然而,这还不够。他说,到2300年,软银可能会成为一家心灵感应公司,而非通信公司。但谁知道他的公司会走多远呢?(他说:"也许到那时候人类就能与狗交流了。")但他也知道,自己无法亲眼看到这一愿景的实现。他告诉听众,在伯克利时他就为自己制定了一个50年的人生规划:20多岁时创办公司,30多岁时积累财富,40多岁时动用金钱,50多岁时做好收尾,然后在60岁后把事业交给下一代。

孙正义已经接近那个最后阶段，他已开始四处寻找年轻版的自己——那些眼里闪闪发光、表现得有点疯狂的年轻企业家。他笑着将这些人称之为"孙正义2.0"。

2016年1月，WeLive开业后不久，亚当和几位WeWork的高管飞往印度，参加印度总理纳伦德拉·莫迪主持的一次创业大会。当时，印度经济正经历着前所未有的增长，其GDP每年增长7%——当时世界最快速度。（与21世纪最初10年的许多其他经济指标一样，印度的增长率与实际并不相符，官方数据后来被证实是个"精心编造的虚构故事"，被夸大了一半。）亚当是大会的主题演讲者之一，其他演讲者还包括优步公司的特拉维斯·卡兰尼克以及打算向印度初创公司投资100亿美元的孙正义。

WeWork卡巴拉中心的投资者之一马克·希梅尔也一直在敦促亚当对印度加大投入，所以后者利用此次机会对印度进行了全方位的考察。WeWork团队深夜降落到孟买后，亚当就见到了希梅尔为他联系的几位当地商人。趁着深夜不堵车，地主带着客人在城里转了转，看了看建筑。随后，一班人飞往班加罗尔。由于宿醉未醒，在与潜在商业伙伴举办的早餐会上亚当睡过头了，那其中还包括印度最富有的人之一、房地产大亨吉图·维尔瓦尼，此行的WeWork其他成员不得不派酒店保安到亚当房间查看情况。最后亚当还是与维尔瓦尼碰了面，他在这位亿万富翁家的厨房里烘烤了一条白面包，准备在新德里的大会上送给莫迪。由于担心被下毒，总理的安全团队后来拒绝了这份烘焙礼物。

发表演讲时，亚当身着一件传统的印度服装，其灵感源于在朋友贾里德·库什纳的生日派对上遇到的一位客人。在他阐述自家愿景时，莫迪、孙正义和亚当的父亲老诺伊曼都在听众席上。"我5天前才首次来到这里，因此我对这个国家还知之甚少。但据我所观察到的，"亚当在台上说，"在这样一个崇尚精神信仰的国度——可以肯定地说，这是世界上最具精神信仰的国家——我对听到估值、融资和泡沫等相关话题感到有些惊讶。"众人笑得多少有点僵硬。亚当坚称这些东西并不是自己所追求的。他认为，印度新兴的民主制度和不断增长的经济反映了自己越来越多提到的一个理念："我们这代人，这个永恒的人口群体，注定会信仰共享经济，相信做好事就能得好报。""我向你们发誓，成功会随之而来，金钱会随之而来。"亚当说，"而且最重要的是，你们将改变世界。"

印度的最后一晚，亚当在新德里一栋大楼顶层的酒吧里见到了孙正义。这次会面是由软银首席副社长尼克什·阿罗拉安排的，他此前曾拒绝将WeWork列为潜在投资项目。乍一看，孙正义对诺伊曼的业务怀有疑虑十分正常——仅仅就他对WeWork的看法而言。他甚至从未去过任何一个WeWork空间。不过亚当曾跟别人说，要是自己能与孙正义联系上，用创始人对创始人的方式进行交流，他相信自己能说服软银来投资WeWork。

孙正义也常常自诩能透过数字看到公司和企业家的灵魂。对那些"心中没有真正信念"的创始人，他往往直接放弃，而要是像马云这样的创始人，他所能给予的往往超乎对方想象。孙正义最初还想对阿里巴巴投资更多，但马云拒绝了，认为太多资金会让自己无所适从。亚当和孙正义二人年龄相差20岁，身高也相差一英尺（约合30厘米）多，但两人坐在酒吧一角的小沙发上聊了半小时后，彼此都在一定程度上感到与生俱来的默契。亚当向孙正义讲述了WeWork的发展历程，公司将在当年晚些时候开设第一百家分店——那是亚当一直以来的梦想。但是孙正义对此无动于衷，他告诉亚当，如果眼光足够高远，也愿意迅速行动，那么摆在面前的机会会远超过想象。

这一席谈话让亚当兴奋得晕头转向，差点错过当晚从新德里飞回纽约的航班。他和米格尔曾把WeWork称为"百年挑战"，没想到有人还认为100年太短了。那年秋天，亚当和丽贝卡在2016年WeWork万圣节派对上把全身涂成了白色，派对的主题也恰如其分地颇具前瞻性："3016"。

那次派对后过了几周，也就是12月的第一个周二，孙正义计划在纽约出差期间访问WeWork总部。"女士们，先生们，这位是软银的孙正义……行业的杰出人物之一。"唐纳德·特朗普在特朗普大厦的大厅里对着一排摄像机说道。在特朗普出人意料地获得选举胜利一个月后，孙正义是访问候任总统大厦以图讨好的商界第一人。他有意重启T-Mobile与软银旗下Sprint的合并提案。这笔交易曾引起奥巴马政府监管机构对手机市场缺乏竞争的担忧。在表述合并兴趣时，孙正义很像特朗普，他说："我是男人，所以想做第一。"

在特朗普大厦的金色电梯前，身穿红色V领毛衣、打着领带的孙正义告诉记者此行专为祝贺特朗普的新职位。孙正义说："因为他将采取很多放松管制的措施，我说'那太好了'——美国将因此再次变得伟大。"他举起刚刚展示给特朗普的那张纸，解释说软银将在4年内在美国投资500亿美元，并创造5万个新的工作岗位，而这一时间表与特朗普的首个任期跨度完美吻合。

孙正义表示资金将来源于自己的最新项目，但并未透露过多细节。在此之前的10月,他曾宣布启动"愿景基金",这是个规模达1000亿美元的风险投资工具。这一金额比他在2000年创造纪录的12亿美元项目扩容了约80倍,比有史以来的最大规模基金还要扩容4倍。愿景基金的有限合伙人包括富士康、阿布扎比政府和苹果公司。这几家机构手头的现金实在过多,没有足够的增值场所可以投放。所以,孙正义和软银负责选择基金的投资方向,而每个有限合伙人将会获得所投金额的对应回报。

愿景基金的大部分资金来自沙特阿拉伯政府。下一任沙特王储穆罕默德·本·萨勒曼在出访世界各地时曾多次表示,希望将本国经济扩展到石油之外。沙特人在曼哈顿和伦敦市中心能买到的房地产也就这么多,他们找孙正义是希望后者能网到下一个雅虎或阿里巴巴。有采访者问孙正义,在东京会面中说服本·萨勒曼投资450亿美元只用了1小时的传闻是否属实。孙正义说:"没那么久,45分钟,450亿美元,每分钟10亿美元。"

愿景基金的最初代号是"水晶球计划",意在推动孙正义的300年计划。他认为社会正在接近奇点,届时人工智能将变得非常先进,人脑和机器会难分轩轾。只要有足够资金,就可以加速这一转变过程,同时产生盈利,届时愿景基金所拥有的资金将会超越多数风险投资家有生之年能够做出的全部投资。孙正义打算在5年内花掉这笔钱,并向本·萨勒曼承诺他的投资会得到一份"孙正义礼物"——10倍回报。他将以巴菲特的伯克希尔—哈撒韦公司为蓝本,建立一个定义新经济的公司投资组合,就像"股神"巴菲特在银行、铁路和航空公司持有大量股份一样。所以,他喜欢把愿景基金投资的公司看作一群列队飞翔的候鸟。

第 11 章　十倍先生

在孙正义和亚当印度会面后的几个月里，双方公司讨论了投资的可能性，而愿景基金的设立助推了这一进程。到访特朗普大厦当天，孙正义也安排了参观WeWork总部的行程。他擅长筛选初创企业，会给创始人15分钟来表述自家企业的惊艳之处，然后马上就去下一家。但那天软银同意匀两个小时让WeWork做完整的展示和介绍。

然而好事多磨。当天早上，软银代表就致电通知称孙正义将会迟到。亚当变得紧张起来，在办公室里来回踱步。一上午过去了孙正义还是没有出现。为会面做准备的一群员工忙着保持果盘新鲜，确保办公室音乐的音量合适，移走亚当办公桌上的宗教用品。等主角赶到时，原定的2个小时已所剩无几。"我只有12分钟，"孙正义说，"开始吧。"

亚当知道愿景基金聚焦于科技，而非房地产。因此，穿过为了凸显热闹而挤满员工的一楼后，他就带着孙正义直奔3楼的"研发实验室"。在那里，亚当收购的案例建筑数据公司联合创始人戴夫·法诺展示了WeWork正在开发的各种系统：能根据会员身高自动调整的站立式办公桌、无钥匙进入系统、带智能照明的电话亭……这些其实也都没有什么特别之处，但12分钟结束后，孙正义招呼亚当坐上自己的车。

亚当抓起投资者展示文稿，钻进车子后排。他习惯在路上开会，经常让WeWork高管坐在自己的保时捷或迈巴赫专车上汇报工作。这种时候后面往往跟着一辆车，等亚当到达目的地后再把高管送回去。但这回孙正义掌握着话语权，他让亚当把文稿收起来。尽管心存疑虑，但孙正义对WeWork的劳动密集型扩张速度还是印象深刻。仅仅当月，这家公司就在7个不同国家的13个城市开设了新的分店。而且对愿景基金来说，WeWork其实还提供了一个独特的机会。要知道，5年内将1000亿美元投资在一串麻雀型的小企业是说不过去的，孙正义得找到信天翁级别的大企业，用现金打破行业壁垒，而且这些行业的理论回报应该可观到足以抵偿成本——像房地产这样的行业，就有着昂贵的租赁费用和庞大的潜在市场，而且需要大量资本支出。

两人驱车离开WeWork总部后，孙正义打开iPad开始草拟交易条款：软银和愿景基金将向WeWork投资40多亿美元。这个数字是愿景基金迄今为止最大的一笔投资，也远远高于亚当迄今为止得到的任何一轮融资。孙正义签下名字，又在旁边画条线，然后把手写笔交给了亚当。在此之前，亚当让WeWork发展到这一步很大程度上是因为他擅长讨价还价——在合适的时候表现得很腼腆，在必要的时候则表现得很强硬。但那天早上，就像做出重大决定前经常做的那样，亚当曾面见一位精神顾问并得到建议：生命中，有时需要做些有违本性的事情。

所以，这次亚当也是见好就收。下车后，他坐上那辆一直尾随着的白色迈巴赫，一路听着说唱音乐回到WeWork总部。很快，一张网络照片在WeWork高管中流传开来，红色是孙正义的签名，而蓝色是亚当的签名。整个交流过程，从孙正义12分钟的参观，到签字盖章，再到有史以来最大的一笔风险投资，只用了不到半个小时。

回想起那次与孙正义的会面，亚当经常会起鸡皮疙瘩。在需要上市继续融资的紧要关头，他找到了比以往更多的资金，同时还得到了一位新的导师——一位视野远甚自己的人士。早在2013年，他就与摩根大通银行家吉米·李有过联系，然而后者两年后就去世了，这让亚当在巨富的世界里失去了一颗北极星。而现在，孙正义可以填补这个角色空缺。

纽约会面数月后，亚当准备带着一群高管、律师和顾问飞往东京敲定这笔交易。他坚持送一份礼物前去，尤其中意自己办公室那幅8×4英尺（约合2.4×1.2米）的大型艺术品。这幅拼贴画是他在一位以色列艺术家那里委托创作的，在一幅画布上由螺丝刀、软盘、键盘、画笔、盒式磁带和家用录像带等家居用品拼出了"WeWork"这个单词。问题是它重达150磅（约合68千克），无法跟着亚当及其团队所乘坐的私人飞机横跨太平洋。于是周三早上，WeWork雇了一家物流公司，花了5万美元将其打包，赶到肯尼迪机场搭航班，并在周五下班前送到了软银总部。

孙正义对亚当一见如故，但软银和愿景基金的其他人却有些不以为然。孙正义的很多副手称，他们不明白为什么像软银这样的科技公司，管理着一个专门用于人工智能的基金，会把大量资金投向这家公司。说得再冠冕堂皇，那似乎也不过就是一家房地产租赁企业。沙特人投资愿景基金是为了实现经济的多元化，所以当孙初次提议向WeWork投资高达50亿美元时，沙特连同该基金的第二大投资者阿布扎比都曾威胁要动用手中的否决权，对超过30亿美元的愿景基金单笔投资进行一票否决。

那次纽约会面之后，软银的一个团队让WeWork在几个月内陷入了"有史以来最艰苦的努力"，WeWork财务团队的一位成员说："我们每天都在和这些人谈判，他们的肢体语言、他们提出的问题——你可以从中看出他们的怀疑态度。"谈判了几个月后，软银团队要求查看WeWork在前几轮投资中的预设目标，以评估该公司是否履行了承诺。"有些目标的进度没到80%，"这位WeWork员工说，"你懂的，这就是那种抓住小辫子的时候，他们说你们根本就是信口开河。"

然而软银没那么讲究民主。孙正义喜欢说,虽然他的团队可能会对一家公司进行为期数月的全方位考察,但他在最初几分钟内的首次洞察有时更有意义。他经常把自己的推理能力与另一位"矮小的大师"相提并论:"尤达[1]说,要使用原力。无需思考,只要感受就可以了。"他把WeWork的行业未来看成是"抢地盘的游戏",拥有地盘最多的一方最终获胜,而自己的资金能让WeWork击败任何竞争对手。在亚当和团队制定计划时,他唯一的反对意见是太短视了:"为什么在可以拥有500万会员的时候,却只有100万?"说这话的时候,WeWork会员数量勉勉强强才到10万。他说,如果WeWork能把规模扩大50倍,那么公司估值就会显得很便宜,这家公司实际可能价值1万亿美元。

随着谈判的进行,亚当敦促高管想方设法达到孙正义的期望。负责管理全球市场预测的员工被要求重新制作未来5年的发展模型,并将其放大。"简直越来越荒谬,"一位WeWork西海岸的高管说,"每次把数据提交上去,电话通知就来了,'还得继续做大'。"WeWork整个公司2016年营收不过4亿美元,而现在亚当要求单单西海岸的营收就要超过10亿美元。

为了达到亚当的预期,西海岸团队在西雅图开会提出了新的方案。要让WeWork的租金套利模式在任何特定地点都能奏效,那么每个空间都需要满足一定的物理要求:尺寸、形状、位置和可用基础设施。这样才能让公司将成本控制在最低限度,同时塞进足够人数

---

[1] 电影《星球大战》中的角色。——译注

来实现盈利。不过，西海岸团队调查了沿海城市的房地产市场后，发现了一个令人不安的事实。一位参与讨论的人士表示："这些城市的房地产不足以实现这些盈利数字。"例如，西雅图到处都有新建筑，但团队发现，哪怕WeWork已经占据每一栋新建筑，仍然无法实现预设目标。

面向投资者的推介材料毕竟不同于经过审计的财务报表，即便是软银团队中那些持有怀疑态度的人，只要不是房地产专家，也很难质疑WeWork的预测，更难以太过强硬地反驳孙正义的交易意愿。谈判结束后在东京的会面中，孙正义送给亚当一条锦囊妙计：无论采取什么策略，把它做大十倍。这也是他对投资对象经常提及的一句话，以至于阿里巴巴高管已经习惯称他为"十倍先生"。孙正义告诉亚当，如果没有销售团队，不做真正营销，WeWork仍能保持增长，这事并不值得骄傲。免费咖啡券在哪儿？穿迷你裙的小姐又在哪儿？得拿出点儿手段来。

接着他朝亚当看了一眼，问道："打架，谁会赢？聪明人还是疯子？"

亚当答道，一个失去理智的战士，如果为了生存而拼命，甚至能战胜最熟练的斗士。"你说的对，"孙正义说，"但你和米格尔还不够疯狂。"在亚当这里，孙正义不仅找到了盛放现金的容器，还找到了一个渴望塑造自身形象的梦想家——孙正义2.0。WeWork高管后来又到东京开会时，注意到亚当送的拼贴画仍挂在软银总部。

孙正义对亚当及其公司的投资于2017年8月24日正式宣布，投资总额为44亿美元，其中部分源于软银自有资金。44亿美元中有14亿美元专门用于公司在亚洲的持续扩张，这样的交易结构使得沙特人无法行使否决权。WeWork估值从170亿美元跃升至200亿美元，成为继优步、爱彼迎和太空探索之后的美国第四大初创企业。交易中还有13亿美元专门用于向现有股东购买股票。Benchmark变现了1.29亿美元，实现了2012年投资的8倍回报。亚当的朋友萨姆·本·阿夫拉罕和早期投资人马克·希梅尔变现了数千万美元，而给WeWork注入首笔资金的乔尔·施赖伯则将持有股份全部转给了软银，金额相当可观：4460万美元，与2009年亚当和米格尔漫天要价时喊出的4500万美元总估值相差无几。

最大赢家是亚当。We控股公司卖出了价值3.61亿美元的股票——最高额度，也是其他所有WeWork员工能够变现金额总和的近3倍。相比之前的股权出售，这个股份比例也令人震惊。如果你相信未来的潜在收益会更高，又何必现在就卖出这么多？

其中一个答案是：诺伊曼夫妇需要资金支撑越来越奢侈的生活方式。2017年年底，亚当和丽贝卡花了3500万美元在格拉梅西公园的一栋大楼买了4套公寓，并将其中3套合并成一套超级顶层公寓。亚当还为姐姐和奶奶买了房子作为回报，感谢后两者为自己的早期纽约生活所付房租和学费。每次亚当和丽贝卡谈到他们拥抱共享经济，对物质财富缺乏兴趣时，WeWork员工只能翻白眼。"我们信仰这种新的'轻资产生活方式'，"丽贝卡告诉一位采访者，当时夫妇俩拥有5套房子，"我们不想靠房租过日子。我就像个真正的嬉皮士。"WeWork公司2017年的万圣节派对主题也颇为贴切：了不起的盖茨比。

随着孙正义的资金到账，亚当似乎平静了下来。无论发生什么，他都已经确定了人生的方向。WeWork的高管说，公司内部经常出现的混乱局面已经平息下来。2017年12月，光明节开始前一天，亚当邀请切尼·耶鲁沙米来到位于纽约切尔西的WeWork总部。耶鲁沙米之前觉得亚当模仿了自己的业务，骂对方是"一坨臭狗屎"，两人已经多年未见了。这次是前者母亲联系了双方，让他们重归于好。和许多办公空间的经营者一样，耶鲁沙米缺乏亚当的筹款天赋，"阳光套房"业务也倒闭了。正如耶鲁沙米的母亲所指出的那样，重要的不是创意，而是你用创意做了什么。

耶鲁沙米在亚当那个配备动感单车和拳击沙包的大办公室安顿下来。亚当说自己经常想起耶鲁沙米，虽然两人不会成为朋友，但还是想澄清一下。他信奉宗教，鼓励耶鲁沙米与卡巴拉中心的艾坦·亚尔德尼会面。他还说自己会花更多时间去冲浪，那使他更加平静。

不久，亚当去夏威夷考艾岛的哈纳雷湾度假。哈纳雷湾是个冲浪胜地，保持着不拘一格的氛围。来访的名人和首席执行官一般都是浅尝辄止。有天早上，两名在大陆科技公司工作的初创企业员工划船出海时，看到了附近水面上的亚当。他平躺在冲浪板上，紧紧抓住系在两块冲浪板后面的一对绳索，两名当地向导正把他拉到海浪上。其他冲浪者指出，这就相当于抓着别人杆子滑雪的越野滑雪者——或是用1000亿美元风险资本推动自己前进的创业公司。回到汉普顿，亚当买了一块电动冲浪板。

几天后，亚当和一群朋友回到哈纳雷湾。这回他有两艘小船，其中一艘载着一名无人机操作员，还有两艘喷气式划艇。原本在极限冲浪运动中，喷气式划艇往往会将选手拉到原本难以触及的巨浪中，但哈纳雷湾的休憩处是海洋中最平稳的游乐场所。在这儿，马力无关紧要，而冲浪原本所需的挣扎、耐心和选时也失去了意义。甚至对其他人也很不公平，他们只能眼睁睁地看着亚当从喷气式划艇后部跳到冲浪板上，站起来做出完美的冲浪动作。到最后，他还像救世主基督一样张开双臂，抬头仰望空中飞来的无人机，后者正用摄像头捕捉着他的一举一动。

第 12 章
个人凌驾集体

BILLION DOLLAR LOSER

"你们以为我不想参加女性游行吗？"贝伦特在公司全体大会上说。

除了首席品牌官丽贝卡，律师贝伦特是WeWork领导团队中唯一的女性高管。因此当她指责那些参加女性游行的人太过自私时，员工都感到惊讶，因为她是在暗示任何社区建设都应该在WeWork内部进行。"你们那种行为，"贝伦特说，"属于个人凌驾集体的决定。"

2017年1月，WeWork员工来到洛杉矶参加第三届公司年度峰会，这是第一次纽约以外的场所举办，因为他们发现精打细算的时代已经终结了。与软银的交易还处于最后敲定阶段，但WeWork觉得已有足够财力让2000名员工飞往加州度假。卡巴拉中心的一个特派小组在周五晚上主持了安息日仪式，艾坦·亚尔德尼再次向员工发表演讲。WeWork似乎回到了最放肆的时期。公司把好莱坞环球影城租下一晚，请来烟鬼组合乐队表演。在现场，亚当满头大汗地跳上舞台，挥舞着拳头。烟鬼组合中一位成员喊道："都他妈的蹦起来！"

对于多数WeWork员工来说，这个周末是一段让人晕头转向的时光。唐纳德·特朗普几天后即将就任美国总统，许多员工正是看到公司关于奥巴马时代的包容性和团结性的公开言论，才加入WeWork的，因此特朗普的当选对他们来说是一种莫大的打击。他们中有许多人正是相信公司正在建设一个更美好的世界，所以才会感到慰藉。之前，WeWork试图为一名需要移植的员工找到匹配的骨髓，所以这次峰会进行了员工配型活动以建立一个骨髓库。米格尔和一群员工一起坐在野餐毯上，仿佛只是又一个穿着运动鞋和T恤的大胡子社区经理。随后，他发表演讲，鼓励WeWork员工永远怀着爱心做出决定。公司的寻宝游戏挑战员工，让他们提示过往车辆鸣笛，迎新负责人洛基·科恩斯举着一块牌子，上面写着"为奥巴马鸣笛"。

除了特朗普的就职典礼，WeWork峰会还与女性游行活动冲突，这场全球范围内的抗议活动有着明确目标，即利用不同女性及其社区的政治力量来创造彻底的社会变革。这跟亚当描述WeWork使命的一个版本可谓殊途同归。周六上午，大约100名WeWork员工缺席了几场峰会活动，加入了聚集在市中心的75万名洛杉矶人的行列。当天下午，洛杉矶市长埃里克·加塞蒂刚刚参加完女性游行，就匆匆来到峰会发表演讲。他感谢了同样参与游行的WeWork员工。

几天后，公司律师珍·贝伦特在纽约的全体大会上发表演讲。贝伦特说，WeWork注意到周六上午缺勤人数有所增加。"你以为我不想参加女性游行吗？"贝伦特在大会上说。除了首席品牌官丽贝卡，她是WeWork领导团队中唯一的女性高管。因此，当贝伦特指责那些参加"女性游行"的人太过自私时，员工都感到惊讶，因为她是在暗示任何社区建设都应该在WeWork内部进行。"你们那种行为，"贝伦特说，"属于个人凌驾集体的决定。"

* * *

几周后，亚当收到贾里德·库什纳的白宫邀请。两人都是21世纪进入纽约房地产界的，当时库什纳是把家族房地产生意从新泽西搬到了曼哈顿。21世纪第二个十年双方首次见面时，库什纳并不信任诺伊曼，但两位有抱负的大佬都虔诚地信奉宗教，而且在这个厌恶新来者的行业里，他们都被视为颠覆者，这让他们对彼此产生了认同感。WeWork在库什纳的几栋大楼里租了空间，诺伊曼坚持去酒吧喝几杯，从而完成了一次谈判。两人还在亚当位于百老汇222号的办公室里进行了一场掰手腕比赛，解决了一场争端。"我在海军时经常掰手腕。"诺伊曼告诉库什纳。亚当第一次获胜，但贾里德抱怨他的肘部离开了桌面，于是两人双手交叉重新比赛，可亚当再次获胜。"他们挖好了坑等着我跳，"库什纳当时谈到WeWork时说，"我投降了。"

第12章 个人凌驾集体

随着库什纳的知名度跟着其岳父水涨船高，亚当并不害怕夸耀两人之间的关系。"我认为贾里德是世界上最老练的房地产开发商之一，"特朗普获得共和党提名后不久，亚当告诉彭博商业周刊，"我从他的行为中得到启示，只是为了学习如何表现——让自己表现得更好一点。"竞选期间，亚当面带微笑地跑到一群WeWork员工面前，说自己刚刚和库什纳谈过，如果特朗普赢了，他会考虑亚当的建议，让WeWork承担起重塑美国邮局和图书馆形象的任务。很难弄明白亚当说的话里到底哪些是真实的，这在WeWork是个长期的不解之谜，但库什纳夫妇和诺伊曼夫妇的关系显然仍旧密切。特朗普获胜后，他们在曼哈顿的卡博尼意大利餐厅共进晚餐。2017年，丽贝卡和一个新认识的人交换电话号码时说："你的号码几乎和伊万卡的一模一样。"

亚当对于是否接受白宫邀请犹豫不决。他几乎把个人的忠诚看得比一切都重要、此外，他的新赞助人孙正义已经拜访了特朗普。能有什么害处呢？然而WeWork的公共事务团队大力游说他，试图让他改变这个想法：特朗普的总统任期及其代表的一切，与诺伊曼声称WeWork正在创造的世界背道而驰。哪怕根据最乐观的估计，与特朗普家族的亲密接触至少也会让诺伊曼显得虚伪，还有可能会损害公司业务——《卫报》放弃搬入WeWork布鲁克林分店（库什纳房产）的交易，因为担心业主可能会在大楼安装窃听器。

多年来，凡是不属于"We革命"旗帜下的立场，WeWork都会刻意规避。这种坚持中立的态度使某些事情变得比较困难。华盛顿特区的一名员工被告知，不得邀请政界人士参加WeWork举办的活动，这有点像在洛杉矶举办一场没有任何演员参加的派对，让她感到很沮丧。但这种超党派性也为商业目的服务。特朗普当选后不久，亚当将华盛顿的WeWork大都会广场分店改名为白宫分店，导致一些激进会员感到不满，但公司还是向布赖特巴特新闻网[1]的两名写手出租了办公空间。

2017年年初，大约就在亚当考虑白宫邀请的同时，特朗普政府发布了禁止某些穆斯林国家居民入境的行政命令。这项命令在全国各地引发强烈抗议，机场挤满抗议者。无论个人还是公司都站在同一阵营，而当有人发现优步这家叫车服务公司企图从抗议活动中获利时，推特上又爆发了一场名为"删除优步"（#DeleteUber）的活动。

对WeWork和诺伊曼来说，旅行禁令似乎是表明立场的大好机会。诺伊曼是个移民，正在打造一家以拉近人与人之间距离为宗旨的全球公司。WeWork公共事务团队向亚当提供了几种可能的回应。纽约有一批科技公司正在写信反对此项命令，联合签名将使WeWork在这个群体中发挥领导作用。团队还为亚当起草了一封"写给自己的信"，信中说道，美国之所以伟大，是因为一个移民能够认识一个俄勒冈人，还共同创办了一家价值数十亿美元的公司。亚当称自己理解这个问题，也很同情那些移民的遭遇。但是，如果WeWork表明立场，他担心以后可能经常需要站队。他认为公司应该用行动说话，而不是用语言。"难道我们以后每天都要写信吗？"亚当问道。他不顾公共事务团队的建议，悄悄前往华盛顿，在白宫拜访了库什纳，并决定对旅行禁令保持沉默。说到底，何必为朋友制造麻烦呢？

---

[1] 美国极端右翼网络媒体。——译注

* * *

21世纪第二个十年末,亚当已经拥有一对成功典范:孙正义和特朗普。凭借着厚颜无耻、虚张声势和曲意迎合,朋友的岳父已经成为了这个世界上最有权势的人。曾在希拉里·克林顿竞选团队服务的一名WeWork员工看到亚当在峰会上大步流星地走在舞台上,而另一位WeWork高管则试图将人群煽动起来。一瞬间,这一幕让他感到似曾相识。什么样的首席执行官需要有人帮忙炒作?亚当似乎希望像特朗普在竞选活动中那样受到追捧,而对强行示好的需求让这位曾经的希拉里幕僚更多想起杰布·布什[1]为了建立热情的绝望努力,而不是特朗普支持者对候选人的那种自然狂热。

但亚当带着一种特朗普式的傲慢经营着公司。2017年春天,他的办公室主任打电话给正在旧金山奔波的WeWork房地产高管马特·弗莱。亚当立刻让他俩跟自己去圣何塞看个空间。弗莱回应说他们本来计划去看湾区的另一栋建筑,于是亚当拿起了手机。"你应该跟我一起,"他说,"当你有机会和全世界最伟大的房地产思维待在一块时,应该珍惜这种机会。"(第二天,弗莱开车载着亚当,亚当拿出一根大麻烟卷,问他是否介意在车里抽烟,然后也没问他要不要,自顾自抽了起来。)当WeWork的负面消息出现在媒体上时,亚当开始援引特朗普的"假新闻"一词,并在纽约证券交易所对一名听众说,这是一个"很棒的术语"。

---

[1] 老布什总统次子,小布什总统弟弟,曾参加2016年美国总统选举,但早早退出。——译注

与此同时，凭借着必要时可以自焚的意愿，孙正义已经成为世界上最富有的人之一。亚当没有采取自我牺牲的方式，但其信心随着每个策略的成功而增强。他开始使用软银的部分资金建立一个微型愿景基金，以满足自己的兴趣。他投资了一家致力于延长人类寿命的生物技术公司，一个可以识别酒吧电视播放节目的"电视超人"应用程序，还有以色列前总理埃胡德·巴拉克领导的医用大麻公司。

2017年，在从马林县开车到旧金山的路上，亚当遇到了初创公司空中的士创始人约翰·科尔。他的公司正在开发一种运输系统，主要是高架轨道上滑行的吊舱。亚当考虑投资，但他首先要对已经筹资1300万美元的科尔提出一些建议。如果科尔根本不想筹集10亿美元，又怎么会重视亚当呢？

亚当的雄心壮志有些值得钦佩之处，但他对WeWork改变世界能力的宣扬，似乎往往与现实脱节。"公司今天的估值和规模更多是基于我们的能量和精神，而不是营收的倍数。"亚当在与软银交易完成后表示，"我们在这里是为了改变世界，没有比这更让我感兴趣的事了。"他开始告诉人们，自己将成为大家所见过的最富有之人。"我希望能够拥有尽可能高的估值，这样如果国家之间开战，他们就会来找我帮忙解决。"谈到正在进行的叙利亚难民危机以及WeWork能够如何帮助时，亚当这么说。

亚当认为，WeWork的行善能力举世绝伦，也认同美国初创企业普遍存在的风气，即用新模式来解决老问题。亚当和米格尔的非正统背景以及他们令人难以置信的财务成功，似乎使他们倾向于一名高管描述的"对社会解决问题的方式存在普遍怀疑和厌恶"。WeWork员工经常觉得亚当缺乏参与复杂问题的意愿，只是希望问题在公司层面就能得到解决。有个员工想到雇用难民来填补职位空缺，WeWork公共事务团队提议做出正式承诺，在未来5年内雇用数百名难民。亚当告诉他们这还不够，应该雇用1500名难民，尽管公司总人数才刚刚突破1500。在一次会议中，诺伊曼告诉公共事务团队的两名员工，他认为WeWork对一系列问题的影响超过任何政府。

"谁知道呢？"亚当说，"也许有一天我能成为美国总统。"

其中一名员工指出，在场三人中只有两位可以合法成为美国总统，因为亚当不是在美国出生的。

"那就世界总统吧！"亚当兴高采烈地说。这种情况又会让人搞不清是否要根据字面去理解，他后来开玩笑地对一名国会助理说希望修改宪法，允许外国出生的公民占据椭圆形办公室。但他的野心上限确实越来越高。访问以色列期间，亚当与耶路撒冷市长举行了座谈，当时手下一名工作人员开玩笑说，他正在准备竞选总理，毕竟他曾经告诉斯特拉·坦普洛自己可能想要这个职位。但在耶路撒冷，亚当说这个位置的分量已经不够了。

2017年6月，亚当在We-focused平台发表了最为接近政治演说的一次讲话。从巴鲁克大学退学10年后，他受邀为2017届毕业生进行毕业典礼演讲。"We就是我们，"亚当在布鲁克林的巴克莱中心说，"如果我们一起努力，我们就不可阻挡。否则……分裂则亡。"亚当似乎从新导师那里学到了一些要点："尽管技术可能令人兴奋……然而是我们在开辟前进的道路，不是算法，不是软件，而是价值、友谊、共同目标，最重要的是，人类。"

他为毕业生描绘了一张成功蓝图：选择合适的伴侣，一个能看到你的未来潜力并热爱它的人；找到一个心理医生；做一些有意义的事情。"如果一件事缺乏目标,又何必还要浪费时间?"他说,"不如待在家里放松冷静一下。"但他承认,仅仅做一些有意义的事情是不够的。他对在场的企业家提出了警告。"我要告诉大家另一个秘密,"他说,"做生意必须要有意义。如果生意没有意义,如果生意最终无法盈利——是的,有些公司,我们听说过,每个月都会亏损很多钱,那么最好别做那种生意。"

第 13 章
突击式扩张

BILLION DOLLAR LOSER

21世纪第二个十年的每一种氛围都在鼓励亚当去做孙正义让他做的事。WeWork不惜一切代价的增长计划集中体现了一种越来越流行的硅谷战略,即"突击式扩张"。

第 13 章 突击式扩张

WeWork与软银的巨额交易公布后几周,有天清晨杰米·霍达里在为私人飞机进出长岛东区提供服务的弗朗西斯·S.加布雷斯基机场遇见了亚当。霍达里是WeWork的竞争对手Industrious公司的首席执行官。这家公司在WeWork刚刚进入的美国二线城市拥有大量业务。尽管是最接近亚当的竞争对手之一,但霍达里在汉普顿没有海滨别墅,更别提两个了,所以他前一晚从纽约坐了两小时的优步,预订了汽车旅馆,赶在第二天早上6点登上亚当乘坐的喷气式飞机。

7点半的时候,这伙人开始喝第二轮血腥玛丽[1]了。迈克尔·格罗斯鼓励霍达里尝试冲浪,但后者只是慢慢啜饮着。他们的目的地是亚特兰大,Industrious在那儿有3家分店,而WeWork正在开设第二家分店。亚当想让霍达里知道,让WeWork进入他的地盘意味着什么。

沿着海岸飞行时,亚当邀请霍达里一起坐到飞机前部的躺椅上进行私下交谈。根据霍达里的说法,亚当阐述了Industrious应该与WeWork合作的理由。亚当说,与其争夺亚特兰大、圣路易斯或菲尼克斯的客户,不如合并起来,这样两家公司都会更加强大。他承诺具体细节可以商量,一定会让霍达里和其联合创始人的收益高于投资者的收益。

假如霍达里不想联手,亚当提出了另一种选择。"我对你很宽容,因为大家都是犹太人,"他说,"但我也准备了150个人手来埋葬你。"

快到亚特兰大时,亚当摊牌了霍达里拒绝的后果。WeWork员工

---

[1] 鸡尾酒名,由伏特加、番茄汁、柠檬片、芹菜根混合而成,鲜红的番茄汁看起来很像鲜血,故而以此命名。——译注

会涌向Industrious的每家分店，不管是亚特兰大还是其他地方，为霍达里的租户提供1年免租合约。如果租户拒绝，亚当会给他们免租2年，要是在那之后还有人，那就3年。而这些服务的资金开销全部来自孙正义刚刚给他的数十亿美元"弹药库"。

霍达里吓坏了。虽说他的融资金额仅次于亚当，但加起来还不到1亿美元。Industrious无法跟那样的折扣竞争。再说了，提供免费办公空间可比在东京街头提供免费调制解调器要昂贵得多，很难想象一个投资者，即使是孙正义这么有钱的人会愿意承受如此规模的损失。霍达里认真考虑了一种可能性：亚当也许已经想出一条诡计，打破了办公空间租赁业务的现实，他看到了自己没有看到的东西。不过，霍达里没有兴趣将自己与不懂的事物绑定在一起。他拒绝了亚当的提议，觉得后者是在虚张声势。

*　　　*　　　*

2017年，林赛·伊斯贝尔在纳什维尔管理正在建设中的当地首家WeWork分店，几周时间，她就开始迅速了解公司文化。接受这份工作之前，一位WeWork高管在对伊斯贝尔的最后面试中说："我现在有点宿醉未醒。你有什么问题吗？"25岁的伊斯贝尔在纳什维尔待了几周，然后飞去参加2017年的WeWork夏令营，地点已经从拉皮德斯的家族露营地换到了伦敦郊外的一片场地。她一直狂欢到凌晨3点才回帐篷，身后一个陌生男同事跌跌撞撞地进来，这人烂醉如泥，并表示无意离开。在奥斯汀一家WeWork分店经历的数日培训中，伊斯贝尔开始对工作职责感到困惑。"这位是林赛，"一名员工在介绍被聘为社区经理的伊斯贝尔时说，"她是做销售的。"纳什维尔的施工结束后，伊斯贝尔开始在建筑区内一边踩着死鸟尸体一边带人参观，向潜在租户推销梦想，兜售WeWork目前提供的巨大折扣。

几个星期后，伊斯贝尔接到通知，要飞往亚特兰大。亚当没有虚张声势，对Industrious的突击行动已经开始了。尝试与霍达里合作无果之后，亚当派伊斯贝尔和来自美国各大城市的其他WeWork员工在亚特兰大开展了一场游击营销活动。其中一种策略是：开着一辆平板卡车，装载一间玻璃办公室，停在Industrious的办公空间前，然后员工开始分发亚当威胁霍达里时曾经提出的免租协议。

亚特兰大只是全球营销攻势中的一个前沿阵地。在纽约，一名WeWork员工出现在另一个竞争对手Knotel的运营场所，声称自己是个急需办公空间的初创企业首席执行官。然后，他参观一番，偷偷记下了每个租户的名字，以便送上转投WeWork的折扣。（Knotel张贴了"通缉令"，指控这名员工从事"间谍活动"，并悬赏2500美元。）圣地亚哥的WeWork员工向沃尔夫·贝拉斯经营的本地联合办公空间租户分发了"一年办公空间，我们买单"的邀请，甚至稀里糊涂地发给了贝拉斯本人，因为他在那里有间私人办公室。几天后，WeWork在大楼前搭建了一间室外客厅，放了几张沙发和一株蛇草。贝拉斯质问时，WeWork的一名员工说他们只是在"传播友爱"。9月底，经营Bond Collective联合办公空间的什洛莫·西尔伯——他曾在五大家族会议上向亚当询问发展计划——把手机放在一边，庆祝犹太新年，据说每年此时，正义和邪恶的名字会分开接受审判。（据报道，亚当在卡巴拉中心的派对上庆祝了这个节日，还在曼哈顿的汉默斯坦舞厅和其他卡巴拉贵宾一起跳舞。）两天后假期结束，西尔伯打开手机，收到200多封来自租户的电子邮件,告知WeWork提供的折扣。西尔伯已经知道这样一个事实,亚当可以在公共场合表现为惠民的办公空间革命先知,然后私底下扮演强硬的地产大亨角色:西尔伯在布鲁克林租了一栋WeWork同样有意的大楼,亚当就给业主打电话说打算让Bond Collective停业。

到2017年,诺伊曼已经扬言要摧毁或收购几乎所有竞争对手。在英国,WeWork的最大竞争对手是2004年在伦敦成立的办公集团,当时诺伊曼还在上大学。这家公司创始人走的是一条更为保守的道路,拥有部分楼宇,也租赁一些,而且不接受风险资本的注入。在这家公司没人想要成为世界总统,但其业务利润十分丰厚。2012年,该公司一位创始人在纽约与亚当会面时,后者不经意地提出可能会收购办公集团,尽管WeWork当时只在美国的两座城市拥有4家分店。

这些年来,WeWork进入伦敦并迅速超越办公集团成为最大的联合办公空间服务提供商,后者拒绝了亚当的进一步收购提议。2017年,全球最大的投资公司之一黑石以6.4亿美元估值收购了办公集团的多数股权。亚当非常恼火,并向黑石房地产主管乔恩·格雷抱怨。而实际上后者在全球控制的建筑数量几乎超过其他任何一名房地产高管,也包括WeWork租下的几栋楼宇。随后,亚当开始动用孙正义的资金。WeWork聘请了一支钢鼓乐队在办公集团新店外演奏,提供同样慷慨的折扣。亚当向一位投资者吹嘘,他的努力让竞争对手的出租率大打折扣。"我摧毁了办公集团,"亚当说,"我可以消灭任何一家联合办公空间公司。"

挖走租户只是WeWork打击竞争对手行动的一条战线。WeWork法律团队对3家不同的联合办公空间公司:优客工场(UrWork)、WE

Labs和Hi Work提起了诉讼,声称这些公司的名称侵犯了WeWork的知识产权。后两家是小型运营商,但优客工场是一家估值超过10亿美元的中国实体,并计划向美国扩张。亚当曾在2015年试图收购这家公司,但被拒绝。因为优客工场想要现金,不要股票,而且亚当当时赤脚站在办公桌上欢迎优客工场首席执行官,这对谈判实在起不到什么帮助作用。在一桩诉讼中,WeWork的律师表示,尽管公司没有要求对普通单词"work"享受专有权,但确实反对在"work"这个词前面加上两个字母的代词。

亚当的竞争对手并不害怕硬碰硬,亚当也不是房地产行业唯一的古怪流氓。WeWork的员工开着一辆双层巴士在纽约周边到处转悠,在Knotel门店分发冰激凌,而后者也派了一辆改装校车来到WeWork的纽约门店。杰米·霍达里去和Knotel联合创始人阿莫尔·萨尔瓦和爱德华·申德罗维奇开会时,会议室里堆满普鲁塔克[1]的相关图书,作为一种嘲弄。(霍达里曾经在"危险!"电视问答游戏节目亮相,但没能回答出最后一个关于普鲁塔克的问题。)房地产是个肮脏的游戏,如果行业里有人反对亚当,一定不是因为他的策略特别卑鄙,而是因为他过于装腔作势。WeWork的好战心态让"改变世界"和"做爱做的事"这两大口号显得苍白无力,而这些正是公司最初吸引用户和员工的原因。在伦敦拥有一间联合办公空间的艾薇儿·马尔卡希决定关闭自家空间,而不是和旁边是自家空间5倍规模的新开WeWork空间抗争。"他们出现在我们的大楼里,确实使得在角落里潜伏已久的一个问题变得非常明显,"马尔卡希写道,"我们在做的事情还有意

---

[1] 罗马帝国时代的希腊作家、哲学家、历史学家。——译注

义吗？"

* * *

孙正义的资金也把WeWork竞争对手以为尽在掌握的游戏变成了不可识别的模式——这种模式在世界各地的各行各业中不断复制。大量风险资本（其中大部分直接来自孙正义和愿景基金）涌入了滑板车、食品配送以及电影点播。这些钱被输送给乐于接受大量补贴服务的消费者，而雨鸟、门急送和电影通等公司都在烧钱吸引顾客，希望有一天可以全价收费。对于缺乏沃伦·巴菲特所谓"护城河"保护的企业来说，一种新的模式已经出现：资本就是护城河。打不过他们？那就用现金淹没他们。如此挥霍的公司几乎没有一家是接近盈利的，而那些折扣导致任何人都很难计算出产品的自然需求究竟有多少，这些交易也让竞争对手难以跟上步伐。霍达里和WeWork的其他竞争对手表示，WeWork的突击式扩张暂时只让他们失去了一小部分租户，但如果这种攻势继续下去，没有哪家公司有足够的现金储备能应对这种掠夺性定价。

在软银到来之前，也就是在精打细算的时期，WeWork高管一直在谈论如何寻找更为平衡的增长轨迹。2014年投资WeWork的普信集团致力于推动可持续发展战略，对软银资助的巨额资金持怀疑态度，因此当软银同意从现有股东手中购买股票时，普信尽可能多地出售了股份。2016年，WeWork探索了一种与业主分享收入的模式，类似连锁酒店所采用的模式。虽然这种策略可能会减少公司营收，但同时也减少了需要承担的风险。

第13章 突击式扩张

但孙正义投资44亿美元不是为了追求适度增长。如果亚当想实现承诺中"实体社交网络"的全部效果,就需要在全球各地都有空间。公司现有计划被推翻,目标翻了一番,甚至更多,WeWork营销团队的支出也增加了两倍。孙正义告诉亚当应该有1万名销售员,但WeWork现在的员工总数还没到1万。WeWork先是每周招聘30名新员工,然后增长到50名,最终增长到每周一都有100多名新员工加入。正如阿蒂·明森所描述的那样,WeWork正在进行"规模化建造和销售"。2017年12月,在柏林开设第100家分店不过一年,WeWork已经在新加坡开设了第200家分店。

当时,WeWork已经遍布五大洲,正在研究如何将业务拓展到他们之前几乎完全不了解的市场。有次在商量吉隆坡开业的会议中,亚当问一位WeWork高管:"那是个城市还是国家?"公司在拉美地区向会员收取的租金太低,很难达到收支平衡,而亚洲国家有许多业主不太愿意为WeWork的翻修提供资金,但这方面是美国本土能够控制成本增长的关键所在。"在亚洲与在世界其他地区的扩张一样随意而激进,而这些交易的经济效益更糟糕。"帮助公司在亚洲扩张的马特·弗莱表示,"但我们已经骑虎难下。"有次在讨论伦敦成本飙升时,一些WeWork团队认为是时候"踩刹车"控制伦敦的运营了。亚当拒绝了这个想法,他认为WeWork可以在伦敦收取高昂租金,从而带来更多营收,这就是人们判断公司估值的方式。如果可以的话,亚当甚至还想"踩油门"。据一位知情人士透露,亚当曾一度建议WeWork整租毕肖普盖特22号,那是一栋即将成为伦敦第二高度的62层新建大厦,每年租金可能高达1.5亿美元。

对空间的需求变得如此强烈,以至公司房地产团队放松了对交易的尽职调查，以过高价格租下了尚不清楚WeWork模式在那里是否可行的空间。市场竞争也很激烈。据报道，最初WeWork决定放弃洛杉矶的一栋楼，但发现IWG集团意向租用后，WeWork决定出价。WeWork开始向商业房地产经纪人提供令人震惊的佣金，100%承担本应由新租户支付的第一年租金。在一些为期两年的交易中，WeWork已经赠送了一年，这意味着在未来24个月里公司不会有任何收入。

销售和增长仍是公司重点，但在花了数年时间试图制定一套玩法之后，公司的一切给人的感觉仍然是东拼西凑的。"没有销售培训，没有销售模式，没有销售部门。"约翰·布泽尔说。2017年，他在东海岸帮助公司组建了一支销售团队。周一晚上，WeWork全球房地产团队开会，欧洲和亚洲的高级员工半夜拨号连线进来，结果亚当在晚餐后迟了几个小时才到会场。团队在租赁新空间这一雄心勃勃的目标上落后了20%。会场里的一位高管说："他毫无依据地把目标提高了20%。""依据是，我认为你应该做得更多。"诺伊曼对一位房地产高管说，"你得在接下来的两个月里毁掉别人的生活。"公司开始告诉招聘人员，如果WeWork能在一位新高管厌倦并辞职之前，榨干他9个月的时间，也是可以的。

*　　*　　*

当WeWork的其他投资者努力适应孙正义的风格时，Benchmark正处于特别复杂的局面。当时，他们正在应对另一项重要投资——优步的动荡时刻。在迈克尔·艾森伯格和布鲁斯·邓利维遇到亚当前不久，Benchmark就投资了优步。那段时间，优步正艰难应对公关噩梦和内部文化问题,其中许多问题都与鲁莽的公司创始人兼首席执行官特拉维斯·卡兰尼克有关。2017年6月,Benchmark领导了一场针对卡兰尼克的政变,这迫使他离开了公司。

Benchmark中没有谁准备对亚当采取行动,尤其是考虑到与卡兰尼克的战斗还将持续下去。如果树立了排挤创业公司创始人的名声,无疑会让未来有前途的创业者到别处寻找资金。布鲁斯·邓利维仍然是亚当的拥护者,他表示相信亚当的广阔视野,并将他比作新时代的杰夫·贝佐斯。

但Benchmark的几位合伙人,包括负责优步投资的比尔·柯尔利,开始担心亚当·诺伊曼最终会出现特拉维斯·卡兰尼克那样的问题。2017年,包括柯尔利在内的5位Benchmark合伙人飞到纽约,在亚当办公室与他对峙。(邓利维为了和亚当保持良好关系而没有参加。)Benchmark责备亚当卖出了过多WeWork股票,而即便Benchmark和卡兰尼克之间有很多矛盾,后者也没有卖出过一股。标杆团队还批评了亚当的战略,提到WeWork又一次不达预期的事实。2014年,亚当告诉投资者WeWork会在2017年之前产生超过5亿元的利润。然而,随着快速扩张的成本增加,公司面临着将近10亿美元的亏损。原本预计WeLive将拥有几十家分店,并带来数亿美元营收,实际情况是仍然只有原来那两栋大楼。

一些Benchmark合伙人感到担心的是,甚至在愿景基金巨额注资的扭曲效应出现之前,WeWork就已经面临这些问题了。Benchmark合伙人不认为鼓励亚当做出更疯狂的行为是一个谨慎的策略,但决定权也基本不在他们手中。董事会同意给亚当额外投票权,就相当于邓利维已经把控制权给了亚当,除非他们想冒着被排挤甚至被踢出董事会的风险，因此许多合伙人觉得只能提出建议，希望亚当能听得进去。

但实际上，21世纪第二个十年的每一种氛围都在鼓励亚当去做孙正义让他做的事。WeWork不惜一切代价的增长计划集中体现了一种越来越流行的硅谷战略，即突击式扩张。领英联合创始人雷德·霍夫曼首创了这个术语，而且已经开始在斯坦福大学教授这门课程——"课号CS183C：技术支持下的突击式扩张"。在随后出版的一本书中，霍夫曼承认突击式扩张可能看起来有悖直觉。他写道："这包括有目的、有意识地去做一些在传统商业思维中不合理的事情。"这一想法在于不要过于担心可能困扰传统商人的风险和成本。突击式扩张的目标是闪电般的增长，而网络效应是达成这一目标的关键。相对应的，在WeWork的突击式扩张过程中，愿景基金的作用就在于打破资本主义的一些基本规则，让WeWork和其他公司给产品定价不是为了盈利，而是为了获得市场份额。因为在一个"完美的"世界里，企业大而不倒。

霍夫曼承认突击式扩张有一定危险性。在书的最后一节"负责任的突击式扩张"中，他说道："将责任和速度结合起来需要一个艰难的平衡，尽管初创企业创始人可能会从道德海盗般的行为中受益，但他们永远不应该像反社会的罪犯那样行事。"他更担心的不是道德问题，而是卡兰尼克和优步所遭遇的那种负面公关。

亚当对放慢脚步没有什么兴趣。2018年年初的一天早上，随着突击式扩张活动全面展开，亚当飞往西雅图与星巴克前首席执行官霍华德·舒尔茨会面。WeWork正在考虑进军零售业。期间，舒尔茨给了亚当一个建议。在星巴克开始腾飞之后，突击式扩张这个词甚至还没有出现。舒尔茨说，他希望自己花6个月的时间停止增长，这样就能解决困扰星巴克多年的各种痼疾。这正是许多WeWork高管一直在敦促亚当做的事情：将销售和租赁业务系统化，掌握施工流程，停止涉足外围业务。在飞离西雅图的私人飞机上，亚当与几名WeWork员工分享了舒尔茨的建议，然后说出了自己的感想："去他妈的。"

第14章
圣　杯

BILLION DOLLAR LOSER

WeWork工程部员工数量增加了4倍,超过1000人,这是个巨大的飞跃,虽然优步员工数量仍是它的5倍。但许多人开始意识到,这些都没有帮助WeWork建造护城河、连接实体社交网络,或证明其估值合理。

"我们不愿承认这一切都没有成功,也没有产生收入,"技术团队的一位高级经理说,"我们只是为了找到圣杯[1]在不断烧钱。"

---

[1] 比喻不切实际的幻想。

第 14 章 圣 杯

拜访了霍华德·舒尔茨之后,刚到旧金山的亚当就驱车前往马克·贝尼奥夫家参加晚宴。贝尼奥夫是Salesforce创始人,亚当已与他成了好友。在上一轮互联网热潮期间,贝尼奥夫创立了Salesforce,现在也已成为创业界大佬。他正准备把公司搬到以自己名字命名的一栋大楼里,那也是旧金山的第一高楼。Salesforce为企业提供后台技术解决方案,处于软件即服务运动的前沿。新的商业模式以线上订阅为核心。孙正义曾靠销售软盘和光盘发家致富,但30年后,软件即服务企业的估值已跻身"硅谷之冠":Salesforce、Slack、帕兰提尔以及提供新型云服务的大量不知名公司构成了新经济的支柱。

但硅谷的独角兽族群已经变得如此庞大,以至贝尼奥夫本人也变得紧张起来。在缺乏纪律约束的情况下,风险资本带来的快速扩张是不可持续的。21世纪第二个十年中期,贝尼奥夫曾发出警告:"将会有很多独角兽死去。"诺伊曼开始将WeWork定位成一种新型的软件即服务:"空间即服务"。其理念是,大中小型的公司都不再打理自有房地产物业,而将实体空间的管理外包给WeWork,后者将转变为类似于房地产云平台的体系。所谓平台是近10年来每家雄心勃勃的初创企业所共有的目标,无论这种表述多么似是而非。脸书、优步和爱彼迎被视为平台,豌豆蛋白汉堡制造商Beyond Meat也被视为平台("植物产品平台"),另外还有室内健身单车公司Peloton("全球最大的互动健身平台")以及床垫公司Casper(一个"为改善睡眠而打造的平台")。对于企业来说,仅仅做好本业已经不够优秀了。

把WeWork与软件即服务的趋势联系在一起,只是亚当和其他高管攀附硅谷新兴巨头的最新方式。WeWork需要办公楼,就像优步需要汽车和爱彼迎需要公寓一样。公司会员网络将成为比领英更好的版本,从每家分店收集的运营数据也会使下一家分店变得更好。已经成为WeWork首席增长官的Case创始人戴夫·法诺说,WeWork的目标是剥离房地产公司的一切残余。

房地产界有批评认为,WeWork的成功与其说是技术驱动,不如说与讲故事的能力有关。亚当对此怒不可遏,尤其因为有些批评还来自出租楼宇的业主。"要是你没什么好话,"2017年,亚当在纽约证券交易所对一名听众说,"要是对方是你的客户,比方说未来地球上最大的租客,那么这种批评是毫无意义的。"业主和房地产投资者明白WeWork提供的价值:新颖设计、灵活条款和定期聚会都深受顾客欢迎,所以业主不得不调整自家办公空间以跟上潮流。但IWG集团在全球运营的空间是WeWork的5倍,而估值仍然只有30亿美元。WeWork究竟做了什么才成为一家估值达到200亿美元的科技公司,这仍然是不解之谜。

* * *

宣布"WeWork火星公司已经提上日程"两年后,亚当终于和埃隆·马斯克见了面。跟每次大型会议之前一样,亚当很紧张。他似乎总是带着焦虑的情绪,而一旦听众到了面前,无论做什么他都能表现得很优秀。特斯拉是市场上最为炙手可热的科技股之一,而马斯克是硅谷首屈一指的怪异幻想家——一位抱负和自负都超过亚当的罕见企业家。

亚当和迈克尔·格罗斯在位于洛杉矶的SpaceX总部与马斯克会面;马斯克像亚当往常那样迟到了,只留了几分钟时间。亚当说如果马斯克能把人类送上火星，WeWork能帮忙在那里建造家园和社区，让人们在另一个星球上茁壮成长。马斯克计划在2024年之前让人类登上火星，所以亚当提议在地球上先建立模拟的WeWork火星，以备开始真正的火星生活。亚当说，维持生命将是最困难的部分。但马斯克对此嗤之以鼻。到达那里才是最难的。马斯克说他不需要WeWork。

这次会面让亚当大失所望。尽管公司会员中存在大量科技企业，但很难让硅谷相信WeWork也是其中之一。亚当仍然很少使用电脑，而WeWork最近才聘请了一名首席技术官。另一名在雅虎和Adobe工作过的首席产品官也是来了又走，没能让WeConnect的梦想变成有意义的现实。

2017年，诺伊曼夫妇有一些时间住在湾区，迈克尔·格罗斯及其家人也是如此，部分原因是两人希望能够像吸引纽约房地产和投资界那样，多多引起硅谷的注意。那年秋天，WeWork宣布将招聘100名软件工程师，并将在旧金山最贵的Salesforce大厦租下3个中间楼层以吸引他们。办公室设计方案需要在地板上开洞，安装一部宏伟的内部楼梯以及一套完整的水疗设施。后者仿照土耳其浴室，躺椅使用马哈拉姆马海毛软垫装饰，地板上点缀着复古地毯，还有售价9400美元的博格·莫根森牌椅子。参与这个项目的员工说，天花板上有个暗藏的酒窖，另外还有专供亚当在办公室里抽大麻的一套通风系统。

这座金碧辉煌的摩天大厦与WeWork老工程团队"抵御戊型肝炎"的地下室已是天壤之别，但公司需要使出浑身解数才能吸引新人才。虽然科技界开始将实体空间视为下一个可以征服的成熟领域，但WeWork并不习惯支付硅谷的顶级薪酬，也不习惯与擅长复杂股票期权谈判的员工打交道，毕竟公司习惯雇用应届毕业生和房地产界外籍

205

人士。每次有新近聘用技术人员拿着列出各种股权支付方案的电子表格进来时，公司律师珍·贝伦特都会感到很沮丧，她会说："你必须相信我们。"

为了组建技术团队，亚当挖来曾在YouTube、声田和苹果工作的工程师希瓦·拉贾拉曼。亚当告诉拉贾拉曼应该离开苹果，因为WeWork正在打造的产品将比苹果手机更震撼世界。WeWork技术团队已经从2013年的6个人增长到200多人，但拉贾拉曼面临的首要任务仍然是修复"空间站"和"太空人"。WeWork坚持在内部构建和维护系统，而不是外包给成熟的软件提供商，这种做法造成的影响难以根除。有好几个月的时间，"太空人"无法处理公司在墨西哥启动时收到的款项。WeWork在印度开业时，当地多数租户要用现金支付，工程团队不得不放下一切，搞明白如何将现金纳入支付系统。当社区经理都在抱怨向设施团队报告厕所的按钮坏了不起作用时，改进内部领英系统的时间实在十分有限。

为公司估值寻求技术支撑的研究采取了多种形式。WeWork一直试图以任何可能的方式从空间中提取可用数据，2017年，谷歌前高级员工托莫·沙隆领导的团队推出了"北极星"，这是WeWork的一个内部系统，收集了1000多名会员的体验并组织成信息群，使社区经理能以特定方式改善特定空间。但实际结果却不如人意：旧金山人抱怨咖啡质量；比起长方形，人们更喜欢方形办公室；噪声在每个玻璃隔间都是问题……在意见征求过程中，"北极星"团队还收到一个令人毛骨悚然的反馈，会员描述了置身于WeWork玻璃隔间里迷宫般的体验："感觉就像在未来监狱。"

但硅谷的风气是不相信人类的观点，谷歌空间分析团队开始搜刮WeWork空间的物理数据,在会议室桌子下面安装传感器,以确定一天中有多少人使用。结果是不太多,那就做得小点。他们试验了可以追踪面部表情和语音语调的摄像头和麦克风。(在这方面,软银一度建议WeWork与愿景基金投资的中国公司商汤科技合作。)WeWork认为这些数据也许是有用的,可以提交给会员:你们公司在开会过程中,有70%的参会者要么没兴趣,要么对讨论的问题表现出消极情绪。

公司将世界上一些最先进的技术应用于相对普通的问题,而结果似乎充其量只能得到微弱优势。一个团队使用机器学习来预测会议室的使用情况,准确率达到80%,他们可以据此为各种会议推荐合适的空间。另一个让团队引以为豪的是,一种算法可以比人类建筑师更快生成新空间的粗略布局,而建筑师可以因此节省几分钟时间。咖啡站旁边的传感器显示,早上的队伍可能会很长。WeLive的一个研究小组发现,住得很近且使用相同公共空间的人,往往比住在大楼两端的人更容易成为好朋友。我在曼哈顿参观一个新空间时,经理说自从这个空间开放以来,我们学到最有价值的东西之一是人们喜欢房间后面靠窗的几张桌子。他说这是原先没有想到的,尽管"很有道理"。

WeWork实现盈利的最具体手段是简化开设新空间的流程,一个新的团队:房地产和开发技术组,负责找到控制流程的方法。来自Case的团队,即"建筑=数据"(Buildings = Data)初创公司开发了"星际之门",与WeWork软件"银河"中的"太空人"和"空间站"配合使用,使公司能够跟踪世界各地的建筑,包括从预租到建设的整个流程。但是WeWork的多数需求无法得到优化。建筑是个水很深的行业,很难把分包商之间的握手成交插入算法中。公司精简了家具供应链，开始批量购买，但这只意味着得到折扣，而不是重塑行业。"如果把公司的做法与酒店相比较，或者与盖璞公司挑选家具的方式相比较，那并没有什么区别。"负责家具采购流程的艾莉森·利特曼说。

除了提高公司核心业务的效率，这些新技术中的某一项也被寄望于能够帮助WeWork找到实现收入多元化的方法。会议室传感器能够检测到会员在没有付费的情况下使用了房间。孙正义和亚当谈到了虚拟会员的想法，也就是人们可以不租一张桌子就加入WeWork社区。在2017年的科技博客颠覆大会上，亚当大肆宣扬即将推出的WeWork服务商店，这意味着公司再度转型为中间商，消费者可以在线购买Salesforce软件和来福车折扣等各种服务。

事实证明，这些途径都没有取得成效。到2017年年底，服务仅占WeWork营收的5%。至于虚拟会员，目前还不清楚加入会员能得到什么好处，也不清楚WeWork能如何从会员身上赚钱。会员网络的用户比巅峰期的"英语宝贝"还要少。WeWork聘请了世界一流的设计公司——设计癖（IDEO）来重新设计这款应用，但两位顾问没能拿出太多与众不同的东西：他们的一个创意是啤酒按钮，如果有人想在办公空间的酒桶边碰面，可以按钮提醒其他会员有人正在找酒友。

WeWork工程部员工数量增加了4倍，超过1000人，这是个巨大的飞跃，虽然优步员工数量仍是它的5倍。但许多人开始意识到，这些都没有帮助WeWork建造护城河、连接实体社交网络，或证明其估值合理。许多项目只是在米格尔及其兄弟凯尔几年前梦想的基础上进行了一些成功的修改。唯一真正有意义的创新应该是发明一种缩小人体的机器，可以让公司把更多租户塞进越来越狭小的空间。"我们不愿

第14章 圣 杯

承认这一切都没有成功,也没有产生收入,"技术团队的一位高级经理说,"我们只是为了找到圣杯在不断烧钱。"

* * *

既然WeWork无法通过技术进步进入硅谷精英阶层,亚当便开始尝试用孙正义的资金购买一张门票。在6个月的时间里,亚当收购了5家公司,包括一所编程学院和巴鲁克学院同学创办的一家营销公司。一名参与收购的WeWork高级员工表示:"亚当专注于在并购交易数量上击败爱彼迎。"亚当曾提及收购Slack和视频会议软件公司Zoom,后者当时还鲜为人知。亚当最大的一笔收购是Meetup,一个为人们策划面对面活动的在线平台。该公司成立15年来一直在努力寻找可行的商业模式,但WeWork同意支付1.56亿美元,希望它能找出办法让人们在下班后使用WeWork空间,或许还能帮助公司实现孙正义的100万会员目标。

2017年,亚当试图收购科技公司Comfy,这家公司拥有一款可以管理楼宇运行所需各种系统的应用程序,是WeWork的天然选择。Comfy创始人对收购计划很感兴趣,但谈判持续了好几个月,最后于在WeWork总部喝龙舌兰酒的一天夜晚达到高潮。除了亚当提供的WeWork股票,Comfy三位创始人还想要现金。但亚当拒绝让步,坚称他们舍弃必定升值的股票太过愚蠢。凌晨3点左右,Comfy的一位创始人鼓起足够勇气,走到一台正在播放音乐的iPad前,将肯德里克·拉马尔的《卑微》(*Humble*)一曲加入歌单。曲中反复出现的歌词——"坐下/保持卑微"——但这似乎并不能起到什么作用。

对于许多雄心壮志已经到了天花板的中型初创企业来说，搭上WeWork这艘火箭飞船是很有吸引力的。7月4日美国国庆节假期时，亚当打算收购的科技公司Teem联合创始人肖恩·里奇坐在亚当那辆迈巴赫副驾驶座上，一行人开车离开WeWork总部，亚当和珍·贝伦特两人坐在后排。车开到东河，贝伦特跳下车，上了一辆尾随着的黑色越野车，让里奇坐到后排开始商量WeWork收购Teem的可能性，然后他们开车去了亚当在汉普顿的一所房子。Teem开发了一款会议室日程安排软件，而身为摩门教徒的里奇则把亚当的热情和他赋予工作的使命联系在一起。

"WeWork的目的是什么？"开车穿过长岛时，里奇问亚当，"是你毕生的事业吗？"

"不，不，不。"亚当说，"WeWork只是一个工具。我一生的事业就是为成为救世主做准备。"

亚当的热情让里奇觉得自己的目标不够高。亚当经常询问他意向收购公司的创始人，如果什么都能做，他们会做什么——然后告诉这些人到WeWork来做这些事。然而现在有一些细节问题需要解决：里奇的投资者只要现金，不要WeWork股票。但亚当很坚持。"我们要做成这笔交易。"他告诉里奇。直到后来，WeWork为收购Teem支付了约1亿美元现金。里奇在加入公司之后，才从其他高管那里了解到，每当亚当说什么事情可能发生时，通常都会发生。

许多WeWork高管对亚当的疯狂收购感到困惑。他们一般会选择与其他公司接洽，建立潜在合作关系。而亚当则会直接参与谈判，推动收购达成。"我们的策略是尽量不让亚当见到那些创始人，因为他总是想买下来，而不是合作，"一名被收购后加入WeWork的初创公司高管说,"他总是认为:'如果由我掌控,这家公司会做得更好。'"公司花钱如此大手大脚,以至有投资者问从事办公空间业务的一个竞争对手如何才能战胜WeWork时,后者说没有办法,而且他认为孙正义的资金和诺伊曼对收购的贪婪欲望是自家公司和投资者的潜在退路。WeWork资金充裕,但收购公司成本高昂,而且亚当的一些交易似乎与WeWork核心业务关系不大。最奇怪的是,亚当花1380万美元收购了波浪花园(Wave garden)的大量股份,这是一家为冲浪者制造内陆波浪花园的西班牙公司。亚当声称,他认为波浪花园对于WeWork可能开始建设的企业园区来说是个潜在锚点。但联想到WeWork总部一个行政会议室中亚当在冲浪的巨幅照片,这让人感觉更像是一场虚荣心的游戏。"波浪公园让人觉得'什么鬼?'"一名员工说,"倒不是因为愤怒,而是因为困惑。"

第15章
WeGrow

BILLION DOLLAR LOSER

就像WeLive有天会超过WeWork一样，WeGrow会让WeLive和WeWork都黯然失色。诺伊曼夫妇所计划的WeGrow，将成为一个遍布各大城市的私立学校网络，让像诺伊曼夫妇这样的全球公民可以带着孩子到世界各地上学。诺伊曼夫妇还想象着创造一个替代大学的机构，并说要提供终身教育。

第15章 WeGrow

2017年秋，WeWork通讯团队的一名成员打电话给亨特学院的一位教育学教授朋友，他需要帮助。通讯团队收到一条令人惊讶的谷歌警报。翠贝卡的一个本地博客刚刚爆出附近一所新建小学的新闻："WeWork教育事业的第一次迭代——一个携手创业型企业赋能教育行业的计划将在世界各地启动。"

这对WeWork几乎所有人来说都是新闻。那年夏天，诺伊曼夫妇调研了东西海岸拥有无限资源的家长所能选择的公立和私立教育，然后认为，对于即将进入一年级的大女儿来说，这些都不够好。本着真正的企业家精神，丽贝卡决定创办一所学校。这所"部落学校"位于翠贝卡犹太社区中心的一间教室里，共有7名学生。学校计划扩大到附近的一栋大楼里，于是WeWork支付了一笔溢价，赶走了现有租户——一所已经在那里开办了十多年的蒙特梭利[1]学校。新的学校本应悄悄推出——用硅谷的话说，是隐形模式的幼儿园——直到博客爆料，这让WeWork高管团队争先恐后地想弄清楚突然经营一所小学到底意味着什么。这个想法以前就出现过。2016年，WeWork的一名新妈妈行政助理提议为员工和会员提供公司能够负担的企业日托服务：WeKids。丽贝卡同意了这个想法。她和亚当商量过，亚当也很喜欢这个项目。"如果真想改变世界，就在孩子两岁的时候改变他们。"亚当说。但这个项目后来成了精打细算的牺牲品。有次，丽贝卡在采访中告诉记者这个项目还在研究中，亚当却提出异议。"上次就这件事开会是什么时候？"亚当问。

---

[1] 玛丽亚·蒙台梭利，意大利女性教育家，她独创的幼儿教育法被称为"蒙氏教学"。——译注

"上个星期。"丽贝卡说。

"好吧,行吧,我只是把那个项目推迟了,希望你不要再开什么会了。"亚当说。

然而孙正义的钱让诺伊曼夫妇的梦想又回到了桌面上。2017年,WeWork收购了成人编程训练营。这次收购兑现了几年前亚当向GA发出的威胁,当时后者退出了联合办公空间业务,转而专注于教育。2014年,WeWork曾与GA达成协议,在全国各地的WeWork分店开设编程教室。当时,亚当告诉GA的创始人,虽然他还没有做好进入教育领域的准备,但一旦有机会,他就会毫不犹豫地大规模铺开。

经营一所小学比为编程证书培训要复杂得多。丽贝卡没有接受过正规的教育培训,但她在学校网站上的个人简介称,自己曾花时间"师从许多大师",其开办学校的理念与现代教育的进步思想是一致的,而且WeWork在紧要关头联系的亨特学院教授也看到了这个想法中的一些优点。WeWork为新学校面临的最大问题提供了可能的解决方案:开放和运营空间,并寻找愿意为孩子报名的家长。就前者而言,公司是专业的;就后者而言,公司拥有很多会员,可以从中招募潜在家长。

在与诺伊曼夫妇共进晚餐时,同意为这个项目提供咨询的教授听到亚当的预言:就像WeLive有天会超过WeWork一样,这所学校最终会让前面两者都黯然失色。他们口中的WeGrow,将成为一个遍布各大城市的私立学校网络,让像诺伊曼夫妇这样的全球公民可以带着孩子到世界各地上学。诺伊曼夫妇还想象着创造一个替代大学的机构,并说要提供终身教育。丽贝卡开始使用"为学会生活而开设的生活学校"(简称SOLFL)这一口号,即把单词"深情的"(soulful)中的

"u"去掉。随着WeGrow开始招收2018~2019学年的新生,丽贝卡发出入学通知书欢迎幼儿园新生,到2031年时他们都将从WeGrow的高中毕业。她在证书上签字,并画了一颗爱心。

* * *

21世纪第二个十年的每家初创企业都需要有个基础神话。随着时间的推移,WeWork的神话已经有所改变。早些时候,亚当称卡巴拉对他如何看待公司起到关键作用,直到卢·弗兰克福特告知他这种说法不是最具市场吸引力的,"亚当的故事"演变为强调他和米格尔各自的童年,以及这些经历如何教会他们社区的重要性。唯一的争论是如何让米格尔更好地接受"公社"的说法,这比"母系集体"容易解释。

"他不喜欢称之为公社,"2015年,亚当对一名记者说,"他跟你说过公社吗?"

"他是这么说的。"记者回答。

"那他也许崩溃了。"亚当说,"也有可能他准备开始叫公社了。"

到了2016年,情况又发生了变化。丽贝卡突然被认定为公司第三创始人,与亚当一起出现在杂志简介中,杂志将两人都描述为创业超级明星。与此同时,米格尔反而靠边站了。公司的创立标志不再是亚当和米格尔的会面,而是亚当和丽贝卡的第一次约会:当时丽贝卡告诉亚当,他是"一坨臭狗屎"。

WeWork员工对于丽贝卡突然以创始人的身份出现感到吃惊。接受采访时，她回忆起有次新开分店前，自己连续花了好几个晚上擦拭玻璃隔板和地板，直到凌晨4点——尽管WeWork首批员工根本不记得她做过什么。而在2014年发给投资者的宣传材料中，丽贝卡并不在公司领导团队中，当年《福布斯》杂志的一篇人物简介也只提到她是亚当的"电影人妻子"。

丽贝卡已经放弃演艺事业，时断时续地在公司担任了好几年首席品牌官。她鼓励亚当把WeWork和"创造者"这个词联系在一起，但亚当认为这么做会给人们留下亵渎神灵的不良印象。她还给负责监督各个区域的员工取了一个"We首席执行官"（CWeO）的头衔。有时候，她会离开职位去照顾不断扩大的家庭：她和亚当的第五个孩子在2017年出生了，但同时又保持着一种可能让员工感到烦恼的无声影响力。"丽贝卡怎么想？"亚当总是这么问，即便妻子并不在场。2017年年底，WeWork聘请了SoulCycle联合创始人之一的朱莉·赖斯成为新任首席品牌官。但几个月后，她被悄然解职，丽贝卡又重新回到这个岗位上。"朱莉被描述成'不够脚踏实地'，"一名WeWork高管表示，"后来有一天，亚当发邮件说丽贝卡又是首席品牌官了。"据报道，WeWork董事会对亚当将妻子安插进高管团队表示担忧，但亚当说，要不两人都在，要不就都不在。

随着丽贝卡越来越多地代表公司出现在公众面前，WeWork开始将商业和精神更深入地融合起来。丽贝卡告诉一名记者："我时常思考的一件事是成为你人生的奠基人。"她的办公室紧挨着亚当的，里面没有办公桌，但有一摞书，其中包括安·兰德的《源泉》和一位心理治疗师写的《前世今生》，这位心理治疗师声称可以把人与前世联系起来。办公室里铺着白色的长毛地毯，员工在进入之前需要脱鞋。

第 15 章　WeGrow

某个团队给丽贝卡的办公室起了个绰号，叫"绵羊草原"。

不管她或者公司说过多少次，WeWork内部没人把丽贝卡是联合创始人的说法当回事。但毫无疑问，WeGrow是她的。2018年年初，丽贝卡接受了堂姐格温妮丝个人网站Goop的采访。由于丽贝卡已经放弃了以前坚持使用的婚前姓氏，所以谈到学校的成立以及如何融入公司时，姐妹俩都认为此事与家族毫无关系。"WeWork是一种实体结构，我们可以通过它把正能量和意识带入世界，"她说，"我们都是为了学会生活而生活的学生。"

Goop的采访惹恼了一些致力于WeGrow的教育工作者，他们认为应该首先敲定开办的具体细节，然后再推广学校。丽贝卡去哈纳莱伊湾进行家庭度假后，学校进度已经落后于计划，此时需要敲定下一学年的课程和后勤工作。为了管理这个项目，丽贝卡最初聘请了高中同学和其婚礼伴娘林赛·泰勒担任WeGrow首席运营官。然后，她又请来亚当·布劳恩，他经营着一家名为"承诺的铅笔"的非营利教育机构，这家机构的资金主要来自贾斯汀·比伯，其经纪人正是布劳恩的哥哥斯库德。

学校的启动感觉就像一家进入测试模式的早期初创公司。优先事项总是在变化之中——丽贝卡从夏威夷回来，就建议WeGrow提供冲浪课程——这怎么说都有点跑题。她还要求WeGrow员工必须穿不系带的黑色、白色或米色鞋子。应聘教师的求职者被拒之门外的原因更是千奇百怪，比如声音过于高亢和活力不够等。WeGrow首家分店开放之前，丽贝卡就已经在策划旧金山和以色列的第二家、第三家分店了。速度和适应性对WeWork的早期成功确实至关重要，但教育不见得是继续实验的最佳领域。"他们总说'初创企业就是这么运作的'，"

一名WeGrow顾问表示,"对此,我会说:'这不是一家初创企业。你们是家价值10亿美元的公司,但这些孩子可是别人家的。'"

*　　　*　　　*

2018年秋,WeGrow在WeWork切尔西总部3楼开业,并自称是一所致力于释放每个孩子超能力的创业意识培养学校。与WeWork各家分店开张时一样,学校的开办也是乱作一团:公司人力资源部门忘了把WeGrow安保团队加入工资系统,保安威胁一个月不发工资就辞职。WeGrow的开课班有46名学生,其中包括诺伊曼夫妇的4个孩子和他们的几个朋友,从学前班到四年级都有。尽管可以申请经济资助,但学费仍然高达4.2万美元。"WeGrow欢迎来自各行各业的小小创业者。"

WeGrow的每个上学日都以音乐课开始,老师在音乐课里演奏四弦琴、邦戈琴和手鼓,有时还表演康加舞,然后是25分钟的WePractice冥想时间,中午则是"感恩时刻"。WeGrow提供希伯来语和机器人课程,每天两节艺术课,每周还会去诺伊曼夫妇位于威彻斯特郡的庄园,到那里采摘新鲜农产品,然后在WeWork总部的农场摊位出售。这看起来有点傻乎乎的,但很多家长喜欢,包括安雅·泰森,她在Goop上看到丽贝卡的专访,就给女儿报了名。"如果将来有艺术硕士项目,孩子也会去学。"泰森说。

公众反应就不那么友好了。"这是纽约市最令人讨厌的小学吗?"《纽约邮报》问道。学校的创业卖点让许多人觉得,对于早期教育而言,这是可耻的资本主义。WeGrow学习主管吹嘘说,有个学生喜欢项目管理，已经在跟着WeWork活动团队练习这方面的技能。"在我看来，没有理由说小学生就不能创业。"丽贝卡说，"孩子在5岁时就已经准备好开始创造人生事业了。"接受WeGrow教育的第一批创业者当然需要自己的WeWork办公室，这只是个时间问题。

对于公司员工来说，WeGrow至少比波浪花园有意义，但意义也不大。他们对教育孩子了解多少？史蒂夫·乔布斯曾让最资深的员工列出苹果公司的10大优先事项，然后说公司只能做到3件。诺伊曼夫妇似乎没有那种专注的感觉——公寓、波浪池、学校——而且很难想象，在保持办公空间核心业务增长的同时，公司如何能够在新近进入的领域发展专长。

然而不管是否有人没准备好，WeWorld都在扩张。2018年，布鲁斯·邓利维说："像亚当这么伟大的企业家不会对我这样的人唯命是从。"他劝说亚当专注WeWork的主要业务。朱莉·赖斯将首席品牌官职位让给丽贝卡后，开始着手推动WeWork进入零售领域。许多WeWork分店中都设有诚信商铺，即在没有收银员的情况下出售零食，但会有一个摄像机监视着顾客的诚信情况，而公司正将它们改造成WeMRKTs以提供更多产品。赖斯还负责在曼哈顿熨斗区的旧珍妮弗敞篷车陈列室里开设一个叫"Made by We"的新空间，游客可以在这里购买WeWork会员制作的商品，并以每半小时6美元的价格租用座位——这是一家可以预订座位的咖啡店，但喝咖啡需要另外付钱。

公司还开设了精品健身房"Rise by We"。这个健身房位于曼哈顿下城WeWork分店的地下室，也就是亚当此前曾考虑开设乒乓球吧的地方。它提供充满"创业精神"的瑜伽课程，经营者是艾迪·诺伊曼的丈夫迈克尔·格罗斯——一个以色列前职业足球运动员。迈克尔说，公司的目标很宽泛：最终成为我们这代人住在哪里，到哪里锻炼，下班后去哪里和朋友见面喝一杯的决定者。亚当说得更好：就像亚马逊从图书领域拓展到更广泛的电商领域一样，他希望WeWork能扩展到更广泛的生活领域。

2018年，WeWork聘请年轻的丹麦明星建筑师比亚克·英格尔斯担任一个仪式性的职位——首席建筑师，旨在帮助思想引领者诺伊曼实现在WeWork门店以外扩张的雄心。"2018年，我们希望对所占据的楼宇产生影响。"亚当在聘任英格尔斯的声明中表示，"2019年，目标会是WeWork所在的社区，到了2020年，目标将成为我们生活的城市。"（英格尔斯的公司还为WeGrow设计了奢华的教室空间。）亚当描述说在不久的将来，这位24岁的平面设计师将作为WeWork社区的一员进入世界各地的酒店、公寓和办公空间，每年花几个月时间在纽约、特拉维夫和上海工作，顺便组建一个家庭，再积攒一笔财富。

* * *

来自纽约的三兄弟吉姆·德西科、乔丹·德西科和杰克·德西科是少数几个愿意尝试完整We生活方式（WeLifestyle）的人。德西科三兄弟都是大学运动员：吉姆和杰克分别在科尔盖特大学和乔治敦大学打橄榄球，乔丹则是费城大学篮球队的一员。他们觉得加糖星冰乐实在是倒胃口，对此乔丹曾进行了一些尝试，想出一种所谓超级咖啡的饮料：含有蛋白质的咖啡因。他给杰克送了一些，后者开始在乔治敦大学四处传播，后来两人又说服吉姆辞去金融工作，帮忙创立一家超级咖啡公司"Kitu Life"。

第 15 章　WeGrow

2016年，杰克在一次社交活动上遇到了同为乔治敦大学毕业生的阿蒂·明森，并受后者邀请去参观WeWork切尔西总部。"参观到中途，一个留着长发的T恤男走了进来。"吉姆说。几分钟后，亚当说自己非常喜欢杰克的活力，WeWork不但会投资德西科的公司，还会向三兄弟免费提供纽约的WeLive公寓，楼下就是WeWork办公室。"Rise by We"开业后，三兄弟都不再购买健身房会员了，他们甚至觉得如果有谁安顿下来并生了孩子，那么WeGrow似乎是个不错的选择。"以我们三兄弟为例，我们过着亚当梦想中的生活。"吉姆说，"有时候我们根本不需要离开这栋大楼。"

自从亚当首次投资"Kitu Life"这家公司以来，德西科三兄弟只是偶尔见到他，但他们已经尽可能吸收了所有能吸收的东西。吉姆说："他开阔了我们的视野。"他和两个兄弟不再认为"Kitu Life"只是一家不起眼的公司。他们的诺伊曼式目标是"改变美国人的食谱"。吉姆知道这听起来很崇高，但亚当已让他明白设定超高期望的价值。"改变食谱确实困难，"吉姆说，"但只要有信心，一切都是可能的。"

第 16 章
权力的游戏

BILLION DOLLAR LOSER

　　WeWork的高管们内斗不断，他们后知后觉地发现自己不断在亚当的核心圈子里被洗牌。不止一个人形容这就像活在《权力的游戏》中。

　　一位离职后加入对手公司的前高管这样解释自己的决定："我厌倦了亚当对我大喊大叫。"诺伊曼似乎把他那超负荷的日程表当成了控制工具。曾有一场凌晨两点的会议，他晚了45分钟才加入我们，但那次会议价值数百万。

第 16 章 权力的游戏

2017年春天，IBM陷入了困境。这家公司需要在纽约迅速找到合适的办公空间以容纳营销部门的600名员工。考虑各种选择之后，公司决定选址在格林威治村大学广场88号的一栋11层单体建筑。这栋大楼由WeWork运营，原本计划像往常那样将每层的独立办公空间出租给杂七杂八的公司。但是IBM需要整租，于是WeWork一次性出租了整栋楼。

对于正在试图说服大型公司使用其"空间即服务"产品的WeWork来说，这笔交易意义重大。但问题很快就出现了。大楼的无线网络不稳定，两部电梯中的一部会时不时出现故障，另一部则干脆完全罢工，搞得IBM员工连续数月都要爬楼梯。在多数建筑中，电梯维修等事情应该由业主负责。但这栋楼业主的租赁条款不同寻常，注明由WeWork负责维修。"那栋楼的问题太多了，"一名WeWork高级员工说，"就像……呵，呵呵，呵呵呵。"

"呵呵"的原因在于，这栋楼是亚当的。他与在卡巴拉中心结识的时装设计师埃利·塔哈里一起以7000万美元买下这栋建筑，然后把空间租给WeWork。亚当没有公开自己在这栋建筑上占有的股份，这在道德上是可疑的。因为他是在向自己的公司收取租金。

IBM对新办公空间的状况越来越厌倦，亚当亲自去了大楼，向租户保证会处理好这种情况。回到WeWork总部，几位高管会面讨论危机。团队一致认为需要有人滚蛋，但处罚业主显然是不可能的，所以只好把信息技术负责人解雇了。

多数WeWork员工不知道的是，亚当和一小撮高管从公司收取租金支票已有多年。亚当、马克·拉皮德斯和阿里尔·泰格三人是WeWork在纽约的第四家分店，即瓦里克街分店的共同所有人。

WeWork租下两年后，三人斥资2500多万美元买下了这栋大楼。在亚当买下IBM所租的大楼时，他已经很清楚自己当业主是有潜在问题的。谁能在与自己的谈判中获胜？2013年，亚当企图部分购买WeWork计划租赁的一栋芝加哥建筑，但董事会否决了，并指出其中存在利益冲突。亚当获得董事会控制权后，这种反对意见基本上就没意义了。到2018年春天，WeWork已向亚当支付了1200多万美元租金，还需支付超过1亿美元租金。

长期以来，亚当一直坚称WeWork只租赁不持有。"我们绝对不会购买这些房产，"他在2015年表示，"那将使我们成为一家房地产公司。"但到2017年年底，公司成立了名为"WeWork Property Advisors"的新部门，专门从事房产购买工作。WeWork以约8.5亿美元收购了罗德与泰勒百货的中城旗舰店，比第二名溢价1.5亿美元。罗德与泰勒百货于1914年开放这个空间，基本上就是亚当想象中自有建筑的一个早期版本，其中设有服务百货公司员工的一个健身房、一所学校和一个牙科诊所。WeWork计划将新总部设在这里，根据装修效果图，一幅写着"做爱做的事"的标牌将取代外立面的草书"罗德与泰勒"。

"WeWork Property Advisors"计划从投资者那里筹集资金，以帮助WeWork购买建筑。设立基金的团队希望筹集10亿美元，但亚当有个更好的主意：为什么不是1000亿美元？这可以是建筑领域的愿景基金，能立即在全世界同类基金中跻身前列。这个数字当然不太合理，但亚当的筹款经验不可小觑。"亚当会把目标定在1000亿美元，然后最终才能筹到10亿美元，"参与筹款的一位人士称，"如果目标是登月，那么哪怕掉下来，落点也会比别人更高。"

对亚当来说，如此规模的房地产投资是件新鲜事，他不断向团队提出问题。"他最想知道的是如何才能把这事与WeWork的估值联系起来，"这名员工说，"我们说：'假如筹集到10亿美元，你就能买下300万平方英尺的房地产。'然后他会计算一下说：'好吧，平均每平方英尺200美元，那么营收就有6亿美元，然后再乘以20倍。（投资者给予WeWork慷慨的企业倍数）那么公司价值就增加了120亿美元。'"WeWork员工对亚当迅速将大量数字列表化的能力印象深刻，几个人看着他把这种计算方法应用到下一个逻辑结论中。"我们正在进行一项交易，"一位WeWork房地产高管表示，"他说：'多少平方英尺，也就是多少张办公桌，我们每张办公桌的收入都很高，而估值是20倍，那么根据我拥有的股份比例来看，这笔交易对我个人来说价值2000万美元。'"

* * *

对亚当进行房地产投资教育的工作部分落在了里奇·戈梅尔的肩上，他没想到自己会处于这个位置。戈梅尔在喜达屋酒店工作过十多年，然后去摩根大通经营了5年房地产投资公司，在2017年年初加入WeWork，并担任公司总裁。对于像戈梅尔这样的人，以及其他从更传统的公司加入WeWork高层的中年高管而言，这是一个难得的机会——能够让他们体验到科技世界以外的突击式扩张，并收获随之而来的财富。

许多新同事很快明白，戈梅尔可能成为下一任WeWork首席执行官：领导公司进行突击式扩张后，亚当将卸任首席执行官，去担任董事会主席。等戈梅尔这样经验丰富的运作者带领WeWork进入公司上市的新阶段后,他再继续推进自己的愿景。但是,就跟孙正义最近放弃了寻找继任者的承诺一样,亚当似乎也在重新考虑是否移交权力。几个月后,戈梅尔被调离了WeWork办公租赁业务的核心管理职位,转而负责WeWork向房地产投资的转型。

命运的变化是WeWork高管早已熟悉的模式。戈梅尔最初的总裁头衔是从阿蒂·明森手中接过的,而后者在两年时间里一直是亚当的继承人,他对亚当的意义就如雪莉·桑德伯格[1]对马克·扎克伯格[2]。阿蒂·明森走的是一条比较传统的美国商业上层道路:纽约私立高中,乔治敦大学会计学学位,然后是哥伦比亚大学工商管理硕士。他以前曾为多位初创公司的创始人工作过。在任何一种情况下,最初创办公司时厚颜无耻的冲动都会随着企业成长为大型公司而减弱。

然而随着时间的推移,亚当却变得越来越不谨慎。两人因为WeWork的发展方向分歧不断。亚当将WeWork定位为一家科技公司,阿蒂则对此持怀疑态度,认为定位为"办公空间的耐克"更有意义,即消费者愿意支付溢价的一个高端品牌。但亚当不听,而当阿蒂对花费数亿美元进行收购表示怀疑时,他就更加郁闷了。在一次公司行政会议结束后,亚当没意识到自己还戴着麦克风,员工还能听到声音,他走下舞台跟迈克尔·格罗斯说:"我们需要让阿蒂离开。"

阿蒂和其他WeWork高管发现,他们不太愿意向亚当施压。这样做的人经常会被排除在本应参加的会议之外,或者被派到公司的偏远

---

[1] 脸书首席执行官。——译注
[2] 脸书创始人。——译注

角落去做新工作。"阿蒂在冷宫里待了很长一段时间，"一位高管同事说，"他没被踢出局的唯一原因在于名气太大了。"

这场闹剧导致了高管之间的内讧，他们后知后觉地发现自己不断在亚当的核心圈子里被洗牌。一名副手说："他让我们互相争斗。"不止一个人形容这是生活在《权力的游戏》中。一位离职后加入对手公司的前高管这样解释自己的决定："我厌倦了亚当对我大喊大叫。"亚当似乎把他那超负荷的日程表当成了控制工具，迫使高管在晚上任何时候都要待命开会，不是在他的这个家里，就在那个家里，要不就在飞往各地的私人飞机上，而且还得在他能挤出半小时的前提下。几位高管认为，偶尔对周围人私生活的漠不关心才是亚当真正的超能力。"我们凌晨两点开会，结果他迟到了45分钟，"前首席收入官弗朗西斯·洛博说，"那次会议关系到数百万美元。"

米格尔试图解释联合创始人的领导风格，毕竟他已经观察了近10年。他说，亚当的动机往往是出于恐惧。有次与高管团队在异地开会时，亚当站到大家围坐的一张大桌子上开始踱步。他有个倾向，就是在类似场合总会要求不停送上饮料，以确保听众能喝得痛快，而房间里的每个人坐在那里，只想着什么时候才能吃到食物。那一次，亚当似乎心情很好，吹嘘着公司的增长。

但话风很快变了。他得知最近有人购买了一批价值2万美元的咖啡机。WeWork资金充裕，但亚当不想再次精打细算了。"谁批准的？"亚当说，要求罪魁祸首站出来，然后大家才能离开。房间里有位高管想起了电影《铁面无私》中的一幕：罗伯特·德尼罗扮演的阿尔·卡彭[1]拿着棒球棒一边绕着一桌黑手党头目转圈,一边发表着鼓舞人心的演讲,然后突然将一名敢于背叛的手下打死。

*　　*　　*

  2017年夏天,亚当再次改组了高管团队,任命阿蒂为首席财务官,并提拔珍·贝伦特接替他的首席运营官职位。尽管WeWork高管团队的其他成员在亚当的眼中时有时无,但贝伦特是过去几年间能够不断巩固其公司权力的少数几人之一。她以沉稳而出名,正好中和了亚当过于旺盛的精力。当亚当在全体大会上给出一个个匪夷所思的承诺时,贝伦特有时就会看他一眼,叫他过来耳语几句。然后亚当回到麦克风前笑着说:"珍不想让我说这些。"贝伦特让很多员工感到同情,因为她有点像希拉里·克林顿,每天穿着长裤在男性主导的世界里战斗,很少表露出真实的情感。"大家认为我没有同情心。"贝伦特对一位同事哀叹道。她也把自己当作一个局外人。在给威凯事务所的律师同事发电子邮件时,引用E.E.卡明斯的话来解释离开法律界的决定:"在一个日以继夜让你尽量成为别人的世界里,仍然想要做自己而不是别人,意味着要经历一场人类所能经历的最艰苦战斗。"贝伦特称在WeWork感到很舒服。她很晚才出柜,结婚时,她和妻子在布莱恩特公园的WeWork分店举行了婚礼。

  贝伦特公开颂扬WeWork文化中更为宽宏大量的一面,作为公司职位最高女性高管的她是很多员工的灵感来源。但关系密切的人都认

---

[1]　20世纪20~30年代芝加哥黑手党领导人。——译注

为她是"亚当的党羽",一位同事的原话就是这么说的。两年多来,贝伦特的法律团队对泄露公司内部文件的员工乔安娜·斯特兰奇持续提起诉讼,表面目的是收回2000美元遣散费,主要原因则似乎要让后者成为公司对待异议者的"榜样"。

除了WeWork首席律师,贝伦特还承担了人力资源管理工作,许多早期初创企业都把这项工作交给律师。她经常附和亚当为公司设定的一个目标,即每年裁员20%——这是从杰克·韦尔奇[1]的信条演化而来的——也就是应该定期裁掉公司底层10%的员工。一名WeWork人力资源团队成员表示:"部门达到了预期,但我对此并不感到自豪。"他开始把WeWork定期进行且悄无声息的轮番裁员称为"贝伦特杀"(Jen-ocides)。

亚当看重贝伦特,似乎不仅因为她敏锐的法律头脑,还因为她的忠诚——这是他长期以来一直在高管身上寻求的品质。2018年,一次高管会议在长岛尽头蒙托克的时尚前哨冲浪小屋举行。亚当说第二天黎明打算前去冲浪,并鼓励大家加入。高管中有的去了,有的没去。第二天晚些时候这群人聚会时,亚当向着那些去了的人们喊道:"我的勇士们呢?"迈克尔·格罗斯还给每人发了一本《孙子兵法》作为纪念。

自公司成立之初,亚当就与朋友家人在一起:儿时伙伴、海军战友、卡巴拉朋友,更不用说妻子、妹妹、多位姻亲和两个侄子。WeWork员工一度收到命令,要为艾迪·诺伊曼蹒跚学步的孩子保留公司电邮地址。亚当的一些亲戚和其他人一样,能够胜任所从事的工

---

[1] 通用电气前董事长兼首席执行官。——译注

作，但总体感觉接近亚当是在公司晋升的关键。蒙托克的那次会议，亚当在晚餐前站着祝酒，让坐在旁边的一位高管起身给格罗斯腾出地方。"迈克尔，"亚当说，"形容雇用自己家人和朋友时，你经常用的那个词是什么？"

"任人唯亲？"格罗斯问。

"就是它，"亚当说，"为任人唯亲干杯！"

第 17 章
运营友爱

BILLION DOLLAR LOSER

公司增加了数千名员工，WeWork的企业文化已经发生了变化和扭曲。米格尔意识到自己几乎不认识员工中的任何一个，于是他又设定了目标，每天向3个新认识的人介绍自己。在2018年峰会演讲中，米格尔表示，他希望WeWork团结在一起，并制定了一个新的口号："运营友爱。"

洛杉矶女性游行一年后，2018年WeWork峰会回到曼哈顿，公司计划介绍最新的重心转变。纽约土著阿蒂·明森穿着尼克斯队球服在麦迪逊广场花园传奇篮球场下的剧院里发表演讲，圆了儿时的梦想。丽贝卡谈到WeGrow时泪流满面。健身俱乐部"Rise by We"的一位瑜伽老师演奏了一曲，并进行了5分钟的冥想。洛基·科恩斯带领员工高呼了一系列口号：

我说"We"，你们说"Work"！我说"更好"，你们说"一起"！

然后，科恩斯邀请所有勇敢的员工上台，用开放式麦克风表演个人创作。有个员工上台来了一段自由说唱，里面有这么一句歌词："亚当·诺伊曼/他不是人类。"

2018年峰会的压轴大戏是WeWork首届创客奖，有不少初创企业为了获得WeWork奖金前来参加试镜。公司聘请亚当的妹妹艾迪担任主持人，并在世界各地——底特律、特拉维夫、华盛顿特区——举办活动，在此期间亚当会经常发言。"你是个创客，你是个创客。"他会告诉观众，就像奥普拉·温弗瑞[1]在免费派发汽车。在纽约，亚当穿着一件T恤，外罩黑色皮夹克，解释自己如何把给年轻初创企业颁奖的想法变成现实。"这当然很有意义，但谁来买单呢？"亚当对人群说，"我们说：'好吧，孙正义也许会！'"除了44亿美元投资，软银还为创客奖提供了超过1.8亿美元的奖金。漫天的五彩纸屑撒在亚当和获奖者身上，前者决定分别发放两笔100万美元的奖金，而不是

---

[1] 美国著名脱口秀主持人，曾在节目现场赠送给275名观众每人一辆新款甲壳虫汽车。——译注

原定的一笔。说唱歌手麦克莫尔先是在后台看了颁奖盛况，然后走到前台表演。"我一边喝着红牛一边看，"麦克莫尔说，"我当时想：'该死，我真该钻研科技。'"

五彩纸屑散去后，WeWork向员工展示了公司的最新举措"Powered by We"。这款产品旨在吸引所谓的企业客户，比如IBM这样拥有数千名员工的大型公司，他们所需的远不止几个玻璃隔间。2016年，应亿客行董事长巴里·迪勒的邀请，亚当和戴夫·法诺飞往洛杉矶向这家旅游网站推销新总部设计。亚当撕毁了现有设计，并向迪勒保证WeWork可以做得更好。法诺和一个团队花两周时间做了一个演示，承诺亿客行可以在原有项目计划的基础上削减10亿美元费用。

WeWork在竞标中败给了一家专业从事时尚公司总部设计的建筑公司，但时任亿客行首席执行官的达拉·科斯罗萨西还是找WeWork重新设计了芝加哥的一个大型分公司办事处。"Powered by We"的想法由此应运而生：代表企业寻找、布置和运营整个办公空间。这是一个平台，他们称之为WeOS。在这里，企业可以将所有房地产需求外包给WeWork。这么做不但可以获得WeWork的果汁供应链和办公空间桶装啤酒配送，而且还得到了更灵活的租赁条款和弱化风险的机会。新的公司会计规则即将要求企业将办公空间租赁归类为债务，这意味着首席财务官将对房地产投资组合不屑一顾。如果亚当愿意代替他们承担持有长期租约的责任，那么众多企业当然会欣然接受。

亚当为大型机构服务的举措遇到了一些抵触。在某些大楼里，单个公司就占据一两个楼层，那里的社区经理发现了排外现象。当时亚马逊和利宝保险在波士顿的一栋楼里都有办公空间，那里的WeWork

社区经理说道："就像高中或大学那样，人们只和朋友在餐厅里坐一起。"WeWork董事会的几名成员认为，邀请大型企业将使公司与其最擅长的业务脱节。"你们都错了。"亚当在一次会议上告诉他们。正如孙正义不能把愿景基金全部投到小型公司一样，亚当也不能用自由平面设计师来填补已经占据的所有空间。如果企业愿意将大部分员工安置在WeWork空间，而不是简单地在这里或那里租几个小办公室，那么获保收入的机会将是巨大的。

"Powered by We"承诺的不只是改变公司的实体空间。亚当开始推销这个想法时认为，对于特拉维斯·卡兰尼克和优步而言，内部问题已经演变成一场公关噩梦，而WeWork可以帮忙解决这些问题。"在过去12个月，影响优步的不是新闻，"亚当那时说，"而是一种随时间推移产生的文化显露出来了。"既然WeWork在推销技术专长方面举步维艰，那么也许可以转而推销企业文化。

在纽约峰会上，"Powered by We"负责人韦里什·西塔上台解释了这款产品。他引用的一项研究表明，87%的大型企业员工缺乏参与感，50%的员工同时还在找新工作。他放了几张幻灯片，里面有最近一个项目的图片。第一张照片显示褪色的黄色椅子围绕着白色的自助餐厅桌子。第二张照片上是相同的空间，但呈现为一个开放的阁楼，镶木地板和多肉植物点缀在房间中。"我甚至不知道该怎么称呼第一张图片，"西塔说，"死囚牢房？"他说，关键是要理解办公室的工作原理：狭窄的走廊迫使同事之间进行互动，而办公空间的紧缺让高管与下属一起工作。西塔说，有些企业认为要像脸书或推特那样拥有华丽宽敞的办公空间。他们错了。"你不需要这些，"西塔说，"你真正需要的是一个首席文化官！"

＊　＊　＊

在WeWork，首席文化官的工作落在米格尔的肩上。把阿蒂·明森打入冷宫并提拔珍·贝伦特的人事方案出台后，米格尔也不再管理WeWork设计团队，转而接替贝伦特的工作，担任首席文化官。作为现代初创企业的发明，这个头衔与人力资源主管的角色相近，一般留给不太关心薪酬福利而比较关心公司社会一致性的高管。在履新的2018年峰会上，米格尔驳斥了WeWork迎合大型企业就是出卖自己的观点。"大型企业员工也都是真实存在的人类，"他说，"难道他们不像那些潮人一样需要我们吗？"

和亚当开设"绿色办公桌"10年后，米格尔的角色发生了变化。他对WeWork的早期成功起到了至关重要的作用，是他定义了WeWork美学，包揽了实体发展过程中的网络布线和墙壁粉刷等脏活累活。在亚当向投资者和业主做出承诺时，米格尔通常就坐在旁边，脑海里飞快盘算着合伙人刚刚保证的事情需要如何落实。假如亚当幻想自己是史蒂夫·乔布斯的继任者，那么米格尔就是他的史蒂夫·沃兹尼亚克，是他制造了机器，让合伙人的梦想成为现实。但在一家拥有几千名员工的公司里，一个能工巧匠的作用微乎其微。米格尔的建筑许可证到期了，在设计过程中的作用也随之减弱，这项工作变成了10年前AA美国服饰的突击式扩张版本。管理一个由建筑师和设计师组成的100多人的团队不是他的专长。在内心深处，米格尔仍然是个害羞的设计师，戴着耳机，面前摆着一套图纸，这种状态让他感到最为自在。

即使其安静的存在有助于平衡亚当旺盛的说教，他也从来不曾完全适应越来越多需要扮演的公众角色。（一位员工说："如果说亚当是红牛，那么米格尔就是甘菊茶。"）告诉别人要怎么做让他感到自我放纵，成为众人关注的焦点则让他感到畏惧。为什么所有人都要听他的？他更喜欢站在台下，看着合伙人把五彩纸屑洒在自己身上。多年来，米格尔一直对亚当的"开挂"能力感到敬畏，后者能够时刻调整态度和信息以适应任何出现在其面前的观众。当米格尔也要这么做的时候，他挣扎了。"在任何情况下，我都是同一个人。"他说。米格尔并不热衷于励志格言，但确实很喜欢一句话："默默努力工作，然后让成功发出他妈的噪声。"

米格尔已经不再像早期那样怀疑亚当的雄心壮志，部分原因在于他意识到自己只有出现在亚当·诺伊曼身边，才有可能对世界产生一定的影响。变得富有这一事实也起到了帮助作用。米格尔不是亚当那样的初创明星，但仍然乐此不疲地收取版税支票，低调地享受赚钱。他在汉普顿有自己的房子，还在犹他州一个精英山地社区买地建了一栋，那里居住着很多年轻的创业者。与合伙人的早期交易缩减了他的部分收入，但他并不介意。20年前，他给母亲寄了一张明信片，说自己打算搬到纽约做些伟大的事情。20年后，他做到了，开设了一百多家WeWork分店，参与了这项全球业务的每个环节。他觉得在上海开的那家WeWork可能是迄今为止的最佳分店，他还经常琢磨果汁机到底应该放在哪里。

首席文化官这一职位给他带来了新的挑战。WeWork最初的空间里自然而然充满了团结的感觉，但现在却越来越难以维系，所以两年前亚当曾经试图招募丽莎·斯凯把这种感觉找回来。作为首席文化官，米格尔开始着手创建文化操作系统——WeOS的一个组件，以帮助"Powered by We"客户改进企业内部文化。从亿客行离职后,达拉·科斯罗萨西接替了优步的特拉维斯·卡兰尼克,现在他不仅可以通过租用WeWork办公空间安置员工,还可以雇用WeWork帮助公司重建文化。

WeWork经常在总部测试新的设计和布局,然后再给客户试用,而米格尔的首要任务是考察WeWork自身的企业文化。公司增加了数千名员工,WeWork的企业文化已经发生了变化和扭曲。米格尔意识到自己几乎不认识员工中的任何一个,于是他又设定了目标,每天向3个新认识的人介绍自己。在2018年峰会演讲中,米格尔表示,他希望WeWork团结在一起,并制定了一个新的口号:"运营友爱。"

没有理由认为米格尔是理解和改善WeWork员工命运的最佳人选。他没有接受过人力资源方面的培训,在接任首席文化官时已有10年没为任何人工作过。米格尔估计,在过去20年里自己每晚只睡4到5个小时。他的一位女友曾对他这么说:"我希望你能像看那栋大楼一样看看我。"

但亚当喜欢把人放到不熟悉的位置,看他们表现如何。米格尔的首席创意官由时装设计师亚当·基梅尔担任,他和演员妻子莉莉·索博斯基与诺伊曼夫妇关系良好。基梅尔流淌着房地产的血液,其父创办了一家公司,成为美国最大的购物中心建造商,但他是这个职位的另类选择。和孙正义一样,他从未涉足WeWork,没从事过建筑或设计工作。他也从来没有管理过像WeWork设计部门那样规模的团队,而且团队需要跟上的节奏甚至让基梅尔感到窒息:几年前他注销了以自己名字命名的男装品牌,就是担心它发展过快无法控制。

基梅尔开始彻底更新WeWork美学,用白色墙壁和明亮的基利姆地毯取代了精品酒店外观，让人感觉更像是棕榈泉的改装汽车旅馆。他鼓励WeWork设计师像时装设计师那样按季节思考。偶尔出现审美上的困惑——涉及品牌问题时，团队有时会问，"我们是用基梅尔喜欢的颜色还是丽贝卡喜欢的颜色？"但总的来说，亚当认为基梅尔是个天才，应该给他一个广阔的空间来实现抱负。

2018年，米格尔去找人力资源部门的一位高级成员，说自己在新旧工作交接时遇到了问题。设计团队的两名女性员工都在WeWork工作多年，但被禁止参加基梅尔召开的会议。相反，基梅尔的命令则需要让其他男性员工先过滤一遍。显然，基梅尔和索比斯基有个规矩：双方都不允许私下面见异性——正如美国副总统迈克·彭斯和妻子给对方设定的限制。人力资源代表与两位女性见面后，了解到她们担心如果不能恰当执行基梅尔的命令，就会失去工作。几天后，人力资源代表被叫来向诺伊曼汇报。

"你建议炒掉亚当·基梅尔吗？"诺伊曼问。人力代表说是的。"解雇不是你的工作。"诺伊曼说，他认为基梅尔应该有机会改变自己的行为。"你的工作首先是确定人们在业务方面是否出色？需要问的第二个问题是，这人是个好人吗？"诺伊曼说，"基梅尔在两方面都是无可挑剔的。"

*　　*　　*

2018年7月的一个上午，亚当在以色列通过视频会议向WeWork员工发表讲话，公司正把以色列特拉维夫的首家分店改造成微软员工独占的办公空间。似乎是临时起意，亚当在长达一小时的演讲中出人意料地宣布了一件事：WeWork禁止吃肉。

　　这算不上亚当发表过的最奇怪声明，但包括高管团队的几乎所有人都感到惊讶。一群高管坐下来解读这份宣言时，就连米格尔似乎也不知道这位联合创始人是什么意思。WeWork员工可以带火鸡三明治午餐到办公室吗？会员呢？公司如何执行这样的规定？又为什么要这么做？亚当是肉食动物，所以大家认为禁令背后的始作俑者应该是素食主义者丽贝卡。"吃东西的时候，你也在吸收它的能量，"2018年丽贝卡在一个播客上说，"所以如果动物感到悲伤，那么你也就吸收了悲伤。"

　　经过一番讨论，高管团队提出一个计划：为了更好地倡导低碳生活，公司将不再支付含有肉类的员工餐费。刚刚加入WeWork的首任可持续发展主管林赛·贝克反对这种说法，担心这会让人觉得缺乏诚意。肉类根本算不上公司最大的环保问题，冲泡咖啡时使用的杏仁、燕麦和牛奶等对环境的影响要大得多，更不用说建筑中使用的木头、铝材和日渐老化的暖通空调系统了。

　　虽然禁止吃肉政策似乎十分符合公司的进步精神，但WeWork员工反应迅速，而且是压倒性的否定意见。存在健康问题的雇员指出他们必须吃肉，而乌拉圭和印度等国家的雇员则指出这是一个文化敏感问题。得克萨斯的一位共和党政客甚至在竞选活动中嘲笑了这项政策。Slack团队协作软件中出现了一个专门讨论这个问题的栏目，员工开始在米其林星级素食餐厅用餐，花大把钱吃龙虾，在机场寿司卷上消耗每日餐费补贴。在纳什维尔的创客奖活动中，因为无法提供意大利辣香肠比萨，社区经理林赛·伊斯贝尔不得不向受邀表演的说唱歌手杰拉尔德·厄尔·吉勒姆道歉。

对于许多WeWork员工来说，这份随意而大胆的公告可以代表在公司的工作经历。特拉维夫的WeWork技术团队成员迈克尔·布拉沃跟同事分享了一份长达6页的"宣言"，阐述了对个人自由被践踏的担忧。布拉沃是在苏联长大的，总体上反对WeWork"精力充沛的摇旗呐喊"。同事经常宣称对某件事有多么兴奋，而这种说法让他觉得筋疲力尽。"在WeWork，每天可能上百次听到这个词，"布拉沃说，"如果有人总是处于兴奋状态，就应该寻求帮助。"和许多员工一样，他认为少吃肉可能是个好主意，但他只是不想接受老板的强制要求。布拉沃的宣言在公司广为流传，几个月后在离开WeWork时写的一封告别邮件中，他加入了一面黄色的加兹登旗，那象征着美国独立革命力量茶党的抵抗。

很明显，无论亚当给了米格尔、阿蒂或其他人多少权力，WeWork仍然是亚当的公司。在WeWork，一切都以他为中心，而且他吸引投资者的魅力对员工也产生了类似效果。亚当是位大师级的演说家，善于利用他的身高优势。他有一种令人不寒而栗的能力，能保持强烈的眼神交流。"他看着你的时候，就是想象中恺撒大帝盯着你看的感觉，"社区经理阿拉娜·安德森说，"里面蕴含了一种强势，一种自我理解，一种信念。"

在美国公司中，将精神正念与追求利润融合在一起的运动日益兴起，WeWork处于这项运动的前沿。在"感谢上帝，今天是周一"活动中，员工有时会打响指来回应所欣赏的情怀，就像在参加一场诗歌朗诵会一样。即便人力资源团队抱怨低于市场水平的薪酬难以吸引人才，亚当仍坚持认为人们是为了公司的目标和使命而来，而不是为了薪资或福利。

但公司口号"做爱做的事"越来越难以得到员工长时间的共鸣。他们通常每周工作60个小时或更多,却还会因为下午6点半下班去接替保姆或上健身课而受到惩罚。斯特拉·坦普洛只用信用卡看了一次电影,就被信用卡公司提醒要注意可能存在的欺诈行为。考虑离开公司的人主要担心两种情况,第一是所有朋友都是WeWork员工,第二是离开后可能买不起股票期权。逃跑的方式也很有限:WeWork强迫全体员工——包括门卫和咖啡师——签署竞业禁止协议,阻止他们为竞争对手工作,直到2018年纽约总检察长介入,称WeWork的协议是非法的。

员工开始认识到在WeWork的生命周期。新员工会在6个月,也许9个月的时段里兴高采烈地待在公司。热情的缓慢下降逐渐开始,直到18个月的时候,他们会筋疲力尽,幻想破灭,而公司吃肉禁令之类的东西会把他们推到绝境。这些员工会离开,然后被替换,再一次次重复这样的过程。2018年年底,WeWork员工数量迅速接近1万人,其中一半在公司工作不到6个月。许多员工开始不再把WeWork视为一家企业,而是一个邪教。亚当的传道吸引了源源不断的新信徒,让机器继续运转。"从商业角度来看,"一位人力资源高管告诉我,"邪教模式还是挺管用的。"

第 18 章
WeWork 婚礼

BILLION DOLLAR LOSER

  孔特雷拉斯是墨西哥一家WeWork的社区经理,他很喜欢自己的工作。"这就像一场梦,我的同事们成了我最亲密的朋友。他们不强迫我做任何事情,但有股强大的力量让我只能顺从他们。"

  他想和留在德州经营艺术项目的女友订婚,但WeWork的工作节奏让他几乎没有时间计划求婚。孔特雷拉斯问他的老板,是否可以在夏令营期间请假去求婚。他的老板表示夏令营活动是强制性的,然后提出了一个折中方案:"为什么不就在夏令营求婚呢?"

奥古斯托·孔特雷拉斯于2018年初加入WeWork。35岁的他原本住在得克萨斯，和女友共同经营一个社区艺术项目。有个在墨西哥城的朋友开设了当地最新的WeWork分店，并怂恿他加入进来。"我有生活，有使命，为什么要离开？"孔特雷拉斯问朋友。朋友说应该想想假如拥有更多金钱，他的生活和使命会是什么样子。经历一番思想斗争，又在YouTube上看了亚当关于"地球人性化"计划的演讲后，孔特雷拉斯决定尝试一下。

孔特雷拉斯被聘为WeWork墨西哥城改革大道分店社区经理。他热爱自己的职位、工作、会员和团队，大家定期出去吃饭，花费几千美元都不带眨眼的。"在这么一家公司工作——'这是你的美国运通卡：随你怎么花，多多招收会员就行了'——就像做梦一样。"孔特雷拉斯说。同事成了最亲密的朋友。"这种邪教般的氛围是绝对真实的。"孔特雷拉斯说，"他们不强迫我做任何事情，但有股强大的力量让我只能顺从他们。"

孔特雷拉斯也在努力保持与外界的联系。他想和留在得克萨斯经营艺术项目的女友订婚，但WeWork的工作节奏让他几乎没有时间去计划求婚，更别提实现求婚了。孔特雷拉斯问上司能否在夏令营期间请假去得克萨斯求婚。上司表示夏令营活动是强制性的，但提出了一个折中方案："为什么不就在夏令营求婚呢？"

孔特雷拉斯同意了，带着女友来到伦敦以南一小时车程的坦布里奇韦尔斯，那里正在举办WeWork的2018年夏令营。他本来计划周五晚上在巴士底摇滚乐队的演出中求婚，但后勤工作太棘手，无法及时解决。第二天下午是一场躲球游戏比赛，孔特雷拉斯在数百名同事和几名摄像师的注视下拿起了麦克风。"她同意了！"身穿一件

WeWork品牌T恤的孔特雷拉斯单膝跪地喊道。同事在一旁欢呼雀跃。回忆起那一刻,孔特雷拉斯说,感觉自己仿佛"被一大家子亲人包围着",而当时他在WeWork工作了7个月。

* * *

没人知道2018年那次将是WeWork的最后一届夏令营,但有很多值得庆祝的事情:软银刚刚同意向公司追加10亿美元投资。WeWork将6000名员工空运到伦敦,请来新西兰歌手洛德表演,并不得不迅速找到替代餐车以满足公司新的饮食限制。员工住宿条件仍然简陋:帐篷里放着充气床垫。但公司创始人有两个预留营地,只有戴着VIP腕带才能进入。WeWork的活动团队收到了一页清单,列出米格尔营地的需求:一个火炉、一些爆米花薯片、足够一个周末饮用的啤酒、葡萄酒和椰子水。亚当和丽贝卡有个更长的清单。诺伊曼斯夫妇乘坐全新湾流喷气式飞机来到夏令营,这架飞机是在亚当的要求下,公司花费6000多万美元在野雁1号公司购买的。两人在夏令营营地的物品清单长达3页半,详情如下。

住宿和场地:
拉杰风格的标准帐篷套房
取暖设备
空调(3台空调)
特大床1张(包括床垫)
单人床4张(2间房各2张)

婴儿床1张

高脚椅1把

毛巾、毛毯、香茅蜡烛

维也纳双座4张和12张椅子

野餐桌8张供40人使用

斯德哥尔摩大咖啡桌1张

冰箱2个

火盆2个

雨篷1个

房车

交通：

恐龙主题小车3辆（2辆供办公室团队，1辆供家人）

小车1辆供WeWork保安团队

接送腕带客人往返主场地的班车1辆

供丽贝卡或亚当使用的经典路虎揽胜

奔驰V级

人员配备：

7天24小时保安

7天24小时司机2位

专职调酒师2名

日用品：

鸡尾酒搅拌器4个

塑料酒杯400个以上——从办公室多带一些备用

塑料杯

厚纸盘

木制餐具

纸巾

吸管（用纸密封）

红酒开瓶器6个

开瓶器6个

伊索天竺葵洗手液4瓶

伊索栀子沐浴露4瓶

伊索栀子洗发水4瓶

伊索栀子护发素4瓶

打印机

零食：

红椒片6袋

黄瓜6袋

新鲜水果切盘（每天2份）

坚果（无盐）

· 腰果3袋

· 开心果3袋

· 杏仁3袋

第18章 WeWork 婚礼

- 核桃3袋

SkinnyPop牌爆米花（12包）

柠檬10个

酸橙30个

LaCroix牌气泡水6瓶装4箱

热水或是煮开水用具（最好有个电茶壶套装）

无乳品燕麦片包

枣子3袋

无糖红牛12听装3箱

普通红牛12听装3箱

冰块

姜根

巧克力棒

水煮咸味毛豆

能量棒

鳄梨色拉酱单品

花生酱挤压包

茶叶

- 甘菊
- 木槿
- 薄荷
- 催奶茶

过滤水

鲜榨橙汁

燕麦奶或豆奶

Wasa牌杂粮

Wasa牌脆薄饼

Wasa牌清淡黑麦饼干4包

青苹果切片

有机鲜榨花生酱

混合莓果冻

鳄梨

生蔬拼盘（任意新鲜蔬菜）

非转基因西红柿

新鲜罗勒

新鲜马苏里拉奶酪

特级初榨橄榄油

素食寿司卷

法棍面包

盐和胡椒（在研磨机中）

健康战士南瓜籽棒3包

开明牌蚕豆（零食包大小）6包

有机蛋白棒混合装3包

附页是一份酒水需求清单，足够抵得上大部分WeWork入门级员工的薪资，从两瓶零售价1000美元的高原骑士30年陈酿单麦芽苏格兰威士忌开始，到丽贝卡用来制作贝利尼酒、含羞草酒和桑格里亚白葡萄酒的所需原料。

酒类：

高原骑士30年陈酿2瓶

响牌威士忌17年陈酿1瓶

响牌和风醇韵调和威士忌3瓶

麦卡伦威士忌18年陈酿4瓶

苏连红Elit伏特加/醍拓手工伏特加24瓶

唐胡里奥1942龙舌兰酒12箱

蔻修红酒（庞特卡内古堡 2003）16瓶

蔻修红酒（佩蒂特-卡斯特 2014）8瓶

蔻修白葡萄酒（奥派瑞酒庄 2014）24瓶

贝罗尼啤酒72瓶

喜力啤酒72瓶

科罗娜淡啤72瓶

在营地的一天下午，一支小型行进乐队引领WeWork员工走向创客舞台，白色条纹乐队的《七国军队》无休止地循环播放着。亚当、米格尔和丽贝卡三人按照计划主持小组讨论。但同时，素食运输车被告知暂停供应餐食，搞得酒后饥肠辘辘的WeWork员工怎么贿赂送餐工人都没用。三位创始人出现在舞台上，人群中爆发出一片欢呼声。对于首次参加夏令营的人来说，这是一种奇怪的群体能量。一位来自印度的员工开始高呼："前进，WeWork，前进！"另一位来自加利福尼亚的员工则尖叫着："亚当，你正在改变世界！"

亚当当然相信自己有能力做到这一点，他穿着一件T恤说道：

"我们对地球的影响和冲击将是如此之大。"几周前,凯特·丝蓓[1]和安东尼·波登[2]双双自杀。这一令人震惊的消息传出后,亚当曾在全体大会上告诉员工,如果谁感到沮丧或有自杀倾向,应该向他求助。在夏令营时,他传递了一个所谓的好消息:有一名员工这么做了,而且今天就在人群中,他表现得很好。

就跟在其他场合一样,亚当分享了一些童年困苦,他和丽贝卡表示希望帮助更加不幸的孩子解决困扰他们的问题。"我对We公司最大的梦想之一,"丽贝卡告诉众人,"就是我们能在世界各地建立社区,供那些境遇不佳的孩子生活,而且可以一直生活下去。"

亚当插了一句话。"当今世界有1.5亿孤儿,"他说,"如果能把工作做好,我们有一天醒来就可以说:'我们想解决这个世界上孤儿们所遭遇的问题——并且在两年内做到。'"

"还有那些遭受虐待的孩子。"丽贝卡补充说。

亚当表示同意。"然后我们再去找少数族裔,找弱小的人,找那些被更强大之人利用的人,"他说,"由此我们再去讨论世界饥饿问题。有这么多的问题,我们可以一个个去解决。只要下定决心,就能解决任何问题。"

丽贝卡接着对在场的艾迪·诺伊曼表示感谢,因为她资助了亚当来到纽约后的早期生活,"你帮他建立了世界上最大的家庭,"丽贝卡说,"作为女人,很重要的一件事就是帮助男人彰显人生使命。"

---

[1] 美国时装设计师,2018年6月5日自杀。——译注
[2] 美国名厨兼知名电视节目主持人,2018年6月8日自杀。——译注

第 18 章　WeWork 婚礼

*　　　*　　　*

这个说法让许多女性措手不及：WeWork最杰出的女性高管丽贝卡是否在告诉公司的女性，她们的主要工作是帮助身边的男性？丽贝卡经常称自己为缪斯女神，而翻译成创业术语，就意味着她将自己描述为"他人的平台"，但她在夏令营的这番言论似乎限制了公司女性对自我角色的预期。英国不动产杂志《地产周刊》的作者托马斯·霍布斯偷偷溜进夏令营，就像渗透进一个拉尼希人的聚会，然后曝出了这一番话。后来在播客上被问及对什么最为自豪时，丽贝卡说得更加直白。"可能是帮助我的丈夫和周围其他人展示他们的使命，"她说，"我觉得这是女性特有的超能力，因为我们可以孕育生命，可以包容生命。"

无论为改善企业文化做出多少努力，WeWork在消除职场女性常见问题方面总是收效甚微。绝大多数公司高管仍然是男性。亚当曾屡屡开玩笑地鼓励女员工与其表亲、房地产主管马克·拉皮德斯约会，后者还与一名下属保持着关系。2013年，梅迪娜·巴尔迪在面试亚当的办公室主任一职时，被问及是否计划在短期内怀孕。后来她对公司提出了怀孕和性别歧视的指控。根据投诉，2016年巴尔迪告诉亚当自己怀孕了，不能再和他一起乘坐私人飞机，因为近期陪他乘坐飞机时，他和其他几名高管在飞机上吸食大麻。于是在巴尔迪休假时，亚当雇了一名男性幕僚长取代她，薪资是她的两倍。等她春季回到公司后，巴尔迪被降到诺伊曼多名助手旁边的一张办公桌。几个月后，亚当又把她调回原来的岗位，因为亚当担心新任幕僚长过于关注"个人品牌"，而他需要一个忠心耿耿的人。回到工作岗位一年之后，巴尔迪在2018年再次休产假，于是亚当又雇了另一个人取代她。

2018年夏令营两个月后，在WeWork工作了3年多后被解雇的鲁比·安纳亚对公司提起诉讼，称自己在公司多次活动中受到性骚扰。安纳亚最近在米格尔的团队工作，担任文化总监，并发起了WeWork女性支持小组。就在几个月前，安纳亚接受了哈佛商学院一个研究团队的采访，这是米格尔努力改善WeWork公司文化光辉案例研究的成果。现在她声称亚当在面试时邀请自己喝酒，还投诉一名男同事在夏令营摸了自己，但人力资源代表称那名男同事是个"高绩效员工"。另外，作为首席文化官的米格尔明知她的困扰，却什么也不做。

WeWork高管就如何应对进行了激烈讨论，几位高管指示WeWork传播团队散布安纳亚在夏令营和WeWork派对上的照片，试图将其丑化为心甘情愿参与公司放荡行为的人。（传播团队拒绝这么做。）因为安纳亚曾在米格尔手下的文化团队工作过，亚当告诉联合创始人，应该由他就这个问题与员工进行沟通。安纳亚提起诉讼并被媒体报道后的第二天，米格尔给每位WeWork员工发了一封电子邮件，声称安纳亚因为表现不佳而被解雇。

许多WeWork员工大吃一惊。美国反性骚扰运动（#MeToo）正如火如荼，布雷特·卡瓦诺的最高法院听证会刚在一个月前举行，除了表达深切担忧和进行彻底调查的承诺，公司首席文化官居然没有任何其他意见。无论安纳亚案情如何，对于WeWork女性员工而言，参加夏令营、峰会或公司任何派对往往会让她们处于不舒服的境地，这并不奇怪。一名女性员工在夏令营期间醒来时，发现一名男同事正在她的帐篷上小便。

公司对安纳亚诉讼的回应使米格尔被进一步边缘化。那些在公司工作多年的人怀疑，高管席上是否还能听到他的声音，而那些最近才来的人则认为，他完全应该辞职。除此之外，他创造企业文化的尝试也没有产生任何突破性的成果。创建企业文化是一项劳动密集型任务，无法标准化。友爱这东西是很难运营的。后来，有人发现"运营友爱"也是女作家玛丽安·威廉姆森使用过的口号，这倒并不令人惊讶。

* * *

对于很多资深员工来说，2018年夏令营的结束就像一个时代的结束。活动规模越来越大，以至失去了许多魅力，许多员工只是希望公司能给一周休息时间，把投入夏令营的钱改成每人发2000美元奖金。夏令营结束后，WeWork活动团队的几名成员冒险进入诺伊曼夫妇的营地，看看还剩下什么。他们只看到一片狼藉，包括遗落在房车里的一根未抽完的大麻烟卷。于是无事可做的他们把大麻烟卷传看了一圈。

夏令营求婚3个月后，奥古斯托·孔特雷拉斯被WeWork解雇了。整个秋天，他一直在墨西哥城和得克萨斯之间来回旅行，看望未婚妻。有时他会使用公司信用卡支付与女友共进晚餐的费用。毕竟，孔特雷拉斯经常听亚当和其他WeWork高管说，公司是个大家庭，所以他坚信未婚妻现在当然也是这个大家庭的成员。

11月，一个素未谋面的员工——在他加入后不到一年的时间里，WeWork大家庭从3000名员工增长到近1万人——把孔特雷拉斯叫进了会议室。WeWork发现了他和未婚妻共进晚餐的事，告诉孔特雷拉斯需要退钱。孔特雷拉斯有点恼火，但之后他还是照做了，他承认好几个月来一直在用公司的钱支付餐费。随后他立即被解雇了。

几个月后我和孔特雷拉斯交谈时，他对自身行为表示懊悔，意识到自己有点愚蠢，竟然相信WeWork是个真正意义上的家庭，但也感到一种背叛和失望。他现在回到了得克萨斯，带着未婚妻经营社区艺术项目。

第 19 章
坚忍计划

BILLION DOLLAR LOSER

　　孙正义和亚当计划要求软银和愿景基金从WeWork的许多现有股东手中收购股份，从Benchmark到烟鬼组合乐队，再到奥斯汀和伦敦那些贷款买下既得期权的前社区经理。

　　这样一来，亚当、孙正义就能剔除任何对其共同愿景持怀疑态度的异见者。这项计划总的资金上限为200亿美元。也就是说，WeWork的估值将远远超过400亿美元，是软银一年前判定公司估值的两倍。亚当可以保持对公司的控制和愿景，而他的理论净资产将上升到130亿美元以上，成为世界上最富有的人之一。

　　这个计划的代号是"坚忍"。

2018年8月，就在WeWork最后一次夏令营的几周前，孙正义告诉软银股东，他通过愿景基金投资的数十家公司将"加入我们的大家庭"。在这些不断成长的小伙伴中，孙正义似乎有一个最爱。"WeWork将是下一个阿里巴巴，"他说，"这家公司正在做一些全新的事情，使用技术和专有数据系统，以一种别人没有的方式建立和连接社区。"他正在考虑将软银总部搬到日本的WeWork办公空间，还告诉那些审查WeWork业务的人不要太担心盈利问题。"感觉要比单纯看财务数据更重要，"他说，"你必须感受到这种力量。"

但财务数据仍然是个问题。WeWork在2018年亏损将近20亿美元。而且尽管自从2015年亚当宣布WeWork不再需要更多私有投资以来，公司已从投资者那里募集资金超过50亿美元，WeWork还是再次面临现金短缺问题。4月，WeWork又得到了7.02亿美元的债务融资，这是一个奇怪的特殊数字，是亚当庆祝39岁生日时，把年龄乘以18得出的，而18在犹太教中是个幸运数字。

债券发行要求WeWork公布季度财务报表。在过去的10年里，对于WeWork的预测弥漫着神奇的思维，需要用冷静的评估来调和，以使债券对机构投资者具有吸引力，比如美国教师保险和年金协会就是WeWork债务的最大持有者之一。诚实有时可以获得支持，WeWork在债券募集说明书中写道："我们有亏损的历史，可能无法在公司层面实现盈利。"

但有很多方法可以把"这种力量"应用于WeWork财务数据。募集说明书中有个独特的指标："社区调整息税前利润"。息税前利润代表未计利息、税项、折旧及摊销前的收益，是衡量财务业绩的标准方法。"社区调整"一词是WeWork的创举，旨在将公司华丽的辞藻应用于一项能以更乐观态度呈现财务状况的指标。公司认为，设计、营销和管理费用等成本会随着时间的推移逐渐消失，所以应该去除这些成本，于是社区调整息税前利润将WeWork在2017年的9.33亿美元亏损变成了2.33亿美元盈利。

实际上这些成本不太可能消失，而这个令人生厌的术语让很多人觉得只是又一次试图让投资者相信WeWork。在21世纪第二个十年，许多高增长却亏损的独角兽公司杜撰出定制指标，体现他们认为一旦停止为规模增长投入资金，公司就会赚到多少钱，比如优步的版本叫作"核心平台贡献利润率"。《纽约时报》一名经济记者提供了一种不那么乐观的角度来看待这些衡量标准："扣除所有糟糕因素以后的收入。"《金融时报》称社区调整息税前利润可能是这一代人最为臭名昭著的金融指标。

无论以何种标准衡量，亚当似乎都不担心WeWork不断加剧的亏损。公司营收仍在每年翻倍，他经常重复孙正义的劝告，要加快步伐。他告诉高管，孙正义相信，如果坚持不懈地追求目标，WeWork估值可能达到1万亿美元。亚当对公司内部顾问的意见嗤之以鼻，开始称自己为WeWork的"马克和雪莉"[1]。由于其他内部候选人已被赶走，有人建议引入一位值得信任的副手来管理公司，亚当对此不予理会。据报道，诺伊曼在2018年数次缺席董事会会议，期间公司董事对WeWork的增长速度表示担忧。布鲁斯·邓利维和软银两名代表之一罗恩·费舍尔都敦促WeWork制定上市时间表。

---

[1] 马克指马克·扎克伯格（脸书创始人），雪莉指雪莉·桑德伯格（脸书首席运营官）。——译注

但债券募集说明书要求的信息披露已经让亚当感到不舒服，上市的想法仍是不可取的前景。在这方面他并不孤单。如今初创企业保持私有化的时间要比10年前长得多：自20世纪90年代末以来，公司上市的年龄中值从4年增长到12年，增加了两倍。萨班斯-奥克斯利法案的限制导致许多企业家想尽可能避开公众监督，而大量私有资本的涌现也消除了必须上市融资的压力。亚马逊上市之前，杰夫·贝佐斯只获得了A轮风险投资；马克·扎克伯格则进入了E轮。亚当让WeWork的私有化保持得足够长久，能够让孙正义投资G轮。

孙正义本人早就梦想将软银私有化，从而摆脱作为上市公司的种种限制。通过愿景基金将大笔资金投向初创企业，他觉得自己是在赠予年轻公司"保持私有化的礼物"。由于愿景基金的投资经常包含大量二次购股，比如2017年软银和愿景基金就从现有股东手中购买了价值13亿美元的WeWork股票，早期投资者开始将愿景基金的投资描述为一种新的退出战略："孙正义公开募股"（Masa-PO）。

2018年夏天，孙正义开始和亚当谈论赠予这样一份礼物。WeWork已是愿景基金规模最大的投资项目之一，但基金的部分理念在于寻求"重磅"交易，也就是向单个公司注入数十亿甚至数百亿美元。从某些方面来说，这一策略是必要的。可供投资1000亿美元的好主意数量有限，而愿景基金似乎已经在挑战极限：孙正义已经投资了食品配送、虚拟现实、垂直农业、基因组学、无人驾驶、汽车租赁、遛狗、比萨制作机器人以及运动服装在线销售等领域。

孙正义和亚当计划要求软银和愿景基金从WeWork的许多现有股东手中收购股份，从Benchmark到烟鬼组合乐队，再到奥斯汀和伦敦那些贷款买下既得期权的前社区经理。这样一来，亚当、孙正义就能剔除任何对其共同愿景持怀疑态度的异见者。这项计划总的资金上限为200亿美元。也就是说，WeWork的估值将远远超过400亿美元，是软银一年前判定公司估值的两倍。亚当可以保持对公司的控制和愿景，而他的理论净资产将上升到130亿美元以上，这将使他成为世界上最富有的人之一。

*　　*　　*

这个计划的代号是"坚忍"。软银和WeWork团队从纽约飞到东京，再飞到波士顿（WeWork的世达律师事务所法律顾问团队驻扎在此），反复研究细节。软银习惯大量投资同个行业的多个公司，比如门急送和优食，从而引发价格战。因此，WeWork坚持要求孙正义不要为竞争对手提供资金。反过来，软银也让亚当保证不会离任，私下推出WeWork的竞争对手。如果WeWork的营收在未来5年内增长到500亿美元——这是一个几乎难以想象的速度，但孙正义和亚当都是梦想家——亚当在公司的股份就会增加。

对于WeWork和亚当来说，坚忍计划意味着下一年又是个大年。正如亚当所承诺的那样，公司目标是超越摩根大通成为纽约最大的写字楼租户，他也希望在这个过程中大展拳脚：WeWork计划在双子塔旧址世贸中心一号租下12层楼，其中包括曾经光鲜亮丽的杂志出版商康泰纳仕所占用的空间——亚当和孙正义的扩张把又一家老牌公司赶出了他们的堡垒。《纽约时报》记者安德鲁·罗斯·索尔金写了一本关于2008年金融危机的书，名叫《大而不倒》。他认为，亚当长期以来希望用这个词来定义自家公司，而现在确实很适用。

第19章 坚忍计划

"'大而不倒'的理念长期以来都只适用于政府可能拯救的银行业,"索尔金写道,"但在这种情况下,世界各地的业主可能会感觉处于一种尴尬境地:他们会不得不出手拯救一个失败的租户,只是因为对方规模太大了。"

随着万圣节的临近,WeWork又开始策划一个应景的主题派对。一家纽约房产租赁公司,兼营一所小学,通过一个渴望进行更多投资的日本商人得到了沙特石油的大笔资金,成为世界上最有价值的私有公司之一,如何总结这种超现实的感觉?所以2018年的派对主题是:"什么是真实的?"

整个秋天,亚当都在谈论坚忍计划,仿佛已经板上钉钉。"跟亚当在一起,握个手就成交了。"一位WeWork高管说。WeWork可以用这笔钱做任何事情。亚当一度提出收购价值40亿美元的商业地产巨头高纬物业。他还出价试图收购色拉制造商恬益绿。WeWork这个名称似乎已经不够宽泛,无法囊括亚当的野心。于是,公司开始构想重塑品牌,就像谷歌成功改名Alphabet一样。公司有3条主要产品线:WeWork、WeLive和WeGrow,还有更多产品等着被想象出来。有了孙正义数十亿美元的支持,WeWork将成为We公司。

* * *

"阳光是众神的礼物。"2018年10月,孙正义对着一群投资者说。那是一个炎热的日子,他回到新德里,承诺向印度的太阳能产业投资1000亿美元,并将电力成本降至零。孙正义在迅速行动,分配着愿景基金的弹药,而且已经开始勾画2期、3期和4期基金。

他在印度发表演讲的同一天，有消息称沙特记者贾马尔·哈苏吉在沙特驻土耳其领事馆内失踪。哈苏吉曾经撰文批评穆罕默德·本·萨勒曼[1]和沙特政权，随着各种细节的浮现，很明显沙特政府就是谋杀的幕后黑手。在全球商界，很少有人比孙正义与沙特阿拉伯的联系更直接。他在事发后一直保持沉默，与本·萨勒曼私下会面，并在离开时再次确认沙特阿拉伯对愿景基金2期的450亿美元投资仍在谈判中。而一个月后，孙正义谴责了哈苏吉遇害事件。

与哈苏吉之死牵连最大的其他商界领袖圈子，就是沙特阿拉伯通过愿景基金资助的数十家公司。优步是唯一从中获取资金超过WeWork的美国初创企业，其首席执行官达拉·科斯罗萨西退出了利雅得举行的沙特政府未来投资倡议大会，俗称"沙漠中的达沃斯会议"。亚当也决定退出会议，但跟特朗普发布旅行禁令时一样，他选择不公开表态。

在公司内部，亚当夸耀了WeWork与沙特阿拉伯的关系。2018年的大部分时间，公司都忙于在沙特阿拉伯和阿布扎比——愿景基金的第二大投资者——筹划大规模的中东扩张，包括将编程学校引入沙特并帮助女性学习编程等。亚当表示，他正与沙特政府商谈将WeWork纳入沙特工商业新城Neom。这座城市位于沙特阿拉伯西北部靠近以色列处，是一座全新建造的未来城市。Neom预计将拥有机器人管家、人工雨云和黑暗中的发光沙滩等项目。亚当认为WeWork在这个项目中的作用可能价值数十亿美元。

---

[1] 沙特阿拉伯王储兼副首相、国防大臣，国王萨勒曼·本·阿卜杜勒-阿齐兹之子。——译注

第19章 坚忍计划

亚当总是说希望自己和公司能为中东带来和平。贾里德·库什纳已把这一地区纳入了自己的白宫事务管理范畴，亚当认为，他、库什纳和本·萨勒曼是缔造更美好世界的千禧一代领导人。在很大程度上，他似乎对一家美国公司在沙特阿拉伯开展业务所面临的地缘政治复杂性无动于衷。哈苏吉死后不久，WeWork公共事务团队把乔治·W.布什总统的国家安全顾问斯蒂芬·哈德利请到WeWork总部与亚当会面，帮忙解释局势并分析沙特政府引入WeWork的动机。会面期间，亚当告诉哈德利，本·萨勒曼只是需要一个合适的导师。哈德利于是询问谁比较适合当这个导师，亚当停顿了一下，然后回答道："我。"

但是与之相对，沙特人和阿联酋人从来不曾迷恋过WeWork。他们找到孙正义，成立愿景基金，是为了让经济多元化，进入能够定义未来的知识型产业，而不是投资房地产。在讨论坚忍计划的过程中，亚当在于曼哈顿圣瑞吉斯酒店与阿布扎比主权财富基金负责人卡尔杜恩·哈利法·阿尔·穆巴拉克的一次会面时迟到，这对事态的发展更加起到了反作用。据《名利场》杂志报道，亚当那天戴着墨镜，看起来像是宿醉未醒。

*　　*　　*

亚当仍然对坚忍计划和孙正义充满信心。亚当的副手觉得，孙正义对亚当来说就像父亲一样，因为在童年大部分时间里其亲生父亲都不在身边。亚当把和孙正义的联系描述为一种"特殊的关系"，孙正义曾经自豪地告诉亚当："上一个和我有这种感觉的人是阿里巴巴创始人马云。"然而，亚当作为孙正义宠儿的地位可以被剥夺。秋天，愿景基金又向快速发展的印度酒店初创企业Oyo投资了10亿美元。这家企业的创始人比亚当年轻15岁。一次会面中，孙正义向亚当展示了该公司雄心勃勃的增长计划，并对亚当说："这位小弟的表现真的比你出色。"

在软银内部，对坚忍计划的抵触情绪不亚于对当年孙正义和亚当在汽车后座上达成的协议。多位软银高管反对这笔交易，其中包括曾公开表示WeWork可以成长为千亿美元公司的愿景基金掌管人拉吉夫·米斯拉。他们认为WeWork亏损过多，而WeLive和WeGrow，更不用说波浪花园之类，正把公司推向其并不熟悉或擅长的领域。软银的投资者似乎也有相同的担忧：坚忍计划的细节首次见诸媒体后，公司股价下跌了5%。

两家公司之间的紧张关系日益加剧。帮助愿景基金管理WeWork投资的维卡斯·J.帕雷赫表达了对公司商业模式的担忧，于是亚当禁止他参加之后的一些会议。WeWork方面提到软银内部存在一种"深层状态"，法律和财务团队就深陷其中，意在破坏孙正义对这笔交易的看法。软银也推动了一项条款，允许公司在诺伊曼因暴力犯罪入狱的情况下罢免他。在一次会议中，亚当明白地说起与贾里德·库什纳的友谊，这听起来像在提示己方与白宫关系不浅，尤其是在软银为Sprint和T-Mobile合并寻求政府批准的关键点上。（2018年8月，亚当在新泽西的总统高尔夫球场与特朗普会面，当时亚当和丽贝卡正与贾里德和伊万卡共进晚餐，特朗普顺道前来。）

11月，双方达成初步协议，软银将向WeWork追加投资30亿美元，同时双方将开始磋商坚忍计划。但随着谈判的进行，带领

第19章 坚忍计划

WeWork团队的贝伦特和明森意识到，软银既可以挥霍无度，也可以精打细算。WeWork很快就会再次耗尽资金，公司高管开始担心，软银可能会把拖时间作为一种策略，迫使WeWork接受不那么有利的条件。

他们开始考虑后备方案：上市。2018年，WeWork开始收到投行推介，对近期进行首次公开募股的可能情况进行概述。于是公司开始准备需要提交给美国证券交易委员会的S-1文件，这是上市的第一步。这么做的其中一个目的就是向软银表明，尽管亚当对上市犹豫不决，但如果有必要，公司可以在没有捐赠者的情况下继续前进。

不过坚忍计划还在推进中。粗略轮廓已经透露给媒体，WeWork员工兴奋地意识到期盼已久的发薪日即将到来。亚当差点就要实现自己的梦想，即保持WeWork的私有化。12月初，他在华尔街一家犹太慈善机构的筹款活动上发表了主题演讲。在时任高盛董事长劳埃德·布兰克费恩的介绍下，他身着黑色西装、头戴圆顶小帽上台，在3块展示其脸部特写的巨幅屏幕前发表了演讲。亚当宣布，WeGrow将为对犹太教律法书感兴趣的学生增加一条"犹太赛道"，并称自己注意到他们最近庆祝了光明节——这也是他最喜欢的奇迹节日。"在生活中，这并不是害怕缺点，"他说，"这是关于有勇气充分地生活，并尽一切所能成为我们可以成为的光。成为我们所能成为的一切是很可怕的，如果每个人都能做到最好，就没有什么能阻止我们，世界就会和平，而摩西亚赫，即弥赛亚[1]就会出现在这里。"

---

[1] 耶稣基督的另一称谓。——译注

* * *

圣诞节前,诺伊曼一家登上"野鹅一号",在哈纳雷湾度过又一个冬季假期。亚当计划再次冲浪,这次是和该运动的传奇人物之一莱尔德·汉密尔顿一起。WeWork正在敲定一笔交易,按照坚忍计划的标准来看规模不大,公司将向汉密尔顿主营姜黄和蘑菇浸泡咖啡奶精的莱尔德超级食品公司领投3200万美元。亚当对波浪池的投资没有成功,波浪花园公司价值1600万美元的产品"海湾"受到市场冷遇,WeWork将所持股份价值计提为零。亚当对莱尔德超级食品的押注与冲浪无关,而是在营养咖啡奶精行业加倍押注,就跟孙正义在多个送餐应用上投入大笔资金一样。如果德西科三兄弟未能成功改变美国的饮食模式,那么也许莱尔德·汉密尔顿可以。

到达夏威夷时,亚当感觉很乐观。WeWork在12月新开了79家分店,超出之前6年的总和,包括可以俯瞰旧金山大部的Salesforce大厦全新办公空间。虽然世贸中心一号大楼交易失败,但WeWork仍然成功超越摩根大通,成了纽约市最大的租户。公司正在装修切尔西总部,撤掉了很多个人办公桌,因为谷歌空间分析团队发现大多数人整天都在开会。亚当办公室是得到扩建的少数个人空间之一:玻璃墙上有特殊波纹以保护隐私,附属房间里有红外桑拿和冷水浴缸(这是几个员工在浴缸的水渗入下面地板后才发现的。),还有亚当在冲浪板上的另一幅大型照片。

最重要的是,封存坚忍计划的文件已经送去印刷厂,交易完成了。在夏威夷与汉密尔顿一起冲浪时,亚当鼓起勇气冲进了巨浪的波峰,后来他夸口说这个浪有18英尺高。亚当很晚才开始冲浪,所以技巧还不够娴熟。他尽其所能驾驭上升的海浪，但随着海浪的力量越来越大，他只能勉强挣扎着保持平衡。等到上岸歇气的时候，他的一根手指已经骨折了。

就在亚当冲浪的同时，对坚忍计划的支持也在悄然瓦解。沙特阿拉伯和阿布扎比拒绝让愿景基金向WeWork投入更多资金，这让孙正义陷入了需要自己为这笔交易融资的困境。12月18日，软银旗下的日本移动电话部门上市，创下有史以来世界第二大首次公开募股，仅次于阿里巴巴。孙正义希望上市能让自己再次发家致富，将部分收益用于坚忍计划。他说："1000亿美元还远远不够。"并解释了为什么需要比愿景基金更多的资金，"我的梦想太大了。"

但是该股一蹶不振，首日交易就损失30亿美元市值——日本股市历史上最糟糕的首秀之一。在中美贸易战的持续拖累之下，世界各地市场都被波动性所困扰，股市下跌速度为2008年以来最快。自夏天孙正义和亚当构想坚忍计划以来到12月底，软银公司本身的股价就下跌了超1/3。

平安夜那天，孙正义从夏威夷东三岛之一的毛伊岛给正在度假的亚当打电话。他说，坚忍计划已经胎死腹中。市场崩盘吓跑了潜在投资伙伴，再进行如此规模的交易风险实在太大。软银股价下跌后，几家金融机构已对孙正义个人持股追缴保证金。他的手脚被束缚住了。

亚当目瞪口呆。身边顾问曾多次尝试降低他的预期，并提出警告：只有在WeWork有用时，孙正义才是可以信任的。但长期以来，孙正义似乎是唯一和亚当处于同个现实扭曲力场中的人。几个小时过去，亚当都没有把这个消息告诉丽贝卡。他等了一天才给贝伦特和明森打电话，让他们享受假期之后再分享失望的心情。（几乎没有参与谈判的米格尔正在新西兰度假。）亚当和副手说话时语气很平静，似乎仍然相信自己有机会赢得恩人的青睐。孙正义就在夏威夷，大家都怀有希望，也许亚当可以最后一次施展魅力。

12月26日，亚当飞往毛伊岛与孙正义共进早餐。软银已经深度投资WeWork，孙正义当然没有理由完全放弃亚当。双方都需要挽回面子。200亿美元已经没有可能，但孙正义同意再投资20亿美元，而且这些钱并非来自愿景基金。

回到纽约，明森、贝伦特和其他几位高管都中断了圣诞节后的假期，琢磨着该怎么办。他们一直没有完成S-1文件，但现在有了紧迫感。WeWork十周年纪念日即将到来，公司需要在年底前提交文件，以保持政府给予"年轻"公司的某些福利。12月28日，WeWork向美国证监会秘密递交了S-1草案。亚当希望避免的时刻，也是他的导师承诺帮助他避免的时刻，即将到来。"对于亚当来说，这个像父亲一样的人让他如此失望，无法说清这是多大的打击。"亚当的一位高级副手说，"我不认为他真的恢复正常了。几乎他所有的行为，从当时直到最后，都与此事有关。"

* * *

坚忍计划泡汤两周后，亚当接受了美国消费者新闻与商业频道的采访。他整个人看起来憔悴不堪，冲浪事故中受伤的手指还戴着护具。采访时，他坐在阿什顿·库彻旁边，这位在21世纪第二个十年从电影和电视节目明星摇身一变成了明星风险投资家。库彻在洛杉矶期间就认识丽贝卡，跟亚当也已相识10年，他和前妻黛米·摩尔也曾参与卡巴拉中心的活动。自从2013年在一部传记电影中饰演史蒂夫·乔布斯以来，库彻几乎已经放弃了演艺事业。现在，他与盖伊·奥塞里一起经营着一家名为桑德资本的风险投资公司，后者以担任麦当娜的经纪人而闻名。

库彻没有投资WeWork。美国消费者新闻与商业频道的字幕将库彻列为"WeWork战略合作伙伴"，因为公司曾经邀请他帮助重塑创客奖。库彻一直很难理解WeWork是一家怎样的科技公司，但他说自己已经开始改变主意了。"当我真正深入到引擎盖下面……我意识到这是一家科技公司，"库彻在访谈中说，"我意识到，凭借拥有的技术，他们比世界上任何其他公司都更有能力将人们聚集在一起，缩小贫富差距。"他认为坚忍计划的泡汤并不值得担心。"毕竟这是有史以来的第二大风险投资！"库彻谈到软银对WeWork的总投资时说，"我投资了优步，所以知道哪家最大。"亚当则笑着说，库彻很快就会得到WeWork的股权。

诺伊曼和库彻当时在洛杉矶参加2019年WeWork峰会，公司试图淡化坚忍计划的泡汤，并不承认这是对公司的重大打击。WeWork再次租用了好莱坞环球影城，并让吹牛老爹和库彻宣布创客奖名单。演讲时，米格尔身穿一件黑色T恤，上面写着："未来很神奇！"阿蒂·明森穿着夏威夷衬衫[1]，在鲍勃·马利的《三只小鸟》开场和弦中走上讲台。他告诉WeWork员工自己是来打消顾虑的。"你们中有多少人收到过关于软银撤资的电邮、电话和短信？"明森问道，"你

---

[1] 衬衫的一种，适用于夏季炎热地区穿着，一般认为起源于夏威夷，但并非夏威夷原住民的传统民族服装。——译注

可以告诉他们，你们的首席财务官穿着夏威夷衬衫走出来，说一切小事都是不足为虑的。"

这话引来一阵笑声，但WeWork员工却很紧张。公司从来没有被迫从一个懊恼的立场来讲述自己的故事。亚当上台漫无目的地发表了一段独白，为自己的失败辩解，并坚称来自公司外部的消息通常都是"假的"。他吹嘘孙正义最新一笔投资带来的新估值：470亿美元，使公司超越SpaceX、爱彼迎和电子烟制造商吉尔（Juul），成为美国市值第二高的私有初创企业，仅次于优步，并宣布公司更名为We公司。对于在没有适当现金支持的情况下进行公司更名，高管团队有些犹豫，但至少更名可以分散公众的注意力。亚当分享了自己和米格尔10年前制定的最初商业计划，包括WeSail和WeBank等；他说，后者已经在路上了。公司转型的最后一个组成部分是新的使命宣言："提升世界意识。"

这个想法并非WeWork原创。卡巴拉中心创始家族的耶胡达·伯格在著作《活着的卡巴拉：一个让权力为你工作的实用系统》中，描述了中心的目标是"提升世界意识"。诺伊曼夫妇和卡巴拉已经渐行渐远，据报道亚当甚至称之为邪教。（2015年，伯格和卡巴拉中心被迫向一名中心前学生支付17.75万美元，该学生声称伯格用酒精和处方药迷惑她，意图攻击她。）但丽贝卡接受这个想法，加上她最近与印度作家迪帕克·乔普拉的互动，于是公司将其作为新的使命宣言。她曾在2018年秋天的一次采访中说道："WeGrow的使命——坦白说，我们所生活的这个集体的使命——就是提升世界意识。"丽贝卡称，这么做的目的是让每个人在意识方面都变得高大上，而不是其他的什么东西。对于丽贝卡来说，将个人信仰体系融入WeWork，标志着她多年来在把精神与商业结合方面付出的努力获得了成功。丽贝卡在参加峰会时告诉员工，她想推出一个播客，试播内容是自己在峰会舞台上对红辣椒乐队主唱安东尼·凯迪斯的访谈。

访谈很快偏离了轨道。丽贝卡问凯迪斯，为什么他的乐队把一张专辑命名为《母亲的乳汁》，然后转到讨论初乳的重要性，也就是母亲生完孩子后的第一次母乳。许多员工在座位上局促不安。她问凯迪斯，乐队里有个以色列人是什么感觉——"我爱以色列人，尤其是那一个。"丽贝卡一边说着一边朝观众席中的亚当点头，但她没意识到这位乐队成员30年前死于海洛因过量的事实。

对于很多员工来说，洛杉矶那周是令人困惑的一周。丽贝卡到底为什么要采访安东尼·凯迪斯？WeWork的价值比以往任何时候都高，新的投资将允许员工兑现部分股份，但这并不是他们期望中的意外之财。将业务线归拢在We公司旗下有一定道理，但难以捉摸的使命宣言却令人费解。当公司四处抛出诸如"做爱做的事""谋生活而不是谋生存"之类的口号时，他们可能会翻白眼，但至少这些想法是员工和会员都可以理解的。在鲁比·安纳亚提起诉讼、公司与沙特阿拉伯关系恶化以及大家为跟上工作节奏而陷入挣扎之后，很难解释他们为什么还要这么努力工作。

在峰会上，哈佛商学院教授弗朗西丝·弗雷发表了自己的观点：当公司在真实性、逻辑性和同理心三方面之一的坚持开始动摇时，公司往往会陷入麻烦。几周后，WeWork员工在有线电视频道看到一部关于血液测试公司希拉洛斯兴衰的新纪录片，大家都感到摇摆不定。两家公司都依赖于富有魅力的创始人和分层的信息，让底层员工希望在某个地方有人在运筹帷幄。希拉洛斯的董事会中没有医生，而

WeWork的董事会中也没有房地产界人士。唯一让WeWork员工感到欣慰的是，他们提供的是客户喜欢的有形服务，而不是一开始就根本不起作用的血液测试。但看到在另一家高歌猛进的初创公司里，同行越来越难以解释自家公司到底做什么业务时，他们感到毛骨悚然。

在WeWork，有一个人并不担心公司未来。"你知道一颗钻石要多久才能成形吗？"亚当在峰会上问一名记者，"50万~400万年。我喜欢这个比喻——为了让某样东西变得异常珍贵，你必须施加很大的压力。"

第20章
我们中的我

BILLION DOLLAR LOSER

亚当的愿景和他对投资者、对房东、对员工的承诺，是WeWork发展的燃料。他说服了一个又一个投资者相信他的愿景；每当他这样做时，之前的投资者都能将自己的股权加价到更高估值，然后一路抛售股票，将风险转嫁给下一个傻瓜。

但是，在全球经济无节制增长的21世纪第二个十年，WeWork的崛起会给下一代创业者带来什么信号？这样的成功是否反映了我们想要的价值观？

第20章 我们中的我

2019年4月,在We公司开始"提升世界意识"的3个月后,我参观了位于苏荷区格兰街154号的第一家WeWork分店。仿佛是来自另一个年代的时间胶囊,米格尔的业余布线还在大厅里排列着,而WeWork"棍子砸电脑"的最初标识还贴在慢到令人痛苦的电梯里。"我们永远不可能成为最好的,但现在已经成为具有历史意义的WeWork分店了,"挤过一条排列着玻璃隔间的狭窄走廊时,大楼社区经理考特尼·华莱士对我说。自2011年起就在WeWork工作的华莱士简直不敢相信WeWork的发展速度,但认为亚当不会因此感到惊讶。"亚当的野心是没有上限的,"华莱士说,"我估计亚当会说很惊讶花了这么长时间。"

9年前格兰街154号开业以来,有6家租户一直在此办公,尽管现在附近有很多更新的选择:一名WeWork员工就占用着这里的一间办公室,他正在管理街区尽头一家新分店的建设。《纽约》杂志曾指派我撰写一篇WeWork的相关专题报道,部分原因是亚当·诺伊曼的帝国似乎正在慢慢逼近——杂志社所在的苏荷大楼一英里范围内突然出现了十几家WeWork分店,贾里德·库什纳的兄弟乔希·库什纳所创办的医疗保险公司奥斯卡健康在那里也有个崭新的"Powered by We"办公空间。

参观完格兰街154号,我注意到几个陌生的未接来电,于是走到外面回拨。电话那头是在WeWork工作多年的一位高管,获悉我在写一篇相关报道,所以很想分享自身经历,但又不太敢说出来。如果WeWork成功上市,他将获得丰厚收益,而且,他也见识过公司如何对待乔安娜·斯特兰奇和其他"捣乱"员工的。总体而言,他认为公司很不错,只是WeWork一直宣扬的所谓成为一家科技公司、革新教育或改善企业文化的想法很可笑。他说："WeWork拥有我这辈子遇到过的最糟糕的企业文化。"几天后，我在丹波的一家咖啡店（靠近原"绿色办公桌"）与一位WeWork前员工进行了私下谈话，也听到了类似的故事。"我以前参与过WeWork的一些宣传工作。"他想知道我的文章是否也会是其中之一。

与更多的现任和前任员工交谈后，我发现在WeWork工作的时间明显给他们中许多人留下了不可磨灭的印记。对一些人来说，WeWork是年轻时生活中最令人兴奋的经历之一，但也是最令人困惑的心理体验。许多离开的人形容自己就像逃离琼斯镇[1]或韦科山庄[2]一样，而留下来的人只是希望公司能够尽快上市，他们可以套现走人。

在格兰街154号时来电的那位高管在WeWork几次尝试招聘之后离开了一家大公司。"最后我说：'去他妈的。'哪怕听到的一半是真的，哪怕亚当所说只有一小部分是真的，WeWork也是一艘我想登上的火箭飞船。"从那以后，这艘火箭飞船继续沿着上升轨道飞行，他能理解公司成功的一切原因，但也相信某种形式的坠毁即将来临。他说，WeWork的麻烦在于，公司最大的优势和最大的缺陷都是高层。"亚当是个很有天赋的销售人员，"他说，"他的周围存在个人崇拜，而这种崇拜因素是机器运转的动力，能让大家保持安静。"亚当的愿景和他对投资者、业主和员工的承诺就是WeWork发展的燃料。

---

[1] 指琼斯镇惨案：1978年11月18日，美国邪教组织"人民圣殿教"913名教徒在南美洲圭亚那琼斯镇集体自杀。——译注

[2] 韦科山庄惨案：1993年2月28日，美国联邦执法人员出动坦克和飞机，对大卫邪教设在韦科的总部进行围剿，最后造成80名邪教教徒死亡，其中包括妇女和儿童。——译注

就连这位高管本人也易受影响。在酒店大堂酒吧见面时，我不禁注意到他的手机背面有张WeWork贴纸：做爱做的事。他能说什么呢？亚当总是那么令人信服。

*　　*　　*

诺伊曼的很多房地产界同行也同样不愿直言。他们见多识广，而且有各种理由希望看到亚当被打回原形。其中一位还帮我联系了他们雇来挖掘WeWork丑闻的私家侦探。但实际上，过去10年里几乎每位业主都在愉快地兑现着WeWork的支票，而竞争对手也很感激联合办公空间行业能有一位如此能干的预言家，到处宣扬着管理公司房地产的新模式。他们无法解释WeWork的估值，但都担心亚当可能实现其野心，从而变得更加强大，因为到目前为止没有什么能阻止他。没人愿意站在他的对立面。纽约一家小型办公空间供应商Spacious的负责人普雷斯顿·佩塞克与我交谈后，又打来电话要求将某些关键性陈述从记录中删去，以防亚当来收购自家公司。3个月后，诺伊曼果然花4300万美元收购了这家公司。

随着WeWork向潜在的首次公开募股迈进，过去10年间目睹它无视商业引力定律的那些人认为算总账的时候到了——不仅是对这家公司，对整个体系来说也是如此。参观格兰街154号之后几周，我与GA联合创始人之一杰克·施瓦茨进行了交谈。作为贝佐斯支持下的初创企业，这家公司在多年前将联合办公市场拱手让给了WeWork。"我当时不明白的是，难道只要去承担巨大风险，就可以因此获得回报？"施瓦茨告诉我，"在房地产行业你可以看到很多这样的人，他们并不比你聪明多少，但却愿意拿所有的钱去孤注一掷——这就是特朗普的模式。"GA的教育业务做得很好，施瓦茨对放弃联合办公业务并不感到遗憾，尤其是在软银进入并改变了行业盈利模式之后。他认为WeWork是家不错的企业，营收丰厚，只是不明白它怎么可能值470亿美元。

不过WeWork的崛起并未让施瓦茨感到震惊，毕竟他的部分职业生涯是在金融领域度过的，而这种情况在那里可谓屡见不鲜。亚当说服了一个又一个投资者相信他的愿景；每次他这样做时，之前的投资者就能将自己的股权加价到更高估值，然后一路抛售股票，将风险转嫁给下一个傻瓜。即使WeWork在上市过程中遭遇滑铁卢，亚当仍然拥有大约1/5股份，持有的优先股也能让他早于多数员工退出。"假设它的估值降至50亿美元，"施瓦茨说，他给出的这个数字更符合伦敦证券交易所对IWG集团的估值，"员工会受到影响，投资者会遭受重大损失，但亚当仍然身价10亿美元。所以从客观角度来看，承担大出血的风险玩这种长期骗局真就是错误的吗？你也可以说这是一个理性的模式。"

在全球经济无节制地连续增长10年之后，真正让施瓦茨彻夜难眠的是WeWork的崛起似乎给下一代企业家传递了一个信号：巨额财富可以凭空得来。"你会想到一个问题，这是资本主义应该做的吗？"施瓦兹问道，"像这样的公司有很多方式可以告诉下一代企业家，成功是什么样子的。提出这个问题的一种方式是，去看看在我们建立的体系中，那些成功者是否反映了我们想要的价值观。如果有人靠钻空子赚了很多钱，我们是应该关心还是不关心？"施瓦茨并不介意亚当发财，因为他自己也想变得更加富有。"我关心的原因在于，如果最成功的都是那些只管疯狂开店和尽情玩耍的公司，"施瓦茨说，"那么，所谓资本主义是伟大且有用的这一理念可能真的很难坚持下去。"

*   *   *

2019年4月在WeWork总部办公室会面时，亚当对我说："我觉得自己该剪头发了。"他刚刚拿出一张10年前的黑白照片：他和米格尔坐在一起，筹划着一家还不存在公司的未来。那时他的头发比较短，比后来留的齐肩长发显得干净利落。随着坚忍计划泡汤，公司即将上市，亚当想要回到和米格尔还在摸索一切时的模样。

亚当说他热衷于让公众了解WeWork的内部，称"数字可以说明一切。"他重复了长期以来的说法，即公司未来会走亚马逊曾经走过的道路。他仍然保持着一种遮遮掩掩的态度——"我们有太多数据不能真正分享"——同时又坚称已经准备好向全世界展示账本。亚当说："我觉得有份成绩单是好事。"

但他也不着急。2018年早些时候，他告诉自己正想招聘的一位高管，WeWork将在2019年把一切准备好，以便在2020年上市，梦想还在继续。我问起办公室沙发上方一张显眼的海报，展示着一个似乎是未来主义的WeCity，上面标明2048年。"我应该把它藏起来。"他笑着说，并称暂时不能透露任何细节，只能说那玩意实际上会比预期早得多——在2028年完工。

亚当和丽贝卡在西海岸度过了年初的几个月，他们住在最新的家：马林县一栋价值2100万美元的房子，前房主是摇滚乐推广人比尔·格雷厄姆。那里有7间卧室，1个带滑水道的游泳池，还有1间吉他造型的房间，里面有个可以放床头箱的小空间，窗户上装饰着Grateful Dead乐队单曲《恶魔的朋友》（*Friend of the Devil*）的开场和弦。

诺伊曼夫妇在西海岸有几件事要处理。2019年初的一天，WeWork西海岸房地产团队的一名成员收到一条短信，来自乘坐"野鹅一号"的亚当。几个月来，团队一直试图在贝弗利山庄找到合适空间，帮助WeWork进一步进军娱乐业务领域，并为库彻的桑德资本提供一个落脚点。好莱坞经纪业巨头创新艺人经纪公司的旧址威尔希尔大道9830号就是个备选项。那是贝聿铭设计的一栋标志性建筑，中庭还装饰着一幅罗伊·利希滕斯坦的巨大壁画。WeWork房地产团队怀疑这样一笔交易对公司是否存在经济意义，但亚当在4万英尺的高度给出了明晰的指令：完成交易。

一个通常需要花费数月时间的租约，WeWork在短短几周内达成了，并解散了负责对新空间进行尽职调查的团队。一切只是因为老板希望这笔交易达成。参与这个项目的一名员工说道："这在经济上没有意义，但我们还是这么做了。"

在与业主进行谈判时，孙正义的资金弹药库成了一把双刃剑，因为大家都知道WeWork房地产团队承受着巨大压力，要尽可能多地签署租约。至于威尔希尔9830号，WeWork的谈判对手是创新艺人经纪公司的联合创始人迈克尔·奥维茨，他仍是这栋大楼的共同所有人。奥维茨是好莱坞最精明的交易大师之一，一名年轻的WeWork员工提前做了功课，读过他的回忆录，但依旧很难找到谈判角度。为了达成协议，WeWork最终在多个问题上让步，在使用木材类型和浴室装置方面给了奥维茨否决权，同时同意承担几十万美金的机械工程费用，这在精打细算的时候是绝对不可能的。让步之后，桑德资本还将在免租情况下占用部分空间两年之久。签订租约时，WeWork团队意识到这笔交易非常糟糕，很可能永远都赚不到钱。

在上市前，WeWork几乎没有表现出任何收敛野心的迹象。2014年时公司预计到2018年WeLive会有69家分店，然而WeLive至今仍然只有两家分店，但团队正在全球范围内进行交易，包括改建迈阿密海滩酒店。亚当考虑过收购WeWork的长期竞争对手IWG集团，并差点以近13亿美元收购了全球最大的建筑运营公司之一——布鲁克菲尔德全球集成解决方案公司。WeWork西海岸团队的几名成员已经在实现办公空间租赁目标的压力下逆袭了，他们去蒙大拿考察土地，为会员开发了一个夏令营，并计划把波浪花园的波浪池设为中心景点。3月，亚当聘请了谷歌的一名高管和一位设计师朋友，开始构思WeCity——2028年就在眼前。2019年初，贾里德·库什纳打电话给亚当，请他帮忙准备一段视频，配合6月在巴林举行的"从和平到繁荣"峰会，以促进巴勒斯坦的经济增长。WeWork的公共事务团队对此表示拒绝，但亚当把这项工作交给了一位以色列高管罗尼·巴哈尔，由他负责寻找一家广告公司来制作这段视频。在峰会上，库什纳为与会者播放了这段视频——树木从废墟中拔地而起，花朵在沙漠中绽放。孙正义和美国财政部长史蒂夫·姆努钦都在现场。

与此同时，丽贝卡则利用夫妻相聚的时间，在西海岸寻求WeGrow的扩张机会。学校原址正在翻新，以便在秋季容纳两倍的学生。丽贝卡希望每个拥有WeWork的城市都能有这样一所学校，而WeGrow全球会员都可以带着孩子到世界各地就读。WeWork房地产团队被派到旧金山湾区去寻找符合丽贝卡要求的空间。她先是希望学校靠近自然，所以团队到马林县寻找，但她又想让学校临近WeWork社区，于是他们又回到旧金山。最后好不容易在恩巴卡德罗找到一个合适的地点，结果丽贝卡说担心地震会摧毁学校。

鉴于WeWork房地产团队在寻找新办公空间方面的巨大压力，所以此时丽贝卡让房地产团队去进行学校选址怎么看都像是一种干扰，只是WeWork需求和诺伊曼夫妇需求之间的界限已经越来越模糊。在西海岸工作期间，诺伊曼夫妇把几名WeGrow教师从学校抽调出来当孩子的私人家教。回到纽约后，一位教师趁丽贝卡不在，想要帮助其他学生。诺伊曼家大女儿是WeGrow学生摇滚乐队的主唱兼钢琴手，由于全家在马林县休假，乐队没了主唱。这位教师找到学校里一个一直努力学习的8岁小女孩，问她是否愿意尝试担任主唱。虽然这个女孩不会乐器，所以不符合加入乐队的要求，但老师认为可以破例。女孩同意了，而且很快就上手了。等诺伊曼夫妇在学期中回到纽约后，丽贝卡否决了这个决定。她说，这事违反了规定。规则就是规则，不能随便更改。结果是这位女孩被乐队除名，丽贝卡的女儿回到麦克风前。

* * *

5月初的一个下午，在为《纽约》杂志撰写文章前，我参观了环球达昌的公司总部，阿里安娜·赫芬顿的这家公司致力于"终结压力和倦怠流行病"。2018年，她聘请WeWork对公司办公空间进行重新设计。这是WeWork新产品"Headquarters by WeWork"的一个项目，且该项目在某种程度上隶属于"Powered by We"系列。跟我打招呼时，赫芬顿也跟WeWork负责跟着我的一位传播团队成员打了招呼。

赫芬顿不久前与其新任上司WeWork传播主管吉米·阿西交流过。阿西此前曾与优步的特拉维斯·卡兰尼克共事，而赫芬顿则是优步董事会成员。"吉米在优步代表特拉维斯处理一场重大危机时，我认识了他，"赫芬顿说，"从此一直保持良好的关系往来。"

在文章发表之前，我花了一周时间与WeWork通信团队进行斗争。他们坚称，亚当从未在办公室安装过吸食大麻的专用通风口，他出售的WeWork股票不超过2亿美元，丽贝卡也没有试图越级干涉WeGrow的学生摇滚乐队。而他们说，我可以报道：莱尔德超级食物公司正在"自杀"。我的文章中提及，亚当曾告诉一位WeWork高管，自己的下一个创业项目很可能在延长人类寿命的领域，但他们说亚当没有这样的意图，因为他不打算经营另一个公司，只希望尽可能长久地担任WeWork首席执行官。

WeWork员工告诉我，读过我的《我们中的我》以后，他们产生了一种奇怪的欣慰感：似乎有更多的人和他们有同样的经历。之所以选择这个标题，是因为几乎每个人在讲述自己在WeWork经历的故事时，都离不开亚当，不管这故事是好是坏。"亚当就是WeWork，"公司前首席收入官弗朗西斯·洛博当时告诉我，"他有1/4的疯狂，1/4的聪明，另外50%则是自我意识和真正关心他人之间的斗争。要是亚当明天被公交车撞了，我就会设法卖掉手中的股权。"

6月，《我们中的我》发布后，WeWork公关团队承认，我对亚当的采访异常尴尬。多年来，他的魅力打动了许多记者；每当有一个记者逼着他解释公司的财务状况，就有另一个记者急于讲述他的故事：技术颠覆和狭窄走廊对社区建设的影响。2017年，以色列报纸《国土报》的一名记者发表了一篇亚当简介，而几个月后他就离职去了

WeWork工作。

我采访亚当时，WeWork正在推出名为ARK的新投资基金，以取代"WeWork Property Advisors"。亚当表示，这个缩写的意思是"亚当、丽贝卡和孩子们"（Adam、Rebekah and Kids），但彭博社报道这个缩写时，发言人声称实际意思是"资产、回报、意外结局"（Asset, Return and Kicker）。ARK基金将使WeWork购买更多房产，它的存在让亚当对于拥有IBM大楼和其他WeWork房产重新燃起了兴趣。亚当驳斥了有关利益冲突的说法，声称他只是言行一致地花了自己的钱，还让其他业主知道WeWork是个合格的租户。他正计划把这些楼按照成本价卖给ARK基金。在接受彭博社采访时，他表示："我是个伟大的房地产买家，所以如果花100美元购买，那么目标可能值300美元。"

亚当说，他的个人利益与公司利益是一致的，他重新定义了早期对乔什·西蒙斯说过的台词："WeWork就是我，我就是WeWork。"尽管已经套现价值数亿美元的股票，亚当仍是WeWork的最大股东。"我的股票能赚到更多，"他告诉我，相对于自己从公司收取的租金而言，"如果想赚钱，我应该买进更多WeWork股票才对。"

"我也希望有些WeWork股票。"我开玩笑说。

"现在买入还不晚，"亚当说，"还有很大的上涨空间。"

第 21 章
"离群之鸟"

BILLION DOLLAR LOSER

　　IPO的核心文件是S-1，这是一份提交给美国证券交易委员会的枯燥财务报告。这份文件需要明确公共投资者应该注意到的风险。

　　S-1的代号是"离群之鸟"——能把群鸟甩在身后、展翅高飞的鸟。

第21章 "离群之鸟"

几天后,亚当和丽贝卡带着5个孩子登上"野鹅一号",开始了为期3周的环球旅行,以庆祝亚当的40岁生日。据称WeWork员工花了3天时间下载电视节目和电影,供几个孩子在飞机上观看,经过改装的飞机还增加了2个卫生间。(诺伊曼一家向公司报销了个人旅行费用。)一家人先到多米尼加共和国冲浪一周,然后在4月底横渡大西洋。亚当本打算在以色列向《快速公司》记者展示祖宅,作为即将发布的专访内容,但他最终取消了在那里的停留。他很紧张,但不是因为要见记者。诺伊曼家最小的孩子没有接种疫苗,而以色列航空公司的一名空乘人员刚刚染上麻疹,这种疾病已在全球蔓延。于是,诺伊曼一家径直飞往印度以南500英里的岛国马尔代夫,并邀请了包括迈克尔·格罗斯在内的24个家人和朋友参加生日聚会。他们租下一个别致的海滨度假村,可以独享当地冲浪胜地的意大利面点。他们还在近海停放了一艘游艇,同时要求带孩子来的亲友顺便把保姆也带上。而亚当在马尔代夫时,WeWork高管团队正在考虑公司的下一步行动。在向着首次公开募股进军的过程中,亚当和阿蒂一直在为怎么做而争论不休。阿蒂认为,控制公司支出、巩固财务状况和准备上市是明智的。他要求经理削减员工人数,并对开支进行纪律约束。WeWork董事会拒绝了亚当收购Remote Year的尝试,那是一个帮助网络用户在世界各地寻找睡觉和工作场所的平台。在首尔进行最后一场演出后,创客奖被搁置,2019年夏令营也被取消。4月1日,WeWork还取消了一直以来支付给经纪人的高额佣金,一些因此遭受过打击的竞争对手甚至怀疑这一举动可能是个愚人节玩笑。

不过,亚当表示WeWork应该继续扩张。他觉得公司体量已经足够庞大,哪怕资金出现问题,业主也不得不合作——这就是"大而不倒"的优势所在。据报道，亚当在一次会议上说："如果我对员工说'停下手头所有工作'，那么建筑物的价值就会暴跌。"他至少说对了一部分。4月中旬，标普全球评级公司宣布，如果WeWork倒闭，将有超过30亿美元的商业抵押贷款债务证券面临违约风险。

这种不确定性让亚当在4月下旬绕了半个地球的冲浪之旅变得复杂。他与留守纽约的高管保持着频繁的联系，后者常在半夜跟亚当通电话。但是马尔代夫和纽约的9个小时时差让沟通变得很困难。周五早上，纽约团队醒来时，亚当这边刚好天黑要守安息日了，最终他让一个副手飞到马尔代夫来帮忙。

电话中，阿蒂告诉亚当，他和WeWork财务团队准备于5月初在纽约与投资银行会面，选择其中一家来管理WeWork的首次公开募股流程。阿蒂等人认为，现在是时候了。WeWork需要在明年的某个时候注入新的资本为其增长提供动力。2018年年底，市场正在回升。一批同样在10年间接受大量风投资金的公司——优步、来福车、Slack、Beyond Meat——都在上市。刚刚上市的视频会议软件提供商Zoom的股价在首日交易中飙升了72%。WeWork不想错过属于自己的时机，阿蒂也想确保在任何泄密事件发生之前，让WeWork能够证明己方是在强势而非绝望的时刻上市。

亚当仍然犹豫不决，但他的选择已然不多。4月29日亚当在印度洋结束生日庆典时，WeWork正式宣布准备上市。

* * *

对于WeWork员工来说，这个消息是令人振奋的。经过多年的股

第 21 章 "离群之鸟"

票期权积累，变现的机会终于近在眼前。员工开始谈论买房、还债或跳槽。许多自认为有金融头脑的人建议同事现在就买入期权，以便在卖出时少缴资本利得税。有些人为此还贷款数万美元。WeWork收购的Slack网站上有个"个人理财"频道，员工以前常在这里讨论信用评分和养老金计划。现在这个频道更名为"上市新闻"栏目，以涵盖金融期货的相关话题。

从马尔代夫回到纽约后，亚当对上市的态度也发生了转变。他更希望保持私有，但既然决定已经做出，金融媒体的相关讨论已经沸沸扬扬，亚当似乎能够平静对待此事。WeWork高管希望趁他改变心意之前，迅速采取行动；毕竟他考虑的时间越多，就越可能改变主意。阿蒂还担心，如果亚当整个夏天都在汉普顿与潜在投资者觥筹交错，那么他会有太多机会说出不该说的话。所以，WeWork定在7月18日上市——18日感觉像个幸运的目标日期。

这是个雄心勃勃的目标。上市筹备团队的一名成员与Slack上市团队的一名高级成员聊天后，变得忧心忡忡。后者说他们在过去6个月里几乎什么都没做，只在为那一刻做准备。而WeWork的财务团队中有几名成员是最近从大型上市公司跳槽来的，甚至公司刚刚才把数千名员工空运到加州参加一个有红辣椒乐队演出的会议。市场要求的财政责任感在哪里？对于公司认为WeWork能够迅速准备好账本供公众审查一事，不少员工感到震惊。"我们一致认为，我方目前还不是一家有能力立即上市的公司。"财务团队的一名成员表示。

宣布上市后不久，一个WeWork团队与Imagination公司的员工见面。后者是家营销公司，专门帮助企业做好上市的前期准备。WeWork团队解释己方时间表时，对方公司的员工都笑了。完成所有需要做的事情，再加上美国证券交易委员会的必要审批，这点时间根本就是不可能的。然而，WeWork从来都不会接受规范或限制。"这些材料已经说明了关于WeWork的一切，"WeWork团队的一名员工说，"高层的反应是，如果你不能用WeWork的方式做这件事，那就请你离开。"

*   *   *

WeWork宣布将上市两周后，亚当曾在办公室里告诉我，他将特别关注优步的上市首日表现；两家公司不仅拥有共同的投资者（包括Benchmark和软银），也都有烧钱的习惯。WeWork和优步在2018年都亏损了近20亿美元——令人震惊的赤字远远超过了亚马逊这个终极亏损巨头。优步的首次亮相将衡量市场对于未盈利企业的投资兴趣。

5月10日，优步在纽约证券交易所挂牌上市，并迅速遭遇了有史以来最差的首日交易之一。这次大跌让WeWork和软银的所有人都深感不安。在WeWork和优步的私有估值达到顶峰时，孙正义曾向两家公司注入数十亿美元。可就在孙正义努力说服投资者加入第二只千亿美元的愿景基金时，软银持有的优步股价跌入了谷底。他几乎无法承受WeWork重蹈这样的覆辙。

亚当认为自己懂得应该如何避免重演优步的命运。这家拼车服务公司在5月底公布上市后的首份财报，称亏损持续加剧，还经历了多年以来最缓慢的增长。这种情况对准备上市的公司来说很典型，因为它们试图展示财政上的紧缩。但亚当告诉其他人，他认为增长放缓会吓到投资者。他说，WeWork将加倍努力。公司每天要开设两家新店，每周要签几十份新租约，每周一要招聘100名新员工。如果一切按照亚当的计划进行，WeWork在下半年将会以令人瞠目的增长数字吸引投资者。为了以前所未有的速度继续扩张，公司将在这个过程中不惜一切代价。

*　　　*　　　*

财经媒体倾向于把首次公开募股称为迷你超级碗——投资者、创始人和员工的盛宴，也是普通投资者考虑新公司是否有可能成为苹果或亚马逊的时刻。从实际情况来看，首次公开募股只是公司私下无法融资情况下的一种筹资方式。WeWork原本希望从公众投资者那里筹集30亿美元，继续为增长提供资金。而要做到这一点，单单吸引那些观看消费者新闻和商业频道的普通交易者是不够的，更重要的是要吸引那些能够为首次公开募股提供大量资金的机构投资者。与Benchmark或孙正义不同，养老基金和共同基金经理不会凭直觉去冒险。他们需要看到的是数据。

最重要的是厘清一个基本数字：WeWork的实际价值是多少？创业热潮中一个肮脏的秘密是，私有市场估值几乎毫无意义，且与公司赚了多少钱或创造多少经济价值基本没有关系。那只是个大概的数字，既靠数学更靠感情。在竞争激烈的情况下，比如WeWork早期的几轮融资，风投公司往往愿意提高估值，以吸引创始人接受己方资金，排斥他方资金。从A轮到B轮再到C轮，这个数字只会越来越大。

孙正义的到来将WeWork的估值推向了更加难以捉摸的境地。没有哪家公司能像软银那样向WeWork投资数十亿美元，这可是意味着470亿美元的总估值——是弘毅投资和其他公司2016年总投资的3倍——或多或少只是亚当和孙正义之间的约定。WeWork最新估值背后的细节则更加模糊。孙正义在毛伊岛同意投资的20亿美元中，有一半是以470亿美元的总估值计算的；而另一半则从现有股东手中收购，价格要低很多，按此计算的总估值只有230亿美元，仅略高于软银2017年支付的价格。

交易条款敲定后，一些WeWork高管认为公布较低估值或者两者之间的"混合估值"是相对谨慎的做法。470亿美元的估值会让WeWork背负沉重目标，甚至一些早期支持者也持怀疑态度。对软银推动增长感到失望的普信集团在2019年年初尽可能多地出售持股，并将剩余持股按照250亿美元的总估值标价。4月，富达悄然将持股按照180亿美元的总估值标价。到夏天亚当穿着标志性的T恤和牛仔裤在波士顿面见富达投资组合经理时，后者称不打算参与WeWork的首次公开募股。

然而无论孙正义还是亚当都没有太多理由需要表现得谦虚。当时，孙正义正试图为第二只愿景基金筹集资金，如果他最看重的一项投资获得了超高估值，软银就可以吹嘘一下惊人的业绩，至少在账面上是如此。与此同时，亚当尤其自豪的是，WeWork的新估值和优步的上市，使得公司成为美国最有价值的私有初创企业。他敦促WeWork传播团队宣扬470亿美元这个数字，阿蒂·明森则告诉他人，上市后的WeWork总市值将突破500亿美元。亚当还告诉《华尔街日报》，看着孙正义计算WeWork的估值是一件很美好的事情。

* * *

他们有理由感到乐观。随着WeWork即将上市，全球最大的几家银行花了数年时间讨好亚当和WeWork。在这种发行中，最令人垂涎的是主承销商的角色，其主要职责是告诉WeWork如何推销自己，并向潜在投资者提供核准信息。中标银行一般会出现在所有上市保荐机构的最左边，在WeWork这种规模的上市过程中会获得约1亿美元总费用中的绝大多数。

5月，摩根大通、高盛和摩根士丹利举行了一场竞逐，以争夺主承销商地位。鉴于摩根大通与WeWork合作已久，这家公司是首选。除了2014年的投资，摩根大通还通过各种贷款和其他融资安排协助WeWork的发展。他们也向亚当个人提供了9700万美元的低息抵押贷款，用于购买夫妻俩的很多房产，另外还给了亚当5亿美元的个人信贷额度，由其名下的WeWork股票进行担保。亚当已经习惯于把杰米·戴蒙称为"私人银行家"。摩根大通在为主承销商地位进行推介时，他们的银行家暗示，WeWork可以以460亿美元以上的估值上市，最高可达630亿美元。

摩根士丹利的推介由迈克尔·格莱姆斯领衔，他曾帮助该行承销了10年来最大的几宗科技公司首次公开募股。他甚至依靠做兼职司机，赢得了优步首次公开募股时的主承销商地位。一年前，摩根士丹利的一个团队曾在坚忍计划之前建议WeWork进行一轮私募融资，并表示投资者在未来的首次公开募股时可能会把目标估值定在1040亿美元的高位。不过格莱姆斯及其团队在5月竞逐时表现得较为冷静，认为WeWork潜在估值在180亿至520亿美元之间，且取决于WeWork如何向持有怀疑态度的投资者解释公司的盈利途径。

5月的第二周，就在优步以超过700亿美元估值上市的几天前，高盛在WeWork的推介过程中给出一个极端巨额估值：960亿美元。多年来，高盛一直在与摩根大通争夺亚当的青睐。新近离职的高盛前董事长劳埃德·布兰克费恩在上年12月的慈善晚宴上介绍了亚当，他的继任者大卫·所罗门于2019年年初访问了WeWork总部。高盛在推介中不惜夸大其词，将亚当的野心与史蒂夫·乔布斯、特蕾莎修女和鲍勃·马利的志向相提并论，还引用了后者的歌词："爱你过的生活，过你爱的生活。"当时，苹果是全世界唯一一家估值超万亿美元的公司，但高盛推介中有张幻灯片上写着"通往万亿美元的道路"。他们将WeWork和Salesforce、阿里巴巴、谷歌和亚马逊进行了正面比较，还用了句激励式的修饰语："你们的扩张速度更快。"

3家银行都知道，亚当对上市仍然犹豫不决。而高盛在进行推介的同时，也提供了最后一次避免上市的机会。亚当住在旧金山湾区时，就已经开始与一位高盛高管讨论规模接近坚忍计划的债务融资方案的可能性。这笔交易要求WeWork开设高达100亿美元的信贷额度，并以众多大楼的现金流作为抵押——这是一种不同寻常的融资安排，但高盛在这方面很专业。"如果需要做脑部手术，你得去全世界最好的医院。"亚当曾这么对同事说。如果完成这一交易，那么WeWork可以不上市，但一旦上市，高盛需占据主承销商地位。

明森和其他WeWork高管对此表示怀疑。即使对高盛来说，这也是一笔巨大的单体投资。但亚当希望继续推动。进入夏季后，高盛银行家与WeWork敲定了条款。7月初，高盛首席财务官斯蒂芬·谢尔通知WeWork同意加入。但一些最终条款在7月4日国庆节期间进行汇总时，双方都临阵退缩，最终交易没能达成。

亚当又回头去找摩根大通。一次会面中，杰米·戴蒙告诉亚当，他将组建一个团队来进行类似的债务交易，条件是亚当不再去找高盛。到7月底，双方草拟了一个60亿美元的贷款方案，并得到多家银行支持，但有个条件：WeWork只有在成功上市并融资至少30亿美元后，才能得到这笔贷款。对摩根大通来说，这不仅意味着5000万美元的佣金，还意味着主承销商的地位。对亚当来说，这意味着成功上市后，他可以获得90亿美元，为实现We公司的愿景提供资金。

*　　*　　*

在早些时候的西海岸之行，亚当曾再次尝试将WeWork纳入渴望已久的科技巨头生态系统中。虽然埃隆·马斯克拒绝与WeWork成员再次会面，但亚当和迈克尔·格罗斯开始寻找其他潜在合作伙伴。他们与Salesforce商谈打造办公管理应用，与苹果商谈将苹果手机作为WeWork空间的接入设备。亚当和布鲁斯·邓利维还邀请Alphabet公司首席财务官露丝·波拉特共进晚餐，希望能招揽她加入WeWork董事会。

每次商谈都越来越接近WeWork即将进行的首次公开募股，亚当也将话题引导到这个方向。21世纪第二个十年，亚当在筹集私有资本方面无人能及，他变得不再那么关心WeWork能为潜在合作伙伴提供哪些具体服务，而更专注于促使潜在合作伙伴承诺参与WeWork的首次公开募股。Salesforce或苹果哪怕给出一点象征性的承诺，也会对亚当给投资者讲故事大有裨益。

春天，亚当得到了与苹果首席执行官蒂姆·库克会面的机会。诺伊曼和格罗斯与苹果的企业发展副总裁阿德里安·佩里卡和首席财务官卢卡·马埃斯特里一起，向库克提出合作方案，希望苹果公司能够直接投资WeWork的首次公开募股（苹果已经通过愿景基金间接投资了WeWork）。去库比蒂诺的苹果总部时，亚当穿了T恤和运动夹克，并带着父亲一同前来。库克和亚当聊了90分钟，但这笔交易并未发生，因为双方都不清楚如何才能合作。

7月的最后一天，随着摩根债务融资消息的泄露，WeWork在布罗德街85号，也就是亚当曾经希望开设顶层俱乐部的前高盛大厦，举行了时长达3小时的"分析师日"活动。分析师们将决定各自公司在首次公开募股可能投入多少资金以及愿意支付的价格。由于美国证券交易委员会禁止亚当在首次公开募股前公开谈论公司前景，他在很大程度上被压制了两个月，但他现在又有机会重新站在人群前，找到自己最舒服的位置。丽贝卡坐在前排选择了伴唱曲目，随着两分钟的嘶嘶声开始了这场活动。她选择了马克莫尔的 *Can't Hold Us*，其中有句歌词是"就是这一刻/就是今晚/我们要战斗到结束"。

百余名投资者挤满了房间。亚当重申观点：WeWork的正确类比是亚马逊。而通过这种比较，WeWork看起来像个抢手货。自从坚忍计划泡汤以来，WeWork高管已经很难评估公司的地位，这些人紧张地扫视着整个房间，以衡量听众对亚当演讲的接受程度。他们因听众没有提出刁钻问题而松了口气，并注意到事后有几位分析师甚至找到亚当要求合影留念。活动很成功，这让大家信心倍增。几个月的忙碌可能真的起了作用。

第 21 章　"离群之鸟"

*　　　*　　　*

WeWork处于准备上市的冲刺阶段。6月来了又去，然后8月也不大可能了。根据内部预测，公司将在2019年年底前耗尽资金，因此筹集更多现金已是当务之急。亚当设定了新的目标：要在9月底犹太新年之前完成上市，目标定在了18号。

首次公开募股的核心文件是S-1，一份提交给美国证券交易委员会的、枯燥而典型的财务报告。2018年年底坚忍计划泡汤之后，WeWork提交过一份S-1草案，但需要进行微调来确保其展现了公司最好的一面，以便通过美国证券交易委员会的审查并明确公众投资者应该注意到的风险。比如WeWork的S-1文件中提到，公司业务可能会受到自然灾害、公共卫生危机、政治危机或其他突发事件的负面影响。

S-1文件的代号是"离群之鸟"——能把群鸟甩在身后、展翅高飞的鸟。现在，公司的一切似乎都有了代号，包括一个名为"斯塔克"的营销活动。这个名称要么来自《复仇者联盟》系列电影最后一部中死去的那个古怪亿万富翁，要么来自《权力的游戏》中注定要失败的家族。（亚当对两者都很喜欢。）WeWork将总部6楼亚当办公室旁一个安静的图书空间改造成"作战室"，供负责撰写"离群之鸟"各部分的团队使用。由于直到最后时刻才决定聘用摩根大通，"离群之鸟"的撰写一直处于没有银行家主导的状况。一个高管团队轮流起草解释公司业务的不同部分，然后试图找到方法将所有部分拼凑在一起。参与这个过程的一位成员把这份文件称为"弗兰肯斯坦怪物"。

过多外部顾问的介入似乎让亚当转向了最信任的人——丽贝卡。在此之前，丽贝卡主要在运营一些边缘业务，管理WeWork Studios和

WeGrow等非核心项目。但随着"离群之鸟"的起步,丽贝卡开始介入核心业务。当银行家和律师处理财务细节时,丽贝卡也开始着手指导"离群之鸟"的艺术展示。一般而言,在S-1文件的制作过程中通常无需过多考虑美学;毕竟制作过程已经足够繁忙,而去美化一份充斥着图表、脚注和财务披露的数百页小字体文件也没多大意义。

然而,品牌推广一直是WeWork崛起的关键,亚当和丽贝卡都已将一种信念内化,即只有当支持者明白公司蕴含着一种无法量化的能量时,WeWork才有可能成功。"离群之鸟"团队开会时,丽贝卡突然出现在会议中,抱怨文件过于强调数字。她对一组员工说道:"我们必须学会讲述'We'的故事。"

整个夏天,丽贝卡把多数注意力集中于文件中的照片展板,这个部分位于"WeWork业务介绍"和"市场风险的定量和定性披露"之间。丽贝卡要亲自选定每张照片,虽然公司不乏摄影师——完全可以从WeWork社区中找到值得夸耀的几位,但丽贝卡认为应该把眼光放远一点:能请到经常为《时尚》拍摄照片的史蒂文·克莱因吗?由于亚当·基梅尔不喜欢公司现有的摄影方式,WeWork还聘请了《名利场》杂志的一位前摄影总监,并派遣摄影师去公司在世界各地的分店重新拍摄。基梅尔同父异母的哥哥、高端摄影师阿列克谢·海伊也为WeWork高管重新拍了大头照。"离群之鸟"的拍摄成本迅速上升:仅在艺术修饰方面,WeWork就花费了数十万美元。一位WeWork高管表示:"丽贝卡把它当成了《时尚》9月刊。"

最终37页展板上有这么几张照片:罗恩·霍华德和布莱恩·格雷泽在WeWork洛杉矶分店的肖像;Zoom首席执行官在圣何塞分店用笔记本电脑工作;阿里安娜·赫芬顿与亚当·基梅尔在闲聊;一

名社区经理在WeWork约翰内斯堡的新开分店里从沙发上跳下来。最后一张照片中，亚当在宣布最新的创客奖优胜者后张开双臂，五彩纸屑如雨点般落在他周围。

丽贝卡团队对"离群之鸟"的艺术设计进行了一次次的修改。她坚持使用再生纸打印，又因为质量问题拒绝了几个早期版本，导致本已十分麻烦的过程又得从头再来。如此多的视觉调整让印刷厂的一名员工最终对WeWork同行大喊："这是一份财务文件！"美国证券交易委员会的申报系统对WeWork的S-1的每次调整都会发出提醒，还曾打电话给印刷厂，要求告知WeWork减少艺性术修改。

WeWork高管曾多次就丽贝卡掺和"离群之鸟"的事情向亚当施压。亚当理解他们的一些担忧。几位高管表示，他们无意间听到亚当和丽贝卡大吵一架，因为后者职位越来越多，已经膨胀到联合创始人、首席品牌和影响力官以及WeGrow创始人兼首席执行官等。但亚当最终表示，丽贝卡得到了自己的授权，可以控制"离群之鸟"的部分进程。两人就"离群之鸟"的最后一页，也就是一百多页附录的末尾应该放什么图片进行了反复推敲，二人希望"离群之鸟"能够凸显公司对可持续发展的承诺；丽贝卡还曾对一群员工说，WeWork上市的唯一原因是为了"拯救地球"。她和亚当曾经想在S-1文件结尾处放上一张海浪的图片，又担心海浪坍塌的象征意义。最后，他们选择了一张伯利兹森林的照片，那是诺伊曼夫妇出于保护环境的目的新近购买的。在一切反反复复之后，从事"离群之鸟"项目的员工开始担心，将精力集中在品牌推广上会分散投资者的注意力。他们中的一些人甚至开始怀疑，或许分散注意力是高层有意为之。

305

＊　　　＊　　　＊

除了解释公司如何赚钱，S–1文件的关键部分在于说明公司如何运作，以及采取了哪些控制措施让投资者相信WeWork有位稳健的掌舵人。世达律师事务所的律师就公众投资者所关注的各种治理问题向公司提出了建议。8月，诺伊曼将IBM大楼挂牌出售，试图消除存在已久的利益冲突。尽管部分初创企业创始人能够保住早期几轮融资中获得的超级投票权，但公众投资者倾向于更谨慎地看待那些拥有太多话语权的首席执行官。

亚当想要尽可能保住控制权。他开始与保罗韦斯律师事务所的律师合作，其中包括参议员查克·舒默的弟弟鲍勃·舒默。亚当想通过鲍勃的帮助来争取更多的公司控制权。他想把投票权从每股10票增加到20票，以确保在一群新股东买入后自己仍能保持控制权。诺伊曼夫妇还推动了一项条款：让丽贝卡拥有亚当继承人的选择权。布鲁斯·邓利维等人对此进行了反击，最后双方达成协议：亚当的继承人由丽贝卡与董事会的两名成员共同决定。

这个接班计划让人想起2019年1月亚当在WeWork洛杉矶峰会上对员工说的话，当时他告诉员工不用担心公司屈从于公众市场的意志。他说WeWork是家"受控公司"，即"我和我的家人100%控制着这家公司"。亚当说自己打算在任期结束后继续保持这种控制，"WeWork不仅受控……而且世代受控"。他认为自己的子孙将来不一定要成为WeWork的首席执行官，但他希望自己的后代能够保留公司股份，并确保WeWork继续沿着自己规划的道路发展。"这很重要，"亚当说，"有一天，也许100年，也许300年后，我的曾曾孙

第21章　"离群之鸟"

女会走进那个房间说：'嘿，你不认识我——我实际上拥有这里的控制权。你的行为方式不符合我们打造它的初衷。'"8月中旬，就在"离群之鸟"预定发布的几天前，早在2010年就开始向诺伊曼示好的摩根大通银行家诺亚·温特罗布打电话给明森和贝伦特，称杰米·戴蒙计划在S-1文件定稿前就治理问题向亚当施压。"他最好态度坚定。"谈到戴蒙施压诺伊曼的必要性时，阿蒂表示。

亚当在摩根大通总部面见了戴蒙。戴蒙建议亚当对公司的治理结构进行几项调整。此前，在诺伊曼夫妇汉普顿家中举行的一次会议上，协助发行的高盛银行家曾向亚当提出过类似观点。亚当问戴蒙的意思是不能这样做，还是不应该这样做。戴蒙告诉他，无论用哪种方式，摩根大通都能让市场接受交易——这是他们最为擅长的。但他同时警告称，亚当的控制程度极有可能会压低公司价值。考虑过风险后，亚当决定坚持自身立场。他非常自信，而且他在很大程度上就是通过无视传统智慧才取得了成功，所以为什么现在要开始倾听呢？

*　　*　　*

即使按WeWork的标准，"离群之鸟"的准备过程也很混乱。每周都会出现新的紧急情况需要立即解决。WeWork管理团队有时需要努力让亚当专注于上市的复杂性，注意所有必要的微小细节，以确保发行顺利进行，而亚当则在硅谷寻找投资者，并试图与高盛一起阻止公司上市。诺伊曼斯夫妇在这个夏天花了一部分时间与品牌顾问乔纳森·米尔登霍尔合作，后者让两人确定各种"原型"，以思考未来的角色。米尔登霍尔同意丽贝卡的自我评价：她是"缪斯女神"。亚当认为自己的身份之一是"魔术师"。

对于一对即将迎来人生中最关键财务时刻的夫妇来说，诺伊曼夫妇出奇地轻松自在。整个夏天，丽贝卡大部分时间都在阿马甘塞特的家中进行"离群之鸟"的美学设计。员工从这里往返曼哈顿要开6个小时的车，而次数频繁到他们想出了"我要去东部"这个委婉说法向同事解释当天去向。有次，一位主管到东部的汉普顿去见亚当，结果会面推迟了两个小时，因为后者想先去冲浪。

在"离群之鸟"发布前的几天里，丽贝卡一直在修改S-1文件首页上的一句题词。这在很大程度上是项多余工作，只是为了填补分析师在整理公司价值数据、模型和信息披露过程中瞥见的一页。优步的声明虽然含糊，但很简单："我们通过启动世界来点燃机遇。""离群之鸟"团队的几名成员认为Slack的表述完美结合了抱负和实践："我们的使命是让人们的工作生活变得更简单、更愉快和更高效。"

对WeWork来说，这项任务非常复杂，因为要定义公司到底在做什么已经变得越来越困难。在2019年的大部分时间里，WeWork传播团队都在努力写出一个简单的句子，有次是这么写的："我们被We公司的无限潜力所吸引。"打着提升世界意识的旗号，We公司的品牌重塑进展得很不顺利，以至"离群之鸟"团队的一些成员想干脆不写了，连亚当都不确定该写哪一句。"每当WeWork发出正确的声音，而且大家处于最佳状态时，我们听起来可以'引导'贝拉克·奥巴马，"一位帮助撰写"离群之鸟"部分内容的人士说，"但在最糟糕的时候，我们听起来就像玛丽安·威廉姆森[1]。"

---

[1] 美国畅销书作家，曾参选美国总统，但中途退出。——译注

第21章 "离群之鸟"

丽贝卡提交题词的终稿后，几位银行家、律师和从事"离群之鸟"工作的高管都表示反对。那似乎不太适合作为一份冗长财务文件的开头。但2019年8月14日上午7点刚过，"离群之鸟"向公众发布时，迎接潜在投资者的是一张空空荡荡的灰白色页面，中间写着以下文字：

谨以此献给——
比我们任何人都伟大，在我们每个人内心深处的
——We公司。

第 22 章
总是半满

BILLION DOLLAR LOSER

百老汇大街85号的这次会面,是"离群之鸟"发布后亚当进行的一次路演,目的在于激发人们对IPO的参与兴趣。

分析师们的首要问题很简单:你们到底是做什么的?

但亚当仍然难以解释WeWork的业务与当时在伦敦证券交易所上市且市值约为40亿美元的IWG集团有什么不同。

分析师们注意到,WeWork在会上摆出的品牌杯子上印有"总是半满"(ALWAYS HALFULL)的标语,这并不是个乐观的口号,因为50%的出租率相当于公司破产。

第22章 总是半满

8月22日，也就是"离群之鸟"发布8天后，WeWork美国市场部主管妮可·帕拉皮亚诺与谷歌的几位销售代表会面，商讨2020年的广告计划。与其他快速成长的初创企业一样，WeWork也有丰厚的营销预算，经常在相关付费搜索（如"办公空间"和"联合办公"）和查询竞争对手名称时投放广告。但谷歌员工这次给WeWork带来了一份令人不安的报告。帕拉皮亚诺第二天在写给同事的信中说："谷歌表示，与以前出现类似情况的公司相比，这是他们看到过最令人震惊的负面情绪趋势。"

谷歌的动机是通过付费广告掩盖负面新闻，推动企业通过花钱摆脱不利的新闻周期。但这回谷歌代表认为，对"离群之鸟"的反应太过强烈，即使以软银的慷慨恐怕也无法让WeWork摆脱当前困境。帕拉皮亚诺告诉同事，在这种"非常具有挑战性"的环境下，任何试图重整公司形象的努力都会导致WeWork在几个小时内花光原先一周的付费搜索预算。她向吉米·阿西和公司公关团队表示慰问。

帕拉皮亚诺只把邮件发给了少数人，但邮件的内容却传遍了整个公司。这证实了大家已知的事实："离群之鸟"相当失败。这些年来，WeWork基本避免了负面的媒体报道，只有偶尔的小插曲：与清洁工工会的斗争和鲁比·安纳亚的诉讼，但从未出现过类似2017年困扰特拉维斯·卡兰尼克和优步的6个月公关噩梦。Benchmark的布鲁斯·邓利维有过这种体验，他再也不想再来一遍了。"我们还没真正遭遇过鱼雷的袭击，"2019年4月时邓利维跟《快速公司》的记者卡特里娜·布鲁克说。每天有数百万人使用优步，而WeWork仍然只有几十万会员，这意味着多数公众从未进入过任何一个WeWork办公空间。许多人甚至从未听说过这家公司。

现在，他们一下子了解到，WeWork留着长发的创始人以前所未有的花钱速度创办了一家办公空间租赁公司，其妻子开办了一所小学，还以提升世界意识为使命获得了美国最高的私有企业估值。从亚当对WeWork建筑的个人所有权，到丽贝卡在挑选继任者时扮演的角色，一切都让人感觉WeWork更像个家族企业，而不是一家上市公司。"离群之鸟"披露的一项信息尤其引人发笑：亚当以590万美元的价格将自己持有的几个We相关商标卖给了公司。（原先解释亚当将这笔钱捐给慈善机构的那句话被认为是没有必要的，在最后一刻撤下。）财经媒体披露了WeWork在2018年亏损近20亿美元的事实，丽贝卡的题词立刻成了笑柄。"离群之鸟"有太多明显缺陷，大家甚至觉得这样的文件根本没有资格被公之于众。

如果读者忽略"离群之鸟"中那些古怪内容，那么多年来一直关注公司的人们一定会惊讶于数据本身。"离群之鸟"不能展示出什么魔术，让WeWork的办公空间利润较其他公司有指数级增长；它只是证实了亚当在玩同样的游戏，不过规模大得多而已。在"离群之鸟"公布当天，道琼斯指数下跌了800点，成为2019年最糟糕的一个交易日，某些信号显示全球经济正处于摇摇欲坠的状态，而WeWork套利模型的风险看起来突然切中了每个人的怀疑。一些业主开始悄悄联系WeWork的竞争对手，询问在WeWork倒闭的情况下可否接手。

最重要的是，公众似乎立刻意识到亚当的魅力导致投资者忽略了什么：公司简介和实际行动之间的鸿沟。"我们是一家致力于发挥全球最大影响力的社区公司，"S-1文件开头是这么说的，"我们的使命是提升世界意识。我们已经建立了一个支持增长、分享经验和真正成功的全球平台。""社区"一词出现了150次，而"平台"一词出现了170次。与此同时，"办公空间"一词仅被提及9次。

"离群之鸟"发布两天后，亚当试图提振员工士气——许多员工对倾注毕生心血且搭上经济前途的公司突然遭到嘲讽感到吃惊。在与高级员工的电话交谈中，亚当告诉他们不要担心：憎恶者之所以憎恶，是因为WeWork在做一些不同的事情。他坚称，华尔街的基金经理仍然渴望参与这笔交易。2018年加入WeWork的前亚马逊高管塞巴斯蒂安·古宁汉姆在另一次员工电话会议上表示，在亚当进行推介时，潜在投资者购买了WeWork的产品。

这个论调让许多WeWork员工不爽。他们都知道亚当的说服力很强，但同时也相信公司已经创造了一些真正有价值的东西。为什么推介需要如此倚重亚当的推销技巧？古宁汉姆曾在亚马逊工作过十多年，杰夫·贝佐斯创立了一种简洁明快而又深思熟虑的备忘录文化，迫使公司专注于创意而不是个性。WeWork的S-1文件略少于20万字，是优步的3倍多，几乎和小说《白鲸》一样长。然而，它似乎没有很好地解释清楚WeWork到底做了什么以及业务潜力体现在哪里。如果说这份文件起到了什么作用，那似乎就是反而掩盖了亮点。公司去除了社区调整息税前利润，取而代之的是贡献利润率，以这个不那么可笑但同样令人费解的指标为幌子，掩盖了许多与其他公司相同的成本。哈佛商学院的一位高级讲师针对"离群之鸟"发表了一篇论文，题目很简单：《为什么WeWork不行？》

"离群之鸟"发布一周后，珍·贝伦特邀请撰写S-1文件时合作最密切的银行家、律师和WeWork员工最后一次聚集在6楼作战室，他们曾在这里度过了大半个夏天。她转述了温斯顿·丘吉尔的一句话：走阻力最小的路没什么好结果。她举例说，多年来自己和其他高管们经常在周一深夜与亚当开会，第二天醒来又要与卡巴拉的犹太教神职人员艾坦·亚尔德尼早早会面。她承认，WeWork的生活可能非常艰难，很耗精力，但都是值得的。

贝伦特告诉作战室里的人，亚尔德尼曾用新颖的方式讲述过另一个亚当的故事，也就是最初的那个。在传统对伊甸园的理解中，蛇因为促成人类堕落而遭受永远不能直立行走的诅咒。但亚尔德尼告诉过贝伦特，蛇的悲哀不在于失去了双腿，而在于再也不能伸手去拿任何东西了。它是一种懒惰的生物，只会去吃沿途的东西。亚尔德尼认为，一个人只有竭力伸手去抓很难得到的东西，才会获得真正的满足感。

* * *

"离群之鸟"发布时，我正给一家大型投资基金的房地产分析师发信息，他当时在百老汇大街85号的WeWork办公室准备与亚当会面。谈到华尔街情绪时，他表示："人们对WeWork首次公开募股的兴趣简直低落到极点。"几个月前我在写《我们中的我》时，这位分析师曾说自己觉得这家企业有前途，但无法理解其估值。他参观和体验过WeWork的技术，但认为WeWork与竞争对手之间并没有什么实质性的区别。不过，或许他漏掉了什么。"这要么是房地产史上最大的创新，"春天时他说，"要么就是最大的骗局。"

百老汇大街85号的这次会面，是"离群之鸟"发布后亚当进行的一次路演，目的在于激发人们对首次公开募股的参与兴趣。实际上，在上市一周前才会开始正式路演，所以这种小型路演一般都安排在正式路演之前。由于未能吸引到硅谷潜在合作伙伴的投资，几家主要基金的早期承诺对于WeWork实现筹资30亿美元的目标至关重要。那一小群分析师到达现场后，亚当称希望他们喜欢阅读"离群之鸟"。他说，WeWork努力让S-1文件的阅读体验强于其他多数公司。

接下来的两个小时里，亚当一直处于滔滔不绝之中，只在需要喘口气时派助理去拿水。他继续将WeWork与亚马逊进行对比，认为没有哪家公司能像WeWork那样真正颠覆了商业地产。他恭维了一位提问的分析师——"你的思维很像巴菲特"——但似乎对他们在有限的提问时间里试探性地追根问底感到不满。

分析师的首要问题很简单：你们到底是做什么的？亚当仍然难以解释WeWork与IWG集团的业务有什么区别，在伦敦证券交易所上市的后者总市值约为40亿美元。有分析人士指出，WeWork在会议中摆放的品牌水杯上印着"总是半满"的标语，对于一家50%出租率相当于倒闭的公司来说，这不是个乐观的口号。

随着亚当继续进行小型路演，他发现这种推介比和孙正义一起规划300年梦想要困难得多。8月，他去旧金山做了几次路演，其中一次面向专注于科技的大型投资公司老虎全球管理。在路演过程中，亚当重复了自己最喜欢的一句自吹自擂："我们从未关闭过一栋大楼。"一位分析师跳出来驳斥称，这听起来很像是一项成就，但实际上没有任何意义。亚当是不是在暗示，过去10年间开设的500多家门店中没有一家是错误的？这种所谓的清白记录恐怕反而体现出WeWork的不够严谨。

另一次路演时，亚当展示了一张幻灯片，上面显示了当前各城市WeWork分店的盈亏数据——他最喜欢的噱头。幻灯片中包括了管理大楼的员工薪资，以此说明WeWork能以多么低廉的成本运营办公空间。一位女士当即举手，表示这些薪资在旧金山根本不够维持生活。虽然她的担心只是部分出于道德，但实际上，假如公司不再给员工提供仅在理论上有价值的股票期权，又如何在未来继续维持低工资呢？亚当在随后的路演中表达同样观点时，把工资数据从幻灯片中删去了。

  亚当的表演能力和交易能力一直是WeWork增长的关键驱动力，但他很难与疑虑重重的中小投资者群体建立联系。"亚当状态不佳。"一位参加过多次路演的高管说。他在胡言乱语，把路演过程拖得比实际所需时间长很多，导致投资者没有时间提问。从整体上说，他表现得很绝望。围绕着"离群之鸟"的负面压力对亚当来说是如此陌生，以致他似乎在四处寻找某种安慰。路演一结束，他就会给投资者打电话，询问自己表现如何。摩根大通的银行家不得不劝诫他，这样的做法只会显得缺乏信心。就连他最亲密的知己之一迈克尔·格罗斯也对另一位WeWork高管表示，让亚当停止路演可能更有利于公司。一位银行家则跟阿蒂·明森说："亚当每进行一次路演，你们公司的估值就会减少10亿美元。"

*   *   *

  8月底，孙正义把亚当召到东京。对于WeWork的早期投资者来说，"离群之鸟"引起的公众反应固然令人尴尬，但还不是毁灭性的。按照WeWork上市时的较高预测，Benchmark有望套现约10亿美元，但他们已经向软银出售了价值超过3亿美元的股票，即1650万美元初始投资的20倍。

第22章　总是半满

然而，软银向WeWork投资了100多亿美元，却没有得到任何回报。而且优步股价也有所下滑，愿景基金缩水了近20亿美元。自"离群之鸟"发布以来，软银股价下跌了10%。WeWork和软银高管都意识到，首次公开募股的定价可能远低于470亿美元的总估值。虽然优先股是软银的一道屏障——可以在员工之前兑现——但如果估值低于软银支付的买入价格，则意味着投资已经缩水，就跟优步一样。

更糟糕的是，WeWork麻烦的出现之时正是孙正义正式启动愿景基金2期之时。7月，他宣布了愿景基金1期众多有限合伙人以及科赫工业和哈萨克斯坦国家银行等新投资者的非约束性承诺。但1期中最大的两个赌注接连在公开上市时表现得令人失望，这种情况可能会阻碍孙正义的期望：愿景基金2期的规模大于1期。

如果可能的话，孙正义和亚当更愿意面对面；两人在同个房间里工作时，都会处于最佳状态。在公司为上市争取支持的过程中，主要支持者觉得有必要让他跨越太平洋专程跑一趟，这对亚当来说不是个令人鼓舞的信号。亚当悄悄制订了飞往日本的计划，希望孙正义出面支持他，承诺在上市时投入可观资金，他甚至暗示重启坚忍计划，让公司的私有化时间更长一些。

亚当、迈克尔·格罗斯和摩根大通的诺亚·温特罗布一起飞往东京，下午降落在成田机场，计划在当晚11点机场管制前飞回。一行人来到孙正义的东京豪宅，高盛高管丹·迪斯也在那里。这是一次不愉快的会面。孙正义认为WeWork应该推迟上市。市场对"离群之鸟"的反应让公司的发展势头大打折扣，已经没有可能按照他和亚当8个月前商定的估值上市。现在应该挽回颜面，重整旗鼓，以后再战。孙正义还希望对软银之前的部分投资进行重新谈判。本来软银曾经承诺在2020年4月给WeWork送去15亿美元，但目前来看这一价格远远高于WeWork的可能股价。亚当愿意接受潜在的妥协方案——或许可以降低这部分股票的价格，以换取软银对WeWork上市的更大承诺。

至于发行本身，亚当很纠结。孙正义是亚当最亲近的投资者，也是最信任的人，但他已经抛弃过自己一次了，所以亚当认为现在退出已经太晚了，是时候冲锋陷阵了。师徒二人分道扬镳时，孙正义给了个警告。他说，这条路是不明智的——对公司和诺伊曼来说都是如此。

*　　*　　*

亚当有足够时间考虑刚才发生的事情。他急着赶回纽约继续为上市做准备，但WeWork团队坐在成田机场的"野鹅一号"上时，空中交通管制部门通知宵禁时刻已经到了。他们给孙正义打电话希望能动用点关系，但还是无济于事。亚当只好在东京过夜，考虑下一步该怎么办。

回到纽约后，亚当于劳工节后的周三在WeWork总部召开了一次全体会议。在友好的听众面前举行一场集会，或许有助于提振必要的信心。但"上市新闻"栏目中的相关议论已经在员工心中蒙上一层阴影，因为上市能带来的主要好处显然都将由高层享受。员工在《华尔街日报》上看到亚当套现了超过7亿美元的WeWork股票时——远远超过《华尔街日报》能找到的其他任何初创公司首席执行官——开始抱怨了。"离群之鸟"还透露，WeWork已经进行了法律调整，亚当和其他高管所持股票的税率已经降到低于普通员工。

WeWork首批员工有人看到S-1文件中关于承诺分享公司繁荣这一行字时，感到尤其痛心。里面写道："9年前刚刚开始旅程时，我们给了所有员工股权，因为我们相信，创办一家成功的公司需要每个人积极主动地去解决问题，并像公司所有者那样思考。"但WeWork 2号员工丽莎·斯凯并没有得到股权，在公司工作了3年的丹尼·奥伦斯坦也没有。直到2013年，也就是成立3年后，WeWork才正式向员工提供股票期权。

为了召开全体大会，亚当让员工清理了6楼的沙发和游戏机并搭建一个舞台，在那里他可以向世界各地的WeWork员工广播。米格尔首先起身发言。筹款工作不是米格尔的强项，他几乎没有参与之前几周的筹款工作，而是整个夏天都在准备"离群之鸟"。高盛交易告吹时正逢7月4日国庆假期，米格尔在庆祝自己45岁生日的同时思考着过去10年的生活。自从创立WeWork以来，他就没有时间培养任何爱好；而当这条路走到尽头时，他想开始了。"我一直想尝试制作那不勒斯比萨，"他在照片墙上展示了比萨烤箱并写道，"已经学到很多，做出来的比萨一个比一个好，我感到很满足。面团像个有生命的东西，它有个性，会随着时间而变化。酱汁很简单，但如果掌握好量就会有很大的变化。当然还有奶酪……我是素食主义者，所以不吃经典的马苏里拉奶酪，不过我为朋友做了一个，我还在尝试各种坚果奶酪。到目前为止一切都很棒！"

在全体大会上，米格尔告诉WeWork员工，动荡中存在一线希望：想想现在有多少人听说过公司！他承认这是困难时期，但坚持认为所谓公司过分贪婪的说法毫无依据。米格尔鼓励员工坚持WeWork的初心：将人们聚集在一起，帮助他们做爱做的事。"目的很单纯，"麦凯维说，"我们是否还能保持这种纯粹的意图？"如果确实如此，那么他相信大家仍然处于令人激动的开始阶段。

米格尔把麦克风递给亚当，后者回应了所有的负面关注。"为什么会有噪声？"他说，"因为我们动了一些人的奶酪。"房地产界的氛围已经变得懒散，而WeWork打乱了这个舒适的体系，让别人感到不安。公司高歌猛进时，他们很乐意拿WeWork的钱，但现在每个人都闻到了血腥味，都想上来咬一口肉，让情况回到以前。他告诉员工不要担心，自己已经吸取了一些教训。"改变内在的自我，"他说，"然后才能改变世界。"

接着亚当将重点转向"离群之鸟"发布后出现的一些问题。其中一个事实是，虽然亚当在WeWork提拔了妻子，但公司几乎没有女性高管，董事会成员包括亚当、布鲁斯、罗恩、卢、史蒂文、马克和约翰7位男性。对上市公司来说，纯男性董事会终于成了问题。两年多来，亚当一直收到公司缺乏多样性的相关警告。夏天时，通讯主管吉米·阿西提交了一份由50名女性候选人组成的董事会席位名单，但亚当似乎对这个想法只是半心半意。他没有出席与一位前内阁成员的会面，而是在苦苦想着那些不太可能加入WeWork董事会的高管，比如Alphabet的露丝·波拉特以及Salesforce负责房地产的伊丽莎白·平卡姆。一位WeWork高管指出，这些公司的首席执行官不太可能允许自家高管进入WeWork董事会，亚当驳斥了这种担忧。"没人能对我说不。"他说。

在全体大会上，亚当声称自己在这个问题上是无辜的。"我没有特别去注意'男人'和'女人'的区别。"他谈到招聘行为时说。尽管如此，他还是宣布了WeWork董事会的一位新成员：弗朗西丝·弗雷。弗雷是哈佛商学院的一名教授，曾向WeWork员工讲解过摇摆不定的危险。她曾在优步担任过相同职位，作为一名高薪顾问为正在经历文化和公关危机的公司提供服务。然后，亚当向员工演示了向潜在投资者所做的推介。虽然其中一张幻灯片因为小故障出了点问题，但总体进展得很顺利。亚当也半开玩笑地说，美国证券交易委员会一定"渗透"到了WeWork。"埃隆和我之间存在分歧，但涉及和证交会打交道时，我同意他的观点。"亚当说。他指的是马斯克就特斯拉财务状况相关的误导性推文与证交会展开的唇枪舌战。

亚当告诉与会者，很多投资者仍然对WeWork感到兴奋，包括Zoom的首席执行官袁征。亚当最近与袁会面，讨论了未来会议室的样子。两家公司还在讨论由Zoom投资WeWork的首次公开募股，换取WeWork向会员推广Zoom的视频会议服务。正如亚当对袁所说的："只要成为WeWork的供应商，你就成了全世界的供应商。"

* * *

全体大会临近尾声时，许多WeWork员工感觉好多了——亚当再次赢得了信任。他在主场听众面前很放松，想在接下来一周再安排一场活动。问题是，需要说服的并不是员工。当天，Cravath, Swaine & Moore律师事务所的约翰·怀特代表WeWork回应了美国证交会一封长达9页的信函，信中列出针对"离群之鸟"的各种反对意见。其中包括亚当向公司收取了590万美元与We相关的商标费用，而WeWork介绍商业模式时却令人难以置信地假定了零空置率。美国证交会写道："请向读者解释并告诉我们，假设中的100%办公空间利用率是如何实现的。"证交会还要求WeWork澄清没有明确披露意图或投资者保护意图的图片相关性，指的是丽贝卡插入的一张照片——2017年纽约市同志骄傲游行的参与者照片。

最具争议之处则是"边际贡献"，即以前被称为社区调整息税前利润的财务指标。企业财务指标的黄金标准是那些符合公认会计原则的指标。虽然类似边际贡献这样的非公认会计准则在初创企业中已经屡见不鲜，但WeWork的计算方法尤其激进，它削减了空间营销成本、销售成本以及租赁的全部成本。证交会认为，在文件中出现100多次的这个指标可能对投资者产生误导。

不管怎样，WeWork必须修改"离群之鸟"。因为公司还忽略了一个事实，即诺伊曼过去两年都是WeWork薪酬委员会的成员。而且需要调整文件中WeWork 2019年上半年的办公桌数量。最初S–1文件表示有273000张办公桌；实际数量是106000张。他们提交了一份修改后的招股书，删去了假设全部出租的预测，但在亚当的坚持下，WeWork律师在边际贡献问题上推脱，给美国证交会发了45页的回复称公司愿意对指标进行修改，比如把某些租赁成本包含在内，但原先的表述更能直接衡量公司盈亏，也更有利于理解公司业务。亚当甚至为此专程到华盛顿特区去施加压力。

就在WeWork律师与证交会作斗争的时候，亚当又上路了。全体大会结束后，他驱车前往纽约郊外的一个私人机场，搭乘午夜航班飞往伦敦斯坦斯特德机场。他在黎明前抵达，与沙特阿拉伯主权财富基金的负责人亚西尔·鲁迈扬会面。自从沙特决定不支持坚忍计划之后，他们对亚当和WeWork的怀疑只增不减，鲁迈扬拒绝承诺参与公司的上市。当晚，亚当飞回纽约，然后前往波士顿和多伦多，诚惶诚恐地与更多的投资者会面。这次与富达公司见面时，亚当穿着西装。他问对方投资组合经理要怎样才能参与。富达可以轻而易举地在上市过程中投入10亿美元，但其房地产投资人认为WeWork不值它的收入倍数，而且S-1文件中也没有任何内容让他们相信公司已经找到了盈利途径。

9月第二周亚当回到纽约时，WeWork的首次公开募股已经岌岌可危。摩根大通和高盛表示可能不得不考虑以接近200亿美元或更低的估值上市。在媒体上，WeWork的估值一直在下降：从150亿美元降至120亿美元，再降至100亿美元。9月11日，这个缩水的数字一路传到美国众议院。在众议院金融服务委员会下属小组委员会的一次会议上，众议员亚历山德里亚·奥卡西奥-科尔特斯援引WeWork的估值作为一个例子，说明膨胀的私有市场是如何坑害公共投资者的："他们之前的估值是470亿美元，然后一夜之间他们决定：'只是开个玩笑，我们只值200亿美元。'"他指出，如果这家公司以软银的估值上市，那么投入资金的普通投资者就会"上当受骗"。

亚当对通信团队越来越失望，因为他们突然无法控制新闻内容。有人在泄露情报，是软银试图破坏首次公开募股吗？Benchmark希望发动另一场政变吗？或者是WeWork的一个新高管，不那么专注于上市，也不太想从中获益，从内部泄露了信息？

亚当变得越来越偏执。他又去找休产假后被打入冷宫的前助理梅迪纳·巴蒂，请她帮忙驾驭局面。根据巴蒂的回忆，亚当说道："我需要女人的触觉。"然后他开始在格拉梅西的马车房里举行会议，而不是在WeWork总部。一次开会时，在以色列认识诺伊曼夫妇的WeWork高管阿里克·本奇诺走出会议室。当时亚当注意到有个男人一边打电话一边在街上无所事事地走来走去,于是出去对本齐诺大喊大叫,让他回到屋里以防被那人在监视。

*　　*　　*

WeWork的亏损和"离群之鸟"的怪异震惊世界,但大部分批评都集中在诺伊曼夫妇身上。WeWork的现状和诺伊曼夫妇的影响密不可分。Slack首席执行官斯图尔特·巴特菲尔德在自家公司的S-1文件中被提及47次,来福车的两位联合创始人被提及次数总计55次。而在WeWork的S-1中,单单亚当的名字就出现了169次,丽贝卡被提到20次,米格尔仅为6次。公司已经为亚当名下的4栋大楼支付了超过2000万美元的租金,按照租约未来还需支付2.36亿美元。亚当的亲戚都是公司员工,丽贝卡还被赋予了选择继任者的权利。在全体大会上,亚当无视了许多担忧。"我很少放弃权力,哪怕是在不得不放弃的时候,我也会把权力交给妻子。"他说,并补充称丽贝卡几乎总是"99%的正确"。

亚当和丽贝卡被公众的反应吓了一跳,他们本以为承诺上市10年内捐赠10亿美元会受到赞扬。但与其他事情一样,这个承诺没有法律效力。诺伊曼夫妇聘请了马修·希尔兹克、乔治·萨德和埃德尔曼公关公司的多位资深公关和顾问,试图迅速重塑两人和公司形象。丽贝卡希望他们能让"支持WeWork"成为一个热门标签。

亚当推脱的公司治理问题成了WeWork上市的核心话题,而他们一些为了解决各种问题的尝试却适得其反。《华尔街日报》报道称,弗朗西丝·弗雷已在WeWork担任顾问,收费500万美元,外加波士顿

第22章 总是半满

到纽约的私人飞机旅行费用,这意味着她将没有资格成为WeWork董事会的独立董事。

9月12日周四下午,亚当在WeWork总部与摩根大通、高盛银行家以及WeWork律师会面,讨论怎么做才有可能让上市更受投资者欢迎。银行家建议取消亚当的超级投票权和丽贝卡在选择继任者方面的发言权。亚当表示不同意,并指出刚刚上市的Peloton公司首席执行官就拥有每股20票的超级投票权。但银行家指出,Peloton创始人只拥有公司的小部分股份,而亚当仍然比其他人控制着更多股份。即使公司上市,他仍将是最具影响力的人物——只不过权力不再是绝对的。他们认为亚当已经不需要更多控制权了,但如果不做点什么,WeWork的上市也许危在旦夕。

第 23 章
We 的太阳永不落

BILLION DOLLAR LOSER

多年来，摩根大通、软银和WeWork的其他投资者一直扶持和鼓励亚当。只有亚当反复无常的行为威胁到他们的声誉时，他们才会对他发难。

布鲁斯·邓利维、迈克尔·艾森伯格和史蒂文·朗曼是第一批认可亚当并欢迎他加入圈子的商界精英。他们与亚当在周日共进晚餐，并告诉亚当，选择权在他，他仍然控制着自己的公司。但3个人都认为他应该下台。

WeWork董事会在周二上午召开时，亚当的命运已经注定。

经过几个小时反反复复的讨论，亚当同意了各种让步：不再要求每股占20票，丽贝卡在任命继任者时也没有发言权。那天晚上，米格尔给纳斯达克的一位高管打电话，说WeWork计划两周后登陆纳斯达克，而不是纽约证券交易所上市。整个夏天，米格尔的主要职责是策划在WeWork上市日举办一场活动——具体而言是一场庆祝公司承诺可持续发展的活动。WeWork还定制了带有伯利兹森林照片的T恤，供员工在上市当天穿着。初夏时，两家证券交易所都在诺伊曼夫妇位于阿马甘塞特的家中进行了推介，纳斯达克还提出创建一个致力于可持续发展的新公司指数：We50指数。

进入9月的第二个周末时，WeWork尽管伤痕累累，却满怀希望。公司路演定于下周一开始，届时亚当和银行家将进行旋风式的巡回表演以吸引潜在投资者，为犹太新年前夕的上市留出足够时间。尽管孙正义有所保留，WeWork还是与软银达成了初步协议，后者将在上市过程中再度购买10亿美元股票。公司还与Zoom敲定一笔小规模交易，后者将购买价值2500万美元的WeWork股票。这笔交易并未公开，毕竟此时Zoom所受到的认可远没有6个月后那么有价值，但软银交易向媒体进行了披露，以示投资者仍然信心十足。股票定价大约在每股30~36美元之间，也就是总估值在120亿~150亿美元之间，虽然跟470亿美元相比已大幅缩水，但仍会给诺伊曼、公司多数投资者以及其他早期员工和高管带来丰厚回报。

周日，摩根大通和高盛的银行家在WeWork切尔西总部会面，商讨最终定价。亚当本应参加，但无暇分身。他还要拍摄公司路演视频中属于自己的那部分内容——用于在路演的每站为聚集的投资者播放。亚当为WeWork视频确定了最初的主题和标题：We的太阳永不落。它将被展示给世界各地的高管，同时利用WeWork空间展示虚构人物吉姆·德奇科斯在不同国家的生活。（一家制作公司发布了试镜邀请，要求演员要有普通长相，意思是长得不错，但不是模特，而且没有怪异的文身或面部穿孔，但正常的文身是可以接受的。）

但随着夏天的流逝，拍好这段视频的雄心壮志也减弱了；有人认为拍成亚当在分析日演讲那样就可以了。到了9月中旬，所有其他高管都完成了自己那部分，丽贝卡也在一个宣传"生活学校"的标牌前录制完毕，而亚当错过了4次录制，让WeWork损失了数十万美元。（他还错过了拍摄新头像的预约。）随着上市日益临近，有些人觉得干脆不要亚当的那部分算了。

亚当从未遇到过不想抢的麦克风，但这种表演不是他擅长的类型。他适合站在舞台上，从台下人群中汲取能量。摄像机只会发出红光，却还没学会鼓掌。诵读困难症也让亚当很难跟着提词器叙述，问题在于这是一段需要通过美国证交会审查的视频，不是可以即兴发挥的。虽然他很想随心所欲一番，但还是接受了照本宣科的建议。

录制时间就快到了，亚当还在办公室里琢磨到底说些什么比较好。珍·贝伦特、阿蒂·明森、迈克尔·格罗斯和其他几位高管故意在6楼晃来晃去，但亚当基本选择了无视这些人。几个小时后，许多高管和银行家离开了，只剩一些初级员工留下来确保亚当完成录制。一个制作团队在演播室等着，准备片子拍完立刻进行剪辑，因为第二天一大早就要送到美国证券交易委员会。

下午5点左右，亚当终于走出办公室，来到WeWork总部6楼碰碰球桌旁的拍摄现场。他穿着一件没有扣子的西装外套，让助理放些音乐。然后扩音器里开始播放德雷克的《出生底层》(*Started from the Bottom*)。开始以后,亚当试图完全按照提词器上的滚动内容说话,但做不到。说到后来,他指出如果WeWork上市能够成功募集到30亿美元,公司就能在银行20亿美元贷款的基础上再获得摩根大通的60亿美元信贷额度,那么WeWork总共将有110亿美元用于扩张。

亚当停顿了一下。"最后,"他说,"是关于这次上市的一些好消息。"迈克尔·格罗斯是拍摄拖到深夜时仍在现场的少数几位高管之一。不管银行家为WeWork上市设定了什么价格,格罗斯都属于没什么可担心的员工和高管之一,因为这些年来他已经套现部分股权。7月,格罗斯以2100万美元从亚当那里接手了一栋房子(就是有吉他形状房间的那栋),又在洛杉矶以2800万美元从弗利特伍德麦克乐队的林赛·白金汉姆手中买了另一栋。随着夜幕降临,亚当继续拍摄工作。格罗斯心情愉快,在房间里笨拙地走来走去,不时去拥抱银行家、律师和顾问。而这些人却越来越沮丧——公司上市前所面临的一项最简单任务居然都要花这么长时间。

拍摄完毕时已近午夜。最后,亚当让大家一起喝杯龙舌兰酒,并感谢他们留下来支持自己。"这是一个很好的例子,"他说,"关于为什么应该永不放弃。"

* * *

第二天早上,在华盛顿特区的一家WeWork分店,租了4人办公空间的一家数字媒体公司的员工上班时,发现门被一把雨伞卡住了。雨伞是周末坠落的,落下的地方正好导致办公空间的玻璃门无法滑动打开。墙上没有缝隙，通往外界的窗户也没有打开。推门和晃动把手都无济于事。他们找来一块磁铁，但雨伞纹丝不动；其中一名员工试图在玻璃和铝板之间插入几个金属衣架，但也无济于事。这倒也不是什么大事，华盛顿有十几家WeWork分店，还有不少空置办公空间。所以这几位员工就把笔记本电脑搬到楼下另一个办公空间去了，WeWork团队则坐在那里想办法。

当天早上，阿蒂·明森和珍·贝伦特来摩根大通总部参加一系列会议。前一晚拍摄工作拖了太久，以至WeWork的银行家不得不告诉投资者路演推迟了。几人一致认为应该在本周继续推进上市工作：已经走到这一步，现在退出会很尴尬。但摩根大通的银行家表示不确定是否有足够需求。募资15亿美元或许是可能的，但这将使公司与60亿美元的债务交易擦肩而过，而这笔债务交易又取决于WeWork能否上市融资30亿美元。让软银支持上市的结果适得其反，似乎更强调了只有亚当和孙正义才真正相信WeWork最宏伟的未来。某些投资者根本不愿意承诺参加公司路演。

在距离摩根大通总部几个街区的地方，亚当与高盛的两位资深银行家戴维·路德维希和金·波斯内特在中城的WeWork分店碰头。现在摩根大通对上市表示怀疑，亚当也对"私人银行家"不再那么信任。有人怀疑摩根大通因为对60亿美元的贷款感到胆怯，所以根本不希望上市继续进行。

当天下午，贝伦特打电话给亚当，让他来摩根大通。银行家坚称最大的问题是亚当本人。一名高盛初级银行家对亚当在路演拍摄期间的行为感到非常不安，以至打电话给摩根大通的一位同事，询问亚当是否嗑药了。诺亚·温特罗布之前就叮嘱过亚当，WeWork上市在即，不能再抽那么多大麻了。亚当到达摩根大通总部后，阿蒂带他到另一个房间问他是否嗑药了，亚当坚持说没有。

但WeWork公关团队已经与《华尔街日报》记者艾略特·布朗就一篇关于亚当古怪行为的报道展开较量。另外，布朗还准备报道亚当在飞往以色列的航班上吸食大麻，之后机组人员又在准备回程时发现了一个装满大麻的麦片盒子，这导致飞机主人下令不准带亚当飞回美国。这样的故事对任何和亚当相处过的人来说都不是什么新闻，但只要亚当的魅力能继续推动公司财富增长，WeWork的支持者就愿意原谅他这些荒唐举动。

现在，公司岌岌可危的状况让亚当成了WeWork的最大累赘。银行家认为，对亚当来说，放弃更多控制权至关重要。杰米·戴蒙和大卫·路德维希都告诉亚当，他需要完全放弃额外投票权。明森离开房间去喝水，回来看到亚当正挥舞双臂对摩根大通资产管理部门主管玛丽·埃尔多斯大喊大叫。后者刚刚说，根据银行从投资者那里得到的反馈，她认为在亚当负责的情况下，上市根本无法推进。

但是亚当仍然控制着公司。他拒绝进一步的变革，并希望推进上市。银行家坚持认为这并不可能——因为市场已经没有足够的兴趣。他们建议将日期推迟到秋季，希望届时WeWork的第三季度收益能够体现亚当一直谋划的业绩增长，从而重振公司前景。

到了下午，亚当很不高兴地同意推迟发行。他很沮丧，从来看不上的上市，居然和自己的声誉一起处于崩溃之中。对于这家10年前创立的公司，他的控制权正在松动。当天傍晚驱车离开摩根大通总部时，他对坐在车里的助理梅迪纳·巴蒂大发雷霆。"我希望你能好好享受假期。"谈到巴蒂的产假时他说。银行家留下来制定新战略，亚当则让WeWork公关团队发布了一份声明，称公司仍然计划当年上市，预计将在万圣节前进行。

*　　*　　*

第二天早上，WeWork又在总部召开了一次全体会议。对于亚当的又一个纸面复兴计划，任何人都已经很难鼓起热情，WeWork员工没有到场聚集，而是接到通知登录视频会议。上午11点，米格尔突然出现在屏幕上，站在一个装饰有WeWork标识的透明有机玻璃讲台后面。他老生常谈了一番，指出以这种方式讲话感觉很奇怪。他就在大楼的某个地方，但多数WeWork员工并不知道具体位置。看到一位久经磨炼的领导人在一间不起眼的房间里发表战时演讲，人们感觉就像在经历饥饿游戏[1]。

米格尔很快把讲台让给亚当，并用一个不太自然的拥抱来欢迎联合创始人。他惊讶地发现亚当盛装出席。

"你穿了西装。"米格尔说。

"算不上西装，"亚当说，"就是个外套。"

落座向员工发表讲话时，亚当的装束无法掩盖他看起来颓废的事实。他对WeWork员工说，过去一个月的经历让自己感到惭愧，但也很高兴有机会拥抱自己的超能力——改变的力量。亚当说，尽管他和公司已经把私有市场的游戏玩得炉火纯青，但他承认自己和公司都还需学习如何成为上市公司。他依然乐观，并相信时间会给WeWork正

---

[1] 苏珊·柯林斯的系列小说。——译注

确的评价。

亚当说，在四处奔波招揽上市投资者的过程中，他的精神受到了鼓舞，因为人们仍然如此热爱这家公司，尤其是在国外。他说，在国外，人们对WeWork社区的看法不像在美国这么吹毛求疵。"世界上每个人都信任We公司。"他开始讲一个去蒙特利尔旅行的故事——这是个有趣的巧合，因为上次去那儿时，搞不清状况的他一直告诉别人他在多伦多。

旁边有个声音打断了亚当。事实上，他最近的旅行确实是去了多伦多。

亚当纠正错误后完成了演讲，但表现令人担忧。他一向擅长向信徒发表讲话，但从来没有被迫在任何地方这样做过。凭借着过去10年的势头，他的社会地位已经上升到了前所未有的高度。这一回的演讲是许多员工首次见到亚当如此焦虑，似乎由他掌控一切的幻想都被打破了。亚当把麦克风递给阿蒂，后者看着镜头面无表情地说："早上好，蒙特利尔。"

* * *

第二天早上，孙正义在加州醒来，看到《华尔街日报》上有篇关于门生的长篇报道。WeWork通讯团队花了一周时间试图阻止某些轶事的曝光，但未能成功。记者一度很难从亚当的批评者口中得到关于他的故事，但前一个月的混乱让亚当身边的那些人也意识到，即使没有他，仍然会有未来。国王确实没死，但已经没什么可怕的了。

孙正义当时在帕萨迪纳的一家酒店里举办愿景基金迄今为止规模

最大的一次聚会。亚当本该出席，孙正义甚至计划让他坐在主桌。尽管对WeWork的上市感到担忧，孙正义仍对亚当的愿景抱有信心。但考虑到所有的不确定性，亚当最后还是留在了纽约。

相反，孙正义花了很多时间与投资者和愿景基金旗下其他首席执行官谈论亚当。大家一致认为，孙正义别无选择，只有弃子一条路。孙正义在大会演讲中没有提到WeWork，但强调了盈利能力和公司治理的重要性。暗指仅仅依靠疯狂的行为已经不够了。

回到纽约，亚当正在试图重新开始。那天是9月18日，他希望公司上市的日子。一名员工看着亚当在办公室里待了一整天，观看尽管晚了几周但还是在几天前拍摄完毕的路演视频。他似乎不像周围的人那样关心《华尔街日报》的那篇文章。也许他不需要看得太远，就能明白在高歌猛进的公司里一个魅力创始人在遇到困难时都会发生什么。1月，亚当个人向法拉第电网公司投资了3000多万美元，这家苏格兰公司试图彻底改造可再生能源的输送方式，也是迷你愿景基金所投资的一家。这笔投资让法拉第电网的估值达到34亿美元，当然也要归功于公司不愿透露太多细节的所谓革命性技术。不管什么技术，亚当承诺它将"从根本上改变我们未来获取和使用能源的方式"。诺伊曼与法拉第创始人安德鲁·斯考比一见如故。后者是澳大利亚人，性格张扬而志向远大。斯考比在办公室里显著位置展示了一句他认为出自亚当·斯密的名言："所有的金钱都是信仰问题。"

自从诺伊曼投资以来，法拉第电网就开始出大大小小的岔子。公司以惊人速度烧光现金，员工人数在几个月内增加了两倍，并在华盛顿特区的WeWork分店占据了一个大型办公空间。与此同时，斯考比用公司资金给自己买了支1000美元的钢笔，装修了房子，还在爱丁堡为亚当的妹妹艾迪·诺伊曼举办了一场盛大晚宴。作为亚当的妹妹，艾迪代表哥哥负责这笔投资。6月，斯考比被免去法拉第首席执行官职务。8月14日，就在WeWork推出"离群之鸟"的同一天，《华尔街日报》报道称，法拉第电网已经耗尽资金，因为它未能证明可以完成从根本上颠覆行业的承诺。

* * *

9月20日星期五，亚当同意推迟上市的4天后，WeGrow的一群学生乘坐电梯从WeWork总部3楼校舍上到6楼，他们通常每周都会去那销售农产品。当天，世界各地的儿童和成人都参加了为期1天的气候罢工，要么逃课要么翘班，代表地球进行抗议。WeGrow的学生绕着楼层游行，经过诺伊曼的办公室时，他们举着标语，展示着抗议运动的标志性口号之一：没有第二个地球。

那天下午，在曼哈顿一家公司工作的年轻建筑师尼尔·多斯桑托斯在格拉梅西公园吃完午餐散步回办公室时，看到亚当正轻快地走在上城的人行道上，兴致勃勃地对着手机说话。WeWork首席执行官身穿灰色T恤和黑色裤子，光着脚走过纽约最古老的酒吧之一皮特酒馆。

多斯桑托斯一眼就认出了亚当。他有朋友在WeWork工作，多年来多斯桑托斯一直在考虑去应聘。鉴于他对这位创始人的耳闻，这一刻似乎总结了一切。诺伊曼行动迅速，语速极快，是在人生最艰难一周里光脚走在纽约街头的唯一首席执行官。（亚当的一位公关人员向我解释了此事，说这就是亚当的本性："他在集体农场长大，喜欢光脚走路。在本质上他就是个集体农场成员。我们需要阻止他吗？"）

这周的大部分时间，亚当都躲在格拉梅西的马车房里，也就是在多斯桑托斯见到他的拐角处。他陷入了困境。媒体继续抨击着亚当，当天有报道称他与负责家庭装修的承包商私下发生了纠纷，而对公司的批评则是铺天盖地。美国联邦储备银行波士顿分行行长埃里克·罗森格伦发表了一份声明，表示担心在经济低迷的情况下，WeWork的崩溃可能会给银行和商业地产所有者带来巨大损失。

亚当突然发现需要为维持公司的控制权而斗争，这周内公司的形势在发生变化：WeWork董事会酝酿着一场政变。行动部分由软银牵头，毕竟总共7个董事会席位软银占了2个。孙正义的副手长期以来一直对老板偏爱亚当颇有微词，所以软银高管也开始采取行动想让亚当下台。考虑到"离群之鸟"引起的不良反响在很大程度上与亚当有关，这事就变得容易起来。

对于Benchmark而言，可能的罢免仍然是个敏感问题。尽管比尔·柯尔利和合伙人一直对亚当心存疑虑，但两年前他们刚把特拉维斯·卡兰尼克赶出优步。公司还在努力摆脱新的名声——一个让创始人肆意妄为，却最终把他赶下台的投资者。而且，Benchmark此时对软银没有什么好感，柯尔利最近在美国消费者新闻和商业频道上宣称，愿景基金正以资本为武器扭曲其进入的每个行业。但WeWork的两大资金支持者软银和摩根大通都对上市失去了信心，这一事实促使多数董事会成员认为有必要进行改革。于是布鲁斯·邓利维计划在那个周末去纽约和亚当会面。

第23章　We的太阳永不落

*　　*　　*

周日，WeWork的官方推特账户试图发些积极的推文："今天你打算怎么放松一下？#自助星期天。"亚当在汉普顿度过了周末的大部分时间，他逐渐意识到自己正失去对公司的控制。在名义上他仍然掌控着WeWork，如果董事会违背他的意愿或想赶走他，他就有权解雇董事会成员——这确实是个危险的举动，但过去10年什么时候没有风险呢？只是如果亚当真的狠毒起来，坚持留下参加一场公开战斗，那只会让身家置于危险之中。周六晚上，亚当回到城里，在格拉梅西家中与贝伦特、明森和负责管理家庭投资办公室的伊兰·斯特恩共进晚餐。3人指出，亚当已经从WeWork股票担保的5亿美元信用额度中提取了3.8亿美元。如果公司倒闭，那么他将资不抵债。珍和阿蒂都认为，亚当可能需要抛开职业自尊，专注于未来的家庭财务。

第二天，亚当在摩根大通总部43层与杰米·戴蒙会面，告诉戴蒙自己不确定作为首席执行官还有什么出路。戴蒙表示同意。没有什么丑闻或哪个决定让诺伊曼下台，但在他没有做错任何事的10年之后，就在1年之内，一个个瑕疵接踵而至。"怎么会这样？"据一位了解谈话的人士称，亚当对戴蒙说，"我做了你让我做的一切。"

"亚当，"戴蒙说，"我让你做的，你都没做。"

严格来说这不是事实真相。多年来，摩根大通、软银和WeWork的其他投资者一直扶持和鼓励亚当。只有被他那反复无常的行为威胁到声誉时，他们才开始发难。当晚，亚当与从以色列飞回的布鲁斯·邓利维、迈克尔·艾森伯格以及2012年投资WeWork的史蒂文·兰曼在中城一家餐厅的包厢共进晚餐。这几个人是首批对亚当表示认可并欢迎他加入圈子的商界精英。几人告诉亚当，选择权在他；他仍然控制着公司，但大家都认为他应该下台。等到WeWork董事会周二上午召开会议时，亚当的命运已成定局。

第 24 章
美丽新世界

BILLION DOLLAR LOSER

亚当离职后，WeWork决定无限期延迟上市。无节制增长的时代已经结束了，WeWork进入了一个美丽新世界。

米格尔在亚当离开几个月后，路过百老汇222号戈登·盖科总部，在一块霓虹灯牌前停了下来。上面写着：不要放弃你的白日梦。

第 24 章 美丽新世界

亚当辞职后,阿蒂·明森和塞巴斯蒂安·古宁汉姆作为新任联合首席执行官召开了一次全体会议,决定无限期推迟公司上市。丽贝卡的4000份"离群之鸟"艺术印刷品将被束之高阁。在全体大会上,阿蒂告诉员工不要担心。"每个人都喜欢东山再起,而这将是有史以来最为令人惊叹的再度崛起之一。"他说。公司将会裁员和削减开支,但明森承诺将以人道方式处理这些问题。他对大家的提问持开放态度。

"嗨,"一个员工说,"这是我在WeWork的第二周。"大家哄堂大笑。

推迟上市让WeWork没有了明确的前进方向。公司原本希望通过首次公开募股筹资30亿美元,但现在没有了,更不用说随之而来的60亿美元贷款了。由于被上市分散了注意力,没有人一直密切关注公司的财务状况。摩根大通请来一家重组公司,对WeWork的账目进行深入调查。外部预测以为,公司应有足够资金保持增长到2020年春季,但会计师发现了更严峻的情况。当时是2019年10月,如果没有新的资金,公司现金流在感恩节前就会干涸。这与亚当9个月前与阿什顿·库彻一起接受美国消费者新闻与商业频道采访时所预测的4~5年相去甚远。为了提升2019年业绩,亚当从一开始就准备了一个冒险计划,但如果没有预期的90亿美元融资,那么这个计划就是近乎灾难性的。WeWork的资金支出飞快,以至6月时还有25亿美元的现金储备正迅速逼近5亿美元,而根据7.02亿美元的债券条款,公司将面临违约。

根据测算,公司需要迅速削减5亿美元成本才能存续下去。明森和古宁汉姆开始大幅砍掉诺伊曼帝国的开支。亚当的20多位亲友离开了公司，包括迈克尔·格罗斯、克里斯·希尔、亚当·基梅尔和丽贝卡。WeGrow宣布将在学年结束后关闭。在Salesforce大厦，亚当的空中水疗中心被拆除；在切尔西，丽贝卡办公室里的粉色沙发被搬走，工人把亚当办公室改成会议室。公司还计划挂牌出售"野鹅一号"，而一名WeWork员工早就在内部分类广告页面上发布了挂牌信息："替朋友出售一架湾流G650。优惠价6000万美元。"

WeWork关闭了夏天时亚当以4300万美元收购的Spacious公司，并将其他几项收购交易推向市场，其中一项仅以4月收购价格的11%出售。公司基本停止租赁新场地，并撤出几处尚未动工之处。WeWork西海岸团队觉得很难向新老板解释创新艺人经济大楼交易的意义何在，或者说也不再需要解释了。西雅图的一个项目本来打算用于开办WeLive的第三家分店，结果也被取消了。软银的一个团队开始与竞争对手接洽，想要联手接管WeLive。亚当想使WeWork成为下一个亚马逊的野心彻底破灭：WeWork将亚当下一座城堡所在地的罗德与泰勒大厦卖给了亚马逊。

明森和古宁汉姆制定了各种裁员计划：要求各级经理准备好削减团队的20%、40%甚至60%的计划。WeWork总部基本已经空无一人，员工选择在家工作，经理也已经羞于面对手下。有一天，想到所有同事都将失去工作，公司内部的咖啡师也忍不住垂泪。唯一的好消息是，公司很快意识到将不得不推迟裁员：到10月中旬时，公司资金只能维持几周了，无力支付遣散费。

第24章 美丽新世界

*　　*　　*

WeWork再次需要更多现金。董事会任命布鲁斯·邓利维和卢·弗兰克福特商讨可能的救助融资方案。一些股东认为公司应该宣布破产，然后再想办法收拾残局。明森和贝伦特则与摩根大通合作，希望在保持控制权的情况下拯救公司。这家银行愿意在以WeWork全部资产为担保的前提下为其提供价值50亿美元的债务融资。

另外，感兴趣的只有自身难保的软银，毕竟他们已经投入了100多亿美元。除了2016年与诺伊曼最初的12分钟会面，孙正义几乎没有在WeWork待过。他大张旗鼓地花了4天时间参观了日本的一家WeWork分店，承诺利用专业知识来分析业务，从而找出前进道路。和亚当一样，孙正义也认为自己最了解WeWork。

可是就连他也对自己的判断不再那么有把握了。在与愿景基金投资者的电话会议上，孙正义承认对亚当过于信任。"我们创造了一个怪物。"他说。他开始告诫愿景基金的其他公司首席执行官，要知道自家公司的极限。10月底，软银高管前往沙特阿拉伯参加年度金融会议，希望得到愿景基金2期的承诺。无论如何，WeWork的情况需要一个解决方案。10月22日，软银提出一份与摩根大通50亿美元债务交易相匹配的收购要约——一项"胡萝卜加大棒"式的提议：如果WeWork同意这笔交易，那么软银就将升级本应于2020年4月兑现的15亿美元方案。如果WeWork选择了摩根大通的方案，那么软银将完全撤回原定方案。

这笔交易还有附加条件：软银希望亚当彻底离开WeWork。董事会已经阻止亚当进入WeWork总部。已经声名扫地的他短期内似乎没有翻

347

身机会。亚当日益加重的恶名会给WeWork的东山再起蒙上阴影。

亚当向软银明确表示，必须让自己舒服地离开。孙正义的软银高级副手之一马塞洛·克劳尔领衔与WeWork进行谈判。克劳尔表示，除了提供50亿美元的债务融资，软银还愿意从现有股东手中购买价值30亿美元的WeWork股票，以获得近乎全部的控股权。这笔交易对WeWork的估值为80亿美元，大约是孙正义和亚当9个月前宣布公司估值的1/6。

交易中的一项条款是亚当需要出售价值9.7亿美元的股票——剩余股份的1/3。软银还将提供5亿美元贷款以偿还其信贷额度，免除175万美元的未报销私人费用，并支付1.85亿美元的咨询费。条件是亚当交出超级投票权和董事长一职，并在离开时签署为期4年的竞业禁止协议。"亚当，我们信任过你，"克劳尔说，"现在该是你转身的时候了，哪怕为了回报这份信任。"亚当接受了相关条件。有了融资担保，WeWork也终于有了裁员遣散费。无限制增长的时代已经结束了，即使某些事情依然如故。一切都还有个代号，裁员计划也不例外，它被称为"赫胥黎计划"。WeWork进入了一个美丽新世界。

接下来的几个月里，亚当建立的公司逐渐分崩离析，里面的人也渐行渐远。明森和古宁汉姆辞去联席首席执行官，由经验丰富的房地产高管桑迪普·马特拉尼接任。一些WeWork员工离职后加入了其他小型联合办公公司或者开始自主创业。丽贝卡最终买下了WeGrow的课程版权，用于开办自己的学校，并打算定名为生活学校（SOLFL）。为了削减成本，WeWork还决定终止格兰街154号的租约，而这里是一切开始的地方。

亚当离开几个月后，米格尔走过百老汇222号戈登·盖科总部，看到墙上的一块霓虹灯牌子时他停下了脚步。上面写着：不要放弃你的白日梦。在联合创始人被赶下台后，米格尔一直留在WeWork，但现在他能扮演什么角色就更加模糊了。曾有人考虑让米格尔接任首席产品官，重新参与WeWork空间的实体设计，但他并不想重操旧业。

2020年6月，米格尔宣布即将离开WeWork。当年春天，"黑人的命也是命"运动掀起了新的热潮，这让他深有感触。"我是结构性种族主义的同谋，还从中受益了。"他在Instagram上写道，并承诺做更多事情来对抗无处不在的不公正现象。然而，WeWork放弃了推动文化转型。米格尔的首席文化官一职也不会有人接替。这家公司已经改头换面，成了卑微的房东。

*　　*　　*

被剥夺了倾注十多年心血的工作后，亚当不知何去何从。据《名利场》报道，他躲在格拉梅西，办公桌上放了张卡片，希望提醒自己从经历中学到的3个教训：倾听、守时和做个好搭档。他想过飞到东京去见孙正义，再给曾经的员工写封信，但WeWork新管理层要求他别这么做。

2017年特拉维斯·卡兰尼克被赶出优步时，他的下台遭到了员工的抗议，大家无法想象没有他的优步会是什么样子。但亚当几乎惹恼了WeWork的每一个人，从管理团队到素未谋面的约翰内斯堡新社区经理。短短6周时间里，亚当的虚张声势、古怪行为和自大妄想被揭露出来，这既是他说服投资者和员工相信公司可能改变世界的理由，也是导致事情崩溃的主要原因。员工和股东甚至都对软银给亚当10亿美元的遣散方案感到震惊。

然而，当WeWork员工来调查这个"大型车祸现场"时，不禁觉得诺伊曼并不是唯一应该受到谴责的人。《华尔街日报》报道，软银代表之一马克·施瓦茨在最近一次会议上终于愤怒到站起来宣称："我已经沉默太久了。"这种情绪好像来得太晚了，让人无法认真对待。只要公司和所持股份的估值在不断上升，周围又有哪个人敢去挑战亚当呢？大家只能选择扶持他的野心。"他们想把这件事归咎于亚当是个疯子，"一位房地产高管在诺伊曼辞职几天后告诉我，"这些人投资了公司，了解交易条款，知道治理问题，然后告诉这家伙：'为所欲为吧，将自我放大10倍。'既然如此，他们还能期待什么好结果呢？"

2019年年底，亚当、丽贝卡和孩子们登上了从旧金山飞往以色列的商业航班。20年前，亚当怀着发财后衣锦还乡的梦想来到纽约。诺伊曼夫妇在特拉维夫的一个富裕社区安顿下来，然后搬去城市北边海滩的一所大房子里，离驾驶教练阿里·艾根菲尔德预测亚当未来的地方不远。他在纽约成了笑柄，但在以色列可不一样，陌生人拥抱他，餐馆老板请他吃饭——这个本地男孩做得很好。如果亚当回到成长时的集体农场，会看到自己的劳动成果正在发芽：曾经用于吃饭的餐厅已被改造成了一个联合办公空间。

几个月后，也就是2020年2月底，作为商界最为臭名昭著人物所招募的系列代言人之一的亚舍·戈尔德主动联系我，问是否有兴趣与亚当谈谈。没人指望亚当会永远离开纽约，毕竟他已经知道自身能力可能带来的成功，戈尔德希望在可能的纽约会面之前，先私下通个电话。

但这个电话一直没打,亚当返回纽约的时间也推迟了。如果说亚当的10亿美元"保护伞"象征了10年来资本过剩和经济增长的高潮,那么刚刚开始在世界各地肆虐的新冠病毒,则为那个时代永久地画上了句号。对WeWork来说,一切都已时过境迁。在世界陷入封锁和不确定性的情况下,软银违背了协议。现在,它以各种问题为由——包括美国证券交易委员会、司法部和多州总检察长对WeWork上市发起的调查——拒绝购买价值30亿美元的股票,也不再为亚当的退出计划提供资金。亚当毫不犹豫地起诉了曾经的恩人。截至本书创作完成之时,10亿美元方案的命运还在法院悬而未决。

撤销交易几周后,孙正义向软银股东提交了财年报告。这样的活动已经没有门票发放了,而且也不清楚人们在可以参加的情况下是否会愿意参加。软银公布了超过120亿美元的运营亏损,这是15年来的首亏。孙正义的愿景基金2期已经风雨飘摇,但他希望大家保持耐心:在与投资者的电话会议上,孙正义说,在这个年代自己可能被低估了,就跟耶稣基督当年一样。

演讲过程中,孙正义来到一张幻灯片前,上面显示几头独角兽在山上奔跑。到半山腰时,有几头掉进了一条不可预见的沟渠:新冠病毒谷。好消息是,孙正义仍然对愿景基金中的一些赌注充满希望,下一张幻灯片显示其中一头独角兽长出了翅膀。WeWork似乎不可能飞起来,软银正将其总估值降到29亿美元的新低,也就是一年前估值的6%。尘埃落定之后,WeWork的估值已经与IWG集团大致相当。

诺伊曼为21世纪第二个十年打造了一个完美企业:用大批新涌现的自由职业者填满空置的房产,然后说服大公司相信他们也应该融入这种社区精神,同时拥抱过剩的全球资本,让任何一个有梦想和胆量的人都可以去打造一个庞然大物。但在10年的成功之后，比亚当个性更为强大的一股力量出现，并揭露了公司一直以来的核心悖论。"衡量社区的时候，其实就是麻烦来临的时候。"亚当在2015年说。但他始终没有建立起承诺中的社区网络。实际上，这一业务依赖于把人们挤进越来越小的空间——简直是一场流行病的噩梦。WeWork迫使会员继续为无法使用的办公空间付费，同时迫使业主降低租金。曾经因为一瓶尊尼获加黑方威士忌租给诺伊曼第二栋楼的大卫·扎尔礼貌地告诉公司，自己会让WeWork信守诺言，就像亚当曾经做的那样。资本主义已经无法拯救集体农场，公司的社区精神已经瓦解，实体社交网络被病毒撕裂了。

*　　*　　*

如果亚当不曾遇见孙正义，会发生什么？WeWork可能会成为一家上市公司，在2017年某个时候就应该已经耗尽私有资金，并以十几亿美元的估值上市。公司增长将会放缓，那些步入成熟期的运营建筑将会带来可观收入。那时将没有多少时间、金钱或自由来创办一所学校和一家健身房，也不可能去对咖啡奶精进行多重投资。亚当是否会留下来则是另一个问题。WeWork股东可能会力推一位更稳健的掌门人来取代他，或者说他可能早已意识到公司不再适合自己。他是个有远见的人，是个推销员，但不是个经营者。最后，他可能会感到厌倦。

很难弄清楚，亚当或者说未来的企业家应该从WeWork的兴衰中吸取什么教训。（和斯特拉·坦普洛一起吃中餐时，我看到她的签饼[1]上写着："忘记不值得记住的事情。"）有人曾对现代资本主义鼓励的一些行为，即风险投资生态系统的资本过剩和短视，提出警告，也有人告诫过傲慢的危险。但还有某种成功的模板。作为一项测试，硅谷一位著名的风险投资家询问一些初创企业创始人对亚当的看法，最终得到的结论是大家承认他的错误，同时也承认他做过一些令人难以置信的事情。

回到2010年，就在亚当和米格尔创办WeWork时，孙正义提出了300年愿景。软银创始人指出，地球已经历了5次大灭绝。4.4亿年前的奥陶纪末期，迅速冷却的地球消灭了70%的生命；8000万年后，海洋的变化造成类似破坏；2亿5千万年前，流星和火山活动又对生物数量造成了一次冲击；而6500万年前的一次未知事件则摧毁了更多生物。也就是说，在孙正义宣布愿景基金之时，地球上曾经存在的物种中有99.9%都已经灭绝了。

孙正义的观点是，公司也经历过类似的衰退期。真正有远见的人不会让灾难破坏雄心壮志，他们只会生存下来并不断进化。现在，亚当被困在家里，他的技能在一个无法进入和无法吸引观众的世界里被消耗了。没人知道"后诺伊曼时代"会是什么样子，但除非资本主义的铁腕力量真的被打破了，否则很可能在某个地方会有某个人，仍然愿意在有远见有魅力的某人身上冒险。如果亚当能从前导师那里学到最后一课，那么他迟早还是会回来的。

---

[1]　藏有预测运气纸条的幸运饼干。——译注

作者手记

Billion Dollar Loser
The Epic Rise and Spectacular Fall of Adam Neumann and WeWork

本书源于从2019年年初开始的18个月时间里，我为《纽约》杂志撰写的一系列文章，当时第一篇就是《我们中的我》。整本书基于两百多次采访，对象包括许多WeWork资深高管，各级别和各部门员工，支持公司崛起的业主和投资人，为WeWork上市工作的银行家、律师和顾问，亚当·诺伊曼的朋友、批评者、崇拜者和竞争对手。除了这些采访，我还参考了各种文件、法律投诉、内部邮件和录音、同期新闻报道以及其他再现事件的材料。

许多WeWork员工乐于分享故事。公司上市失败后，我与一位前员工预约时间地点，他建议到WeWork见面。有什么好怕的？他想让我知道，在离开后的4年时间里，自己用来获取公司免费打印的密码没有变过。他还想确保自己完整地讲述这段传奇。还有很多人只愿意在匿名情况下与我交谈，因为害怕报复，或者为了避免尴尬，再或者只是希望继续生活的新篇章。他们所讲述的故事不仅概括了一家公司，也概括了一个时代——21世纪第二个十年风险资本资助下的创业热潮。在写作本书的时候，那个时代已经结束了。亚当·诺伊曼、WeWork和软银仍然陷于利益相关的法律纠纷中，而由此引发的新时代才刚刚开始。

致谢

Billion Dollar Loser
The Epic Rise and Spectacular Fall of
Adam Neumann and WeWork

首先感谢WeWork的员工，他们生活在这本书所讲述的故事中，并愿意与我分享自己的经历。他们中有许多人的多次采访长达几个小时，几乎没有回报，甚至不少人把这次谈话当作免费治疗。如果没有你们，这本书就不会存在。

如果没有许多记者同事的努力，我的叙述也将是不完整的，尤其是艾略特·布朗、莫林·法雷尔和在《华尔街日报》的大学室友戴维·伯努瓦；彭博社的埃伦·休埃；《快公司》的卡特里娜·布鲁克和莎拉·凯斯勒；《真实交易》《商业内幕人士》及《信息》的工作人员；《喧嚣》的莫·卡齐克；《纽约时报》的大卫·盖莱斯和艾米·乔齐克；《锥子》的布兰登·奥康纳；英国《金融时报》的埃里克·普拉特；《房地产周刊》的托马斯·霍布斯；播客"我们坠毁"的制作人和许多其他人。吉迪恩·刘易斯-克劳斯、阿里尔·列维、玛丽莎·梅尔策、加布里埃尔·谢尔曼和安德鲁·赖斯是特别慷慨的同行，乐于分享有关WeWork的资讯。

感谢萨凡纳·刘易斯、拉姆齐·卡巴兹和蒂米·法奇奥拉对本书研究的帮助，以及梅尔夫·宗申在以色列极有效率的工作。《纽约》杂志同事布里奇特·里德对丽贝卡·诺伊曼的早期生活进行了巧妙的报道。布伦丹·洛找到了米格尔·麦凯维的大学篮球教练。彼得·拉赫曼帮我理解了金融世界。深深地感谢杰克·比特尔，他在巨大压力下进行了卓越的工作，确保这本书尽可能准确。

在我的新闻职业生涯中，有很多人帮助过我。包括但不限于凯文·阿姆斯特朗、唐·崔普、布拉德·沃尔弗顿、埃里克·努斯鲍姆、迈克·霍夫曼、大卫·欧文、彼得·坎比、布莱克·埃斯金、艾米·戴维森、苏珊·莫里森、本·麦格拉思、尼克·鲍姆加滕、大卫·雷姆尼克、威林·戴维森和其他许多人。特别感谢《纽约》杂志的每一个人，五年来，它一直是我职业生涯的大本营。诺琳·马龙把我带进这个圈子，并引导我写出《我们中的我》。马克斯·瑞德在几天之内就把续集从头到尾编辑好了。尼克·塔博尔、莉兹·博伊德和杂志的事实核查部门"拯救"了我无数次。感谢他们的幽默和支持：詹姆斯·沃尔什、艾莉森·戴维斯、莫莉·费舍尔、露丝·斯宾塞、丽莎·米勒以及《纽约》杂志编辑工会谈判委员会成员。感谢亚当·莫斯允许我为他的杂志撰稿，也感谢大卫·哈斯克尔将它带到新的高度。感谢安·克拉克给了我写作本书所需的时间。非常感谢帕姆·沃瑟斯坦一家对我的照顾，也感谢吉姆·班考夫和沃克斯媒体延续了杂志引以为豪的传统。

克里斯·帕里斯-兰姆欣然同意出版本书，凡妮莎·莫布里相信我有能力做到这一点，尽管一路遇到了各种各样的障碍。感谢芭芭拉·克拉克的编辑工作，感谢本·艾伦和汤姆·路易确保一切顺利完成。感谢伊丽莎白·加斯曼和莎拉·博林为我做的一切，也要感谢莉娜·利特尔和艾拉·博达为本书面世所做的一切。感谢丽贝卡·加德纳、凯斯宾·丹尼斯和休·阿姆斯特朗把本书带到英国。

在工作和生活的指导方面，我要感谢罗伯·费舍尔、杰西卡·韦斯伯格，特别是卡蒂亚·巴克科，她冒着隔离的危险，带着蹒跚学步的孩子阅读了本书的早期版本。尼克·索尔特、安东尼·莫库里奥、凯莉·桑德林、拉拉·芬克拜纳，还有卢克和珍娜·欧勒金在艰难时期为我提供了住房和精神支持。卡罗琳·维德曼照顾了我的猫。艾普尔和凯西·普格负责的事情多得我都数不清。感谢堪萨斯城、纽约和其他地方的所有朋友和家人。

在写这本书的过程中，我经常想起我的母亲菲菲·维德曼，她向我展示了一个真正的社区是什么样子的，以及建立一个社区需要付出多少努力。我每天都在想你。爸爸、萨姆和凯蒂，我很爱你们。最要感谢的是劳伦·格林，这本书的字里行间到处都是她的心声和智慧。

图书在版编目（CIP）数据

亿万负翁：WeWork及其创始人的极速崛起与陨落 / (美)里夫斯·维德曼 (Reeves Wiedeman) 著；周昕，鲁先进译. —— 北京：北京联合出版公司，2022.2
ISBN 978-7-5596-5811-1

Ⅰ.①亿… Ⅱ.①里… ②周… ③鲁… Ⅲ.①亚当·诺伊曼—生平事迹 Ⅳ.①K837.125.38

中国版本图书馆CIP数据核字(2022)第000963号

Copyright © 2020 by Reeves Wiedeman

亿万负翁：WeWork及其创始人的极速崛起与陨落

作　　者：[美]里夫斯·维德曼（Reeves Wiedeman）
译　　者：周　昕　鲁先进
出 品 人：赵红仕
责任编辑：郭佳佳
封面设计：邵一峰

北京联合出版公司出版
（北京市西城区德外大街83号楼9层　100088）
北京联合天畅文化传播公司发行
杭州真凯文化艺术有限公司制版
北京美图印务有限公司印刷　新华书店经销
字数230千字　880毫米×1230毫米　1/32　12印张
2022年2月第1版　2022年2月第1次印刷
ISBN 978-7-5596-5811-1
定价：65.00元

版权所有，侵权必究
未经许可，不得以任何方式复制或抄袭本书部分或全部内容
本书若有质量问题，请与本公图书销售中心联系调换。电话：（010）64258472-800